教育部人文社科研究“面向自主创新的财税激励政策有效性研究”（13YJC790047）项目资助

面向自主创新的财税激励政策有效性研究

胡 凯 著

中国财经出版传媒集团
经济科学出版社
Economic Science Press

图书在版编目（CIP）数据

面向自主创新的财税激励政策有效性研究/胡凯著．
—北京：经济科学出版社，2018.5
ISBN 978－7－5141－9370－1

Ⅰ.①面…　Ⅱ.①胡…　Ⅲ.①财税－财政政策－研究－中国　Ⅳ.①F812.0

中国版本图书馆 CIP 数据核字（2018）第 102031 号

责任编辑：李晓杰
责任校对：王肖楠　王苗苗
责任印制：李　鹏

面向自主创新的财税激励政策有效性研究
胡　凯　著
经济科学出版社出版、发行　新华书店经销
社址：北京市海淀区阜成路甲 28 号　邮编：100142
总编部电话：010－88191217　发行部电话：010－88191522
网址：www.esp.com.cn
电子邮件：esp@esp.com.cn
天猫网店：经济科学出版社旗舰店
网址：http：//jjkxcbs.tmall.com
北京财经印刷厂印装
710×1000　16 开　15.75 印张　320000 字
2018 年 11 月第 1 版　2018 年 11 月第 1 次印刷
ISBN 978－7－5141－9370－1　定价：58.00 元

内容简介

党的十八大提出的创新驱动发展战略与技术创新驱动的内生经济增长理论高度吻合。技术创新源于R&D投资，但R&D的正外溢性、不确定性和融资约束等导致的R&D市场失灵需要政府支持。R&D补贴、税收激励是供给面支持手段，政府采购是需求面支持手段。自2006年中国提出自主创新、建设创新型国家以来，政府在R&D财税激励和政府采购上不吝投入。2006~2015年，政府对企业的R&D补贴从96.8亿元上升到419.1亿元，年均增长17.68%。R&D税收激励尽管没有详尽的税式支出预算，但零星披露的数据显示，近年来我国R&D税收激励的规模也相当可观：2008~2011年，高新技术企业累计享受企业所得税优惠2259亿元，2014年高新技术企业减免税613.1亿元，2015年高新技术企业减征企业所得税1000多亿元。与此同时，政府采购规模也逐年增加，以环保产品为例，2015年达到1360亿元。但慷慨的R&D财税激励的有效性究竟如何一直缺乏深入、系统、科学的研究。研究面向自主创新的财税激励政策有效性进而优化财税激励政策体系，是提高财政科技资金配置效率的基本要求。基于此，本书以2009~2013年中国上市公司微观数据为样本，运用能克服样本自选择性的计量方法（获得R&D补贴和税收激励的样本均具有自选择性），如倾向评分匹配法(PSM)、处理效应模型、CDM模型等，系统研究供给面R&D补贴和税收激励的有效性：R&D补贴、R&D税收激励分别对企业创新投入（研发支出）、创新产出（专利）和创新绩效（全要素生产率）的影响，并提出了改善R&D财税激励政策有效性的改革建议。而对于需求面的政府采购，基于数据的可得性，只能选用省级面板数据来分析其技术创新效应（创新产出），并提出了相应的政策建议。

第2章研究制度环境约束下R&D补贴的研发支出效应及其影响因素。PSM估计表明，R&D补贴对企业的总研发支出和私人研发支出均产生了显著的激励效应，该效应分别占总研发支出和私人研发支出的比重为26.33%和15.85%，R&D补贴对企业研发支出具有挤入效应。分组检验表明，该激励效应还因行业、所有制和地区制度环境而异。对R&D补贴激励效应的回归分析发现，制度环境强化了R&D补贴的激励效应，即制度环境越好的地区，R&D补贴对研发支出产生的激励效应越大。上述结论得到了稳健性检验的支持。同时，为实现“产业政策要准”，宜采取差别化的补贴政策。而提高 R&D 补贴激励效应的关键，则在于优化地区制度环境。

第 3 章研究知识产权保护下 R&D 补贴的创新产出效应及其作用机制。从创新产出来看，与没有接受 R&D 补贴的厂商相比，平均而言，接受 R&D 补贴的厂商其专利总量、发明专利更多，但实用新型专利和外观设计专利没有显著差别，R&D 补贴的专利产出效应因专利类型而异。R&D 补贴对不同类型专利的作用机制不同。R&D 补贴引致的研发支出显著增加专利总量，R&D 补贴引致的研发支出、反事实研发支出以及二者在知识产权保护的调节下显著增加发明专利，但这些因素对实用新型专利和外观设计专利均没有显著影响。同时，对技术新颖度最高的发明专利而言，R&D 补贴的激励效应主要是通过反事实研发支出以及知识产权保护的调节作用来实现的，R&D 补贴引致的研发支出以及知识产权保护的调节作用对其贡献非常有限，中国的 R&D 补贴在将引致研发支出转化为发明专利上呈现出的低效率，与“欧洲悖论”相似。

第 4 章研究 R&D 补贴的生产率效应。采用 CDM 模型的研究发现，R&D 补贴能激励企业增加研发支出、专利产出，但由于专利质量不高和科技成果转化率低，并不能激励企业的生产率提升，中国 R&D 补贴的生产率效应也面临类似的“欧洲悖论”困境。进一步采用一步法（以 PSM 直接估计 R&D 补贴的额外生产率效应）和两步法（先以 PSM 估计 R&D 补贴的研发支出效应，再以 GMM 估计后者对企业生产率的影响）的稳健性检验，也得到了相同的结论。因此，从短期来看，中国的 R&D 补贴对于提升企业生产率乏善可陈。

第 5 章研究制度环境约束下 R&D 税收激励的研发支出效应及其影响因素。采用 PSM 的估计表明，R&D 税收激励对企业的研发支出产生了显著的挤入效应，且该挤入效应占企业研发支出的比重为 11.39%。分组检验表明，R&D 税收激励的挤入效应还因行业、所有制和地区制度环境而异。进一步对影响 R&D 税收激励挤入效应的回归分析发现，制度环境强化 R&D 税收激励的挤入效应，即在制度环境越好的地区，R&D 税收激励产生的挤入效应越大，制度环境与 R&D 税收激励之间具有互补性。该发现也通过了采用不同研究方法和关键变量替换的稳健性检验。

第 6 章研究知识产权保护下 R&D 税收激励对创新产出的因果效应。首先采用 PSM 估计 R&D 税收激励对企业研发支出的挤入效应，然后以知识生产函数分析该挤入效应对企业专利活动的影响。研究表明，R&D 税收激励对企业研发支出产生了显著的挤入效应，但该效应并未直接影响企业的专利产出，中国的 R&D 税收激励在创新产出上也面临类似的“欧洲悖论”困境。尽管 R&D 税收激励的挤入效应不能直接影响专利产出，但在知识产权保护的调解下，R&D 税收激励引致的额外研发支出和反事实研发支出能间接增加专利产出，知识产权保护与两类研发支出在促进专利产出上具有互补性。因此，提高知识产权保护水平，对于实现 R&D 税收激励的创新产出效应至关重要。分组检验发现，知识产权保护对研发支出的调节效应还因行业、所有制和地区制度环境而异。该结论也通过了采用不同计量方法的稳健性检验。

第 7 章研究 R&D 税收激励的生产率效应。采用 CDM 模型的估计结果表明，R&D 税收激励能显著增加企业研发支出，进而（间接）增加专利产出，但由于研发支出虚高（风险）、专利产出质量不高，专利产出对全要素生产率并没有产生显著影响。因此，R&D 税收激励也不能显著提高企业生产率。分组检验发现，该影响还因所有制和技术前沿距离而异：R&D 税收激励对国有控股企业的生产率有显著促进作用，但对非国有控股企业没有显著影响；R&D 税收激励对接近和远离技术前沿企业的生产率分别有抑制和激励效应。采用加权专利作为创新产出的 CDM 模型估计结果和两步法（PSM + GMM）估计结果，均与基准研究结论相当一致。因此，R&D 税收激励总体上也无助于企业生产率提升，仅对国有控股企业、远离技术前沿企业具有积极影响。

第 8 章研究政府采购的技术创新效应（创新产出）。第 2 章至第 7 章是对 R&D 供给面激励政策创新效应的研究，本章从需求面研究政府采购的创新效应。研究发现，现阶段的政府采购包括公开招标采购都没有促进创新产出甚至抑制了创新产出；市场竞争影响政府采购的创新产出效应，提高市场竞争水平能显著增强政府采购的创新产出能力，政府采购与市场竞争具有互补性。因此，要发挥政府采购的创新激励作用，必须加强竞争性市场建设，将政府采购置于公平、公正、公开的市场环境下，为企业增加创新投入提供明确的激励信号，使政府采购与市场竞争相容。

第 9 章是结论和政策建议。总体上，R&D 补贴能激励企业增加研发投入，增加专利产出总量和发明专利，但对生产率没有显著影响。R&D 税收激励能促进企业增加研发投入、通过知识产权保护的调节间接增加专利产出，但对生产率的影响也不显著。现阶段的政府采购包括公开招标采购都没有促进创新产出甚至抑制了创新产出，而市场竞争影响政府采购的技术创新效应，提高市场竞争水平能显著增强政府采购的创新产出能力，政府采购与市场竞争具有互补性。为改善 R&D 财税激励政策的有效性，在 R&D 补贴上，应调整 R&D 补贴的适用领域、优化 R&D 补贴的资金分配机制、完善 R&D 补贴资金的监督机制、完善 R&D 补贴绩效评价机制。在 R&D 税收激励上，不宜再出台新的 R&D 税收激励政策、完善研发支出会计核算和税务处理准则、调整 R&D 税收激励的重点使之向人力资本倾斜、新增享受R&D税收激励的创新成果要求和推动R&D税收激励政策评估的制度化、常态化等。在R&D财税激励的制度环境建设上，要改善政策实施所依存的制度环境、加强知识产权执法力度、优化专利甄别机制并为专利竞赛降温和完善科技成果的市场化转化机制等。为改善政府采购的创新效应，需要在打破政府采购市场的准入障碍、出台《政府采购法》实施细则、搭建全国统一的电子政府采购平台、打破政府采购地方保护和统一市场建设等方面发力。

目　　录

第1章

导　论

1.1 研究背景

自2006年中国提出自主创新、建设创新型国家发展战略以来，各种面向自主创新的产业支持政策接踵而至。面向自主创新的财税激励政策包括供给面的R&D补贴和税收激励、需求面的创新产品政府采购。R&D补贴是以公共资金直接支持企业技术创新的财政支出，R&D税收激励是以低企业所得税率、研发费用加计扣除、税收抵免等形式，间接支持企业技术创新的财政支出。政府采购是政府以有偿方式购买创新性产品的财政支出。自2006年以来，政府在R&D财税激励上不吝投入。在R&D补贴上，2006～2015年，政府对企业的R&D补贴从96.8亿元上升到419.1亿元，年均增长17.68%，R&D补贴占企业研发经费的比重稳定在4.2%左右。R&D税收激励尽管没有详尽的税式支出预算，但零星披露的数据显示，近年来我国R&D税收激励的规模也相当可观：2008～2011年，高新技术企业累计享受企业所得税优惠2259亿元①；2014年规模以上工业企业研发费用加计扣除减免税和高新技术企业减免税分别为379.8亿元和613.1亿元②；2015年高新技术企业减征企业所得税1000多亿元，软件和集成电路企业减免企业所得税300多亿元，固定资产加速折旧政策减税100多亿元，科技成果转化免征增值税72亿元，共计减免税1400多亿元③。政府采购上，近年我国政府采购规模也逐年大幅递增。从公共资金的公共性、稀缺性和有效性来看，面向自主创

① 喻思娈，赵永新．我国企业研发支出比例较低　让投入不再是企业创新之痛．人民日报［N］．2013－02－25.

② 国家统计局．科技创新加力提速　创新驱动作用显著——十八大以来我国科技创新状况［EB/OL］．http：//www.stats.gov.cn，2016－03－09.

③ 吴秋余．2015年小微企业减免税近千亿　支持科技创新减免税1400多亿．人民日报［N］．2016－01－29.

新的财税激励政策是否产生了预期的创新效应？从创新链来看，创新效应包括创新投入（研发支出）、创新产出（专利）和创新绩效（全要素生产率）等三个方面。也就是说，面向自主创新的财税激励政策具体表现为R&D补贴、R&D税收激励和创新产品政府采购是否有效促进了企业的研发投入、专利和全要素生产率改善？

与此同时，近年来围绕补贴、税收优惠等方面的产业政策之争甚嚣尘上，尤其是2016年9月的“林张之争”① 更是将这场争论推向了顶峰。一些学者指出②，与科学研究不同，技术创新的外部性较小，中国技术创新财政补贴的效果并不尽如人意，并恶化了市场竞争环境、滋生腐败。但这些观点往往建立在直觉之上，缺乏坚实的经验分析支撑。理论上，R&D补贴既可能对企业研发支出产生挤入效应，也可能产生挤出效应，但现实中究竟表现为何种效应，实际上是一个有待实证检验的问题。同样的，R&D税收激励是挤入还是挤出了企业研发支出，也是一个有待实证检验的问题。从学术研究来讲，我们不能因为现实中部分企业骗取补贴就对补贴政策效果全盘否定，同样也不能因为部分企业得到补贴并伴随着蒸蒸日上的技术创新就对补贴政策效果全盘肯定。科学的态度是，通过理论分析，采用大样本数据和适当的计量方法，通过实证检验来判断R&D补贴的额外研发支出效应。如果该效应为正，则说明R&D补贴具有研发支出挤入效应，否则具有挤出效应。同样的，对于R&D补贴的专利效应、生产率效应，R&D税收激励的研发支出效应、专利效应、生产率效应等，也应以此框架来分析。此外，中国政府主导型发展模式决定了政府采购在R&D财税激励中也扮演着重要角色。因此，与之相关的问题是中国的政府采购促进了技术创新吗？但这一问题一直以来也缺乏可靠的回答。

1.2 问题的提出

本书从供给和需求两个方面来研究面向自主创新财税激励政策的有效性。供

① 林毅夫VS张维迎：一场产业政策的“世纪之辩”［EB/OL］. http：//www.china.com.cn，2016-11-15.

② 如刘尚希指出，“现在，许多政府花不少钱支持战略性新兴产业，这类财政支出并没多大效果。政府支持企业科技创新、支持新兴产业，拿钱补贴给企业，这种方式效果非常小，而且还带来很多腐败”。见：刘尚希．积极财政政策应更侧重调结构［EB/OL］. http：//special.caixin.com，2014-10-24。吴敬琏也指出，“比如说对高新技术产业给予补贴等等，实际上从过去的经验来看，这个效果是不怎么样的，这个有争论”。见：吴敬琏．中国经济最根本的一条出路在哪里，http：//finance.ifeng.com［EB/OL］. 2015-10-10.

求方面的技术创新政策工具有三个：R&D 补贴、R&D 税收激励和政府采购。从创新链来看，技术创新政策工具的影响包括三个环节：创新投入、创新产出和创新绩效，三者分别以研发支出、专利和全要素生产率来量化。具体来说，本书的研究包括三个方面：

一是 R&D 补贴的技术创新效应，包括其对研发支出、专利和全要素生产率的影响；

二是 R&D 税收激励的技术创新效应，也是从研发支出、专利和全要素生产率等三个方面来考察；

三是政府采购的技术创新效应。鉴于数据限制，这一方面只关注政府采购的创新产出效应。

通过对上述三方面问题的实证分析，能够直观、系统地回答面向自主创新的财税激励政策是否有效这一广受关注的问题。而通过对财税激励政策有效性的作用机制分析，能够揭示其影响因素，为政策完善指明方向。

1.3 研究意义

1.3.1 理论意义

第一，拓宽研究领域。现有文献对自主创新财税激励的有效性研究集中于 R&D 补贴的研发支出效应，对 R&D 补贴的创新产出和创新绩效的关注非常有限。而对另一项重要的激励政策，即 R&D 税收激励的有效性关注则更少。即便是研究 R&D 补贴对研发投入的影响，由于数据选择、计量方法等方面的局限性，既有文献存在一些明显的不足，该问题也值得进一步探究。此外，既有文献对需求面政府采购的技术创新有效性研究也不多，且缺乏深度分析。

第二，提升研究深度。纵观国内外文献，对自主创新财税激励的有效性研究大多局限在公共经济学、产业经济学层面，忽视了制度层面因素的影响。事实上，自主创新财税激励的实施内生于特定的制度环境，忽视制度因素的影响，难以从根本上揭示影响自主创新财税激励政策有效性的制度根源。本书将这一问题的研究从公共经济学、产业经济学层面拓展到制度经济学层面，在研究深度上更胜一筹，所提出的政策建议也更有内涵和深度。

1.3.2 现实意义

第一，为财税部门提供决策咨询。现行财税激励政策的创新效应到底如何，是财税部门、科技主管部门所关心的问题。随着近年来曝光的企业骗取补贴、高新技术企业虚假认定以及产业政策之争，更使客观、准确、科学评估自主创新财税激励的有效性更为迫切。同时，从政策实践而言，激励政策效应的定期评估是成熟市场经济国家的通行做法，从这个意义上而言，本研究能够为财税部门评估政策效应、完善政策体系提供决策咨询服务。

第二，为国家创新驱动发展战略提供智力支持。创新驱动发展战略上升为国家发展战略并处于国家发展全局的核心位置，如何更好地实施创新驱动发展战略，是当前政府的重大关切。本书通过系统的实证分析，检验了自主创新财税激励的有效性，并分析了其作用机制，提出了以增强自主创新能力为目标的财税激励政策调整和完善建议，能够为公共研发政策视角下创新驱动国家发展战略提供智力支持。

1.4 文献综述

1.4.1 国内外研究现状

改革开放以来，中国采取的“以市场换技术”策略并不完全成功，2006 年中国政府决定将自主创新、建设创新型国家作为新时期的国家发展战略。自主（科技）创新的基础是 R&D 投入。R&D 投入创造出来的特殊产品即知识具有正外部性、非竞争性和非独占性（Grossman and Helpman，1991），使企业的边际私人收益低于边际社会收益、企业的 R&D 投入低于社会最优 R&D 投入水平（Griliches，1998），这为政府干预企业的 R&D 投入提供了必要条件。财政补贴和税收激励是两种常见的从供给面支持企业自主创新的手段。近年来，中国政府对企业的 R&D 财政补贴和税收激励支持可谓不遗余力，但慷慨的 R&D 公共投入是否产生了预期的创新效应仍有待深入考察。研究 R&D 财税激励的有效性进而优化 R&D 财税支持模式，是对党的十八届三中全会提出的“构建公开透明的国家科研资源管理和项目评价机制”、提高财政科技资金配置效率的积极响应。

R&D 补贴的有效性。特惠型 R&D 补贴政策在欧盟运用较多，其有效性直接表现为对企业的研发投入产生激励或替代效应。国外学者的早期研究普遍忽视了补贴的内生性且结论不一（David et al.，2000）。但2000年之后随着处理内生性的倾向评分匹配法（PSM）等引入，大多数研究支持激励说（如Lach，2002；González and Pazó，2008；Czarnitzki and Lopes－Bento，2013；Hottenrott and Lopes－Bento，2014；Einiö，2014；Henningsen et al.，2015；Dimos and Pugh，2016）。影响补贴效果的因素包括①补贴特征，如补贴稳定性（Gelabert et al.，2009）、补贴规模（Görg and Strobl，2007）、补贴持续期长短（Klette and Møen，2012）等；②企业特质，如企业规模大小（González and Pazó，2008；Bronzini and Iachini，2014）、企业所在行业技术水平高低（González and Pazó，2008）、企业面临的融资约束松紧（Hyytinen and Toivanen，2005）等。国内学者对中国研发补贴的研发支出效应大多支持激励说，如朱平芳和徐伟民（2003）、王俊（2010）、白俊红（2011）运用行业数据，李平和王春晖（2010）、廖信林等（2013）运用地区（省级）数据，唐清泉等（2008）、解维敏等（2009）、江静（2011）、郑世林和刘和旺（2013）、许国艺（2014）、陆国庆等（2014）运用微观数据，在总体上支持研发补贴具有挤入效应的假说。

R&D补贴的有效性间接表现为对企业创新产出（如专利）和生产率（如TFP）的影响。R&D补贴对创新产出的研究也倾向于采用PSM，但研究结论不一。Herrera和Ibarra（2010）、Alecke等（2012）、Hottenrott等（2014）、Le和Jaffe（2017）等认为R&D补贴能增加创新产出，但Czarnitzki等（2007）、Hall和Maffioli（2008）、Aboal和Garda（2015）对此持提出了质疑。还有一些学者采用了其他计量方法来研究。Bronzini和Iachini（2014）以回归间断设计（RDD）对意大利的研究发现，R&D补贴对获得补贴厂商的专利申请行为有显著的正影响，在一些小厂商中尤其明显。Czarnitzki和Delanote（2017）采用扩展的CDM模型（Crépon et al.，1998）对比利时的研究发现，补贴引致的研发支出和私人研发支出均能增加创新产出（新产品销售），但没有证据表明，前者的激励效应更大。国内学者的研究结论也不一致。王俊（2010）、白俊红（2011）、秦雪征等（2012）、郑世林和刘和旺（2013）持肯定观点，认为R&D补贴在促进创新产出上是有效的，但朱平芳和徐伟民（2003）、陈林和朱卫平（2008）、吴玉鸣（2009）则观点相反。

估计R&D补贴的生产率效应有两种思路。一是将研发补贴作为企业生产率的影响因素直接估计。为克服R&D补贴的内生性，多种处理方法被运用。首先是工具变量法（Instrumental Variable，IV）。Hu（2001）、Einiö（2014）均没有发现R&D补贴对TFP具有显著影响，但Moretti等（2016）则得出了相反的结论。其次是匹配—倍差法（PSM－DID）。Hall和Maffioli（2008）发现补贴基金对厂商生产率的影响不显著，Bernini 和 Pellegrini（2011）、Marusca（2013）则发现被补贴厂商的 TFP 更低，Sissoko（2011）、Hannu 和 Janne（2015）发现 R&D 补贴对生产率的影响因时间而异。再次是回归间断设计（RDD）。Cerqua 和 Pellegrini（2014）发现 R&D 补贴对 TFP 的影响显著为负，且具有稳健性。最后是广义矩估计（GMM），如 Harris 等（2009）、Cin 等（2017）均发现 R&D 补贴对生产率具有显著的正向影响。二是借鉴 CDM 分析框架研究 R&D 补贴对企业生产率的递进影响。Halpern 和 Muraközy（2010）采用匈牙利数据研究发现，与没有获得补贴的厂商相比，被补贴厂商的生产率更低。Howell（2017）采用中国工业企业数据发现，公共补贴尽管促进了自主创新（研发支出和创新产出），但降低了厂商经济绩效。可见，R&D 补贴对生产率的影响也结论不一，且大多持悲观态度。

R&D 税收激励的有效性。普惠型 R&D 税收激励政策在欧美地区广为应用。R&D 税收激励直接影响企业的研发投资。其估计方法有两种。一是测算 R&D 投资对其使用成本的价格弹性。弹性越大，则政策效应越明显。Hall 和 van Reenen（2000）、Bloom 等（2002）、Klassen 等（2004）、Baghana 和 Mohnen（2009）、Lokshin 和 Mohnen（2013）、Rao（2016）等采用不同国家或地区为样本，均发现该弹性较大，且长期效应大于短期效应。二是估计 R&D 税收激励引致的增量研发投资。Czarnitzki 等（2011）、Dechezlepretre 等（2016）采用匹配法（PSM），Cappelen 等（2010）、Bøler 等（2015）采用倍差法（DID），Hægeland 和 Møen（2007）采用回归间断设计（RDD），均发现 R&D 税收激励能产生显著的额外研发支出效应。国内学者也持相同的观点，如王俊（2011）、娄贺统和徐浩萍（2009）、夏力（2012）、林洲钰等（2013）、张信东等（2014）、柳光强等（2015）。

R&D 税收激励还通过引致增量研发投资间接影响创新产出。根据 R&D 税收激励的度量方法不同，该领域的研究分为三类。一是以 B－指数[①]来刻画 R&D 税收激励强度。该方法适用于国别研究。如 Ernst 和 Spengel（2011）、Westmore（2013）、Ernst 等（2014）均发现，B－指数下降将会使人均专利上升。二是以用户成本来量化 R&D 税收抵免[②]。用户成本的计算建立在新古典投资模型（Hall and Jorgenson，1967）和 B－指数基础之上，Moretti 和 Wilson（2014）对美国生物科技产业集聚州的专利活动影响研究发现，用户成本下降 10%，将会使这些

① B－指数是指为弥补一美元 R&D 支出所要求的税前收入的现值（Warda，2002）。该值越高则税收优惠程度越低，反之反是。

② 欧美国家 R&D 税收激励的工具主要是税收抵免。

州的生物科学家专利申请（职务发明）和厂商专利申请增加27.8%。三是以企业是否享受（至少）一项R&D税收激励的虚拟变量来度量。Czarnitzki等（2011）采用PSM方法、Dechezlepretre等（2016）采用回归间断设计（RDD）分别对加拿大和英国的研究发现，税收抵免能显著促进专利产出增加。但Cappelen等（2012）采用工具变量法（IV）对挪威R&D税收抵免的研究发现，税收抵免仅对外溢性不强的技术创新（厂商新产品即对厂商而言具有新颖性的新产品以及流程创新）具有显著影响，而对外溢性强的技术创新（市场新产品即对市场而言具有新颖性的新产品以及专利）没有显著影响，税收抵免的激励效应有限。国内学者这方面的研究不多。夏力（2012）以实际税率来度量税收激励，发现所得税税率的降低一定程度上刺激了企业专利数量增加。李林木和郭存芝（2014）研究了省级减免税对高新技术企业研发产出的影响，发现税收减免对科技成果产业化（新产品产值比重）没有明显的正效应，对科技成果形成比例（人均专利量）甚至呈现负效应。李维安等（2016）研究了所得税优惠对上市民营高新技术企业创新绩效（资本化研发支出）的影响，认为税收优惠在一定程度上提升了企业的创新绩效。张信东等（2014）采用PSM方法对被认定为国家级企业技术中心的上市公司研究发现，享受税收优惠政策的企业有更多的专利、新产品和科技奖励。

R&D税收激励还影响企业的TFP。既有文献持三种不同的观点。第一种观点认为，R&D税收激励能显著促进企业生产率提高（Harris et al.，2009；Bøler et al.，2015；Huang，2015；Venturini and Minniiti，2017）。第二种观点认为，R&D税收激励对生产率没有显著影响（Cappelen et al.，2010；Caiumi，2011）。第三种观点则认为R&D税收激励对生产率有负向影响（Ientile and Mairesse，2009；Bravo－Biosca et al.，2013）。而关于中国R&D税收激励的生产率效应文献尚未出现。

政府采购的创新效应。政府采购通过两条渠道影响技术创新。一是市场需求的激励功能。Cave和Frinkin（2003）区分了直接和间接市场需求对创新的影响。Ruttan（2006）、Slavtchev和Wiederhold（2011）证实了政府采购需求对技术创新的积极作用。范红忠（2007）、孙晓华和杨彬（2009）分别采用国际和欧盟数据也证实了这一点。二是降低创新的不确定性。公共采购中政府作为“首购者”，既能够也愿意与厂商互动，从而成为技术创新市场需求的重要信息来源（Aschhoff and Sofka，2009）。事实上，这两种功能难以截然分开，它们分别从宏观和微观层面凸显了政府采购对技术创新的激励作用（Fontana and Guerzoni，2007）。

1.4.2 研究现状述评

文献回顾表明，国内外学者对自主创新财税激励政策的有效性开展了大量研究，为本书奠定了坚实的知识基础。但这些研究主要集中在 R&D 补贴、R&D 税收激励对企业研发支出的影响上，且结论较为一致，即这两项政策都有效促进了企业增加研发支出，而为数不多的文献研究 R&D 补贴和税收激励对创新产出和创新绩效的影响则结论不一。同时，对政府采购的创新效应研究的文献更是非常有限。

国内学者对自主创新财税激励政策的有效性研究也集中在研发支出上。大多数研究也支持互补性假说，但这些研究普遍存在两个问题：一是没有考虑享受激励政策的样本具有自选择性（R&D 补贴和税收激励）或内生性（政府采购），因而也就没有采用相应的工具来处理自选择或内生性问题，研究结论的稳健性有待提高；二是忽视了制度环境对自主创新财税激励政策有效性的边际影响。政策实施内生于特定的制度环境。中国的知识产权保护不足、技术创新项目和经费分配过度行政化、政府对企业技术创新干预过多等不利于市场决定 R&D 财政科技资源配置的制度环境，会扭曲企业的边际创新行为进而降低 R&D 财税激励政策的有效性。而地方政府发起的政府采购是否会因面临地方保护、政府采购市场分割，从而对技术创新产生不利影响，也值得关注。忽视制度因素对激励政策有效性的影响，将难以深层次揭示中国背景下自主创新财税激励创新效应的制度根源。

更重要的是，现有文献对中国 R&D 补贴和税收激励影响创新产出和创新绩效的研究非常欠缺。从创新链来看，创新投入、创新产出和创新绩效是一个逐层递进的整体，仅关注创新投入是远远不够的。创新产出源自源源不断的创新投入，创新产出如专利实为中间产出，也是创新型国家的一个重要标志。但创新产出必须转化为生产率提升才具有经济意义。事实上，在创新链的三个环节中，创新绩效即全要素生产率对企业竞争力提升乃至创新型国家建设至关重要。也就是说，创新投入、创新产出最终都必须服务于生产率提升，否则，前期的创新投入和创新产出的经济意义将大打折扣。因此，作为创新链最后也是最重要的一个环节，也必须给予足够的重视。将 R&D 财税激励的有效性研究进一步拓展到对创新产出和创新绩效的研究，有助于揭示 R&D 财税激励的创新效应全貌。

1.5 研究思路与研究方法

1.5.1 研究思路

本书的研究思路见图1-1，依次分析R&D补贴、R&D税收激励对企业创新投入（研发支出）、创新产出（专利）和创新绩效（全要素生产率）的影响，以及政府采购的创新产出效应。

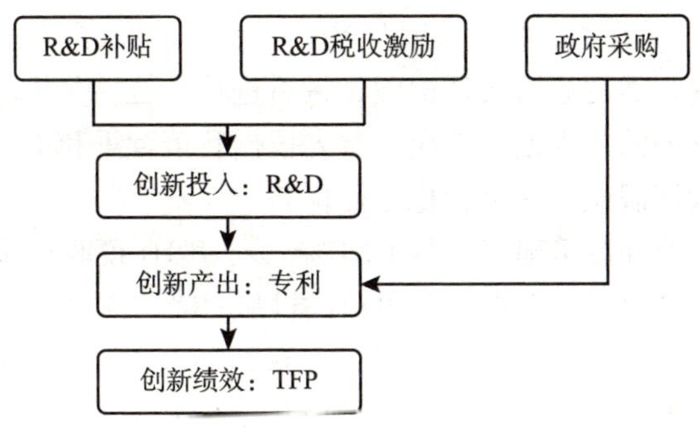

图1-1 本书的研究思路

从研究内容来看，全书包括五个部分：第一部分是导论（第1章），第二部分是R&D补贴的有效性分析（第2章至第4章），第三部分是R&D税收激励的有效性分析（第5章至第7章），第四部分是政府采购的创新效应分析（第8章），最后是研究结论和政策建议（第9章）。具体章节安排如下：

第1章导论，包括研究背景、问题的提出、研究意义、文献述评、研究思路与方法、创新点和不足之处等六个方面。

第2章R&D补贴与企业研发支出。首先根据文献梳理和理论分析，提出R&D补贴的研发支出效应及其影响因素假说，然后进行实证检验，包括全样本检验和分组检验，最后采用不同计量方法、关键变量替换进行稳健性检验。

第3章R&D补贴与企业专利产出。首先提出关于R&D补贴的创新产出效应及其作用机制的两个假说，然后对这两个假说分别进行实证检验，最后采用不同方法进行稳健性检验。

第4章R&D补贴与企业生产率。根据文献回顾和理论分析，首先提出R&D

补贴对企业生产率影响的两个对立假说。其次采用 CDM 模型，依次研究 R&D 补贴对研发支出、研发支出对创新产出、创新产出对生产率的影响。最后进行稳健性检验。

第 5 章 R&D 税收激励与企业研发支出。首先根据文献梳理和理论分析，提出与 R&D 税收激励的研发支出效应及其影响因素相关的两个假说，然后进行实证检验，包括全样本检验和分组检验，最后采用不同计量方法、关键变量替换进行稳健性检验。

第 6 章 R&D 税收激励与企业的专利产出。首先提出 R&D 税收激励的创新产出效应及其作用机制的两个假说，然后对两个假说进行实证检验，最后采用不同方法进行稳健性检验。

第 7 章 R&D 税收激励与企业生产率。根据文献回顾和理论分析，首先提出 R&D 税收激励影响企业生产率、制度与 R&D 税收激励政策对生产率的影响具有互补性的两个假说，然后进行实证检验，最后进行稳健性分析。

第 8 章政府采购的技术创新效应。首先根据政策背景和文献分析提出研究假说，然后实证检验该假说，并进行稳健性检验。

第 9 章研究结论和政策建议。从 R&D 补贴、R&D 税收激励和政府采购等三个方面对前述研究结论进行总结，从 R&D 补贴、R&D 税收激励、R&D 财税激励政策实施的制度环境、政府采购等并四个方面提出相应的政策建议。

1.5.2 研究方法

自主创新财税激励政策的有效性研究是一项侧重于经验研究的课题，因而实证分析占很大的比重。同时，将自主创新财税激励置于特定的制度环境之下，因而，制度经济学层面的理论分析也必不可少。相应的研究方法主要包括计量分析和理论分析。

（1）计量分析。主要采用能克服样本自选择性的倾向评分匹配法（PSM）、处理效应模型（treatment effect model）。这两个计量方法大量应用于本书研究，如 R&D 补贴的研发支出效应和创新产出效应、R&D 分别税收激励的研发支出效应和创新产出效应。而研究递归方程系统的 CDM 模型被用于 R&D 补贴和税收激励的创新绩效分析。对 R&D 财税激励有效性的作用机制分析，均采用 OLS 回归。此外，对于政府采购的创新效应则采用广义矩方法（GMM）来进行估计。

（2）理论分析。研究假说建立在广泛的前沿文献阅读和现实问题分析的基础之上，尤其是制度环境对自主创新财税激励有效性的影响，建立在制度经济学、新政治经济学等理论基础之上。尽管本书主要采用实证分析工具，但实证分析的研究假说、计量结果的分析等，均以主流经济学理论为依托。

1.6 创新与不足

1.6.1 创新点

（1）研究方法创新。相对于国内学者的既有研究，本书充分考虑了获得R&D补贴、税收激励样本的自选择性，采用多种能克服样本自选择性的计量工具如倾向评分匹配法、处理效应模型、CDM模型等来加以研究，所得出的结论更为可靠。采用不同计量方法进行的稳健性检验，也证实了基准回归结论。

（2）研究视角创新。国内外文献对技术创新财税激励政策的有效性研究大多局限于技术层面的分析，如企业特征、补贴特征等对创新效应的影响，甚少涉及制度层面。本书将自主创新财税激励政策置于特定的制度环境之下，将该领域的研究从公共经济学、产业经济学拓展到制度经济学层面，在研究视角上有一定创新。

（3）研究内容的拓展。现有文献对中国自主创新财税激励政策的有效性研究聚焦于对创新投入的影响，对创新产出的关注不多，对创新绩效的关注更是非常有限。本书在研究内容上进行了拓展，以创新投入、创新产出和创新绩效构成的完整创新链分别作为结果变量，系统研究R&D补贴和税收激励的有效性，在研究内容上有较大的拓展，丰富了该领域的研究文献。同时，还对政府采购的创新效应进行了分析。这样，影响R&D财税激励的需求面和供给面政策都容纳进来，形成一个整体框架。

（4）关键数据的手工搜集和整理。本书对供给面的R&D财税激励政策有效性研究采用能捕捉企业特质的上市公司微观数据。相对于无法反映企业异质性的行业和地区层面数据，上市公司微观数据提供了影响企业研发决策的多维信息，便于分析影响R&D财税激励获取及其创新效应的关键因素。一是R&D补贴数据。相对于仅提供总体补贴数值的中国工业企业数据库，上市公司微观数据提供了补贴明细。当然，要从中条分缕析地甄别出R&D补贴项目，手工整理工作量非常巨大。本书通过对R&D补贴的界定，从繁多的补贴项目中逐条筛选出研发补贴信息，加以汇总得到企业R&D补贴数据。二是研发支出数据。鉴于数据库中的研发支出数据不甚准确，依次采用以下三种方法从上市公司年报中手工搜集：优先选用上市公司年度报告中“董事会报告”的“研发支出”数据；当前一条信息不具备时，根据财务报告附注“无形资产”科目下“本期开发支出占本期研究开发项目支出总额的比例”，倒推出本期研究开发支出总额；当前两条信息也不具备时，将管理费用中的“研究与开发费”与开发支出相加得到。三是专利数据。创新产出即专利数据来源于专业专利网站——佰腾网，通过逐个输入上市公司名称检索得到。

1.6.2 不足之处

尽管本书以计量分析为主开展了大量实证研究，但囿于学术水平、研究时间所限，也存在待改进之处：

一是数理模型的构建。笔者深谙计量分析的前提是理论模型，也曾试图构建将制度环境作为影响自主创新财税激励创新效应关键因素的数理模型，但如何将制度模型化仍是现阶段经济学研究中面临的一个难题，本书也没有突破这一“瓶颈”，取而代之的是以大量前沿文献为基础的理论分析。

二是实证分析有待进一步结构化。理论上，研究（R）与开发（D）的技术外溢性不同，政府对二者资助的经济合理性、二者的创新效应也应有所区别。实证研究中，如果能够区别 R&D 补贴分别用于研究（R）与开发（D）的资助规模，按照本书的实证分析框架，得出二者分别对于创新效应具有差异性影响的研究结论，对于调整 R&D 补贴支出结构、完善 R&D 补贴政策将更具启示意义。同样的，如果能够甄别 R&D 税收激励分别对研究（R）与开发（D）的创新效应，所得出的结论也将更有深度。随着未来数据信息更加丰富，这些不足或许可以逐步加以克服。

第2章

R&D补贴与企业研发支出

2.1 引 言

2006年中国政府将自主创新、建设创新型国家作为新时期的国家发展战略。自主（科技）创新的基础是R&D投入。R&D投入创造出来的特殊产品即知识具有正外部性、非竞争性和非独占性（Nelson，1959；Arrow，1962；Grossman and Helpman，1991），使企业的边际私人收益低于边际社会收益、企业的R&D投入低于社会最优R&D投入水平（Griliches，1998），这为政府干预企业的R&D投入提供了必要条件。政府干预企业R&D投入的两个领域分别是基础研究和外部性较大的应用和发展研究。基础研究因其强大的正外部性而使政府投入责无旁贷，而对于外部性较大的应用和发展研究，政府干预如R&D补贴旨在降低企业研发的边际成本和投资风险。如果R&D补贴能够激励企业发生补贴以外的额外研发支出，则R&D补贴与企业R&D支出之间就具有互补性，或者说R&D补贴产生了挤入效应。相反，如果企业以R&D补贴替代了原本拟用自有资金发生的研发支出，则二者之间具有替代性，或者说R&D补贴产生了挤出效应。从创新投入来看，衡量R&D财政补贴有效性的标准，就在于它是否引致企业发生了额外研发支出。

自建设创新型国家战略目标提出以来，中国的R&D补贴规模急速攀升。2006~2015年，R&D补贴从96.8亿元上升到419.1亿元，年均增长17.68%。与此同时，企业的R&D经费支出也从2134.5亿元增加到10013.9亿元，年均增长18.74%。R&D补贴占企业R&D经费的比重稳定在4.2%左右。宏观数据表明，企业的R&D经费增幅超过R&D补贴增幅，R&D补贴似乎激励了企业增加R&D经费支出，但不能据此就武断地认为二者之间具有互补性，原因有三：一是R&D补贴并非随机分布，而是具有自选择性，即获得R&D补贴的企业往往是研发能力较强的企业，忽略该内生性将会产生向下估计偏误；二是与R&D补贴的自选择性相关，衡量 R&D 补贴有效性的一般方法应该是反事实的，即假定企业没有获得 R&D 补贴，它发生的研发支出与有补贴情形下的 R&D 支出相比较，但宏观数据无法做此分析；三是 R&D 补贴的获得及其激励效应受企业内部特质和外在制度环境等诸多因素的影响，笼统的宏观数据难以洞悉这些因素的影响及其政策含义。大规模 R&D 补贴究竟是产生了挤入效应还是挤出效应，需要采用科学、合理的方法加以量化评估，该评估结果无论是对财政资金使用绩效评价、还是创新政策体系的逐步完善，都具有重要的现实意义。

基于此，本章以上市公司微观数据为样本，综合运用非参数倾向评分匹配法（propensity score matching，PSM）和参数处理效应模型（treatment effect model），来评估 R&D 补贴的研发支出有效性，并分析其影响因素。本章在以下两个方面丰富了既有文献。一是研究方法上，采用能克服样本自选择的计量方法，如倾向评分匹配法、处理效应模型等，得出的结论更具稳健性。二是研究视角上，关注制度环境约束下 R&D 补贴对企业研发支出的影响。既有研究要么关注制度环境对企业获得补贴概率的影响，要么没有考虑制度因素、仅从技术层面分析 R&D 补贴对企业研发支出的影响，本章不仅分析制度环境因素对企业获得补贴概率的影响，而且还关注制度环境对 R&D 补贴激励效应大小的影响，能更深刻揭示影响 R&D 补贴激励效应的制度因素。

本章的结构安排如下：第二部分是理论分析与研究假说，第三部分是研究设计，包括计量方法、变量说明、数据来源和描述性统计，第四部分是实证结果及分析，包括基准回归（全样本检验和分组检验）、作用机制分析，第五部分是稳健性检验，最后是本章小结。

2.2

理论分析与研究假说

2.2.1　R&D 补贴的研发支出激励效应

R&D 补贴激励企业增加研发投入的关键，在于资金分配部门能够识别被支持的研发项目是否具有很高的社会价值、没有补贴该项目将难以实施（Alonso - Borrego et al.，2014），否则，R&D 补贴代替或挤出私人研发支出就难以避免。R&D 补贴与企业研发支出之间的关系是一个实证问题。自 20 世纪 80 年代以来，国外学者对政府 R&D 补贴与企业研发投资之间关系的研究可谓汗牛充栋，但既有研究结论并不一致。这些研究以 David 等（2000）的综述性研究为分水岭，大致可分为两个阶段。

2000年之前的研究结论呈现多样性。如Scott（1984）、Levin和Reiss（1984）、Leyden和Link（1991）支持互补说，Lichtenberg（1984）、Wallsten（2000）支持替代说，而Lichtenberg（1987）、Leyden等（1989）则认为R&D补贴对企业研发支出的影响不显著。David等（2000）指出，这些研究之所以结论不一，主要是因为这些研究使用的数据（厂商、产业和国别层面）和计量方法不同，尤其是计量方法的差异，使得即便是运用相同数据也可能得出不一致的结论。如Lichtenberg（1987）就发现，当采用工具变量法进行估计时，两者之间为替代关系；而用固定效应模型估计时，两者之间则为互补关系。此外，早期研究还存在的一个共同缺陷是没有考虑样本的自选择性，即研究样本并非随机分布或以同等概率开展R&D活动，而是与企业特质、行业特征等相关。忽视这些特征差异将违背计量经济学的基本假设——样本随机分布，从而导致估计结果有偏。

2000年之后随着处理样本自选择性的计量方法出现并得到广泛应用，如倾向评分匹配法、回归间断设计、工具变量法等，大量采用欧盟CIS（community innovation surveys）微观调查数据得出的结论几乎都拒绝了挤出效应，而是支持互补性假说。如Almus和Czarnitzki（2003）对民主德国制造业（以下文献都为制造业）的研究、Lach（2002）对以色列的研究、Duguet（2004）对法国的研究、Aerts和Schmidt（2008）对芬兰和德国的比较研究、González和Pazó（2008）对西班牙的研究、Carboni（2011）对意大利的研究、Becker和Hall（2013）对英国的研究、Czarnitzki和Lopes－Bento（2013）和Hottenrott和Lopes－Bento（2014）对比利时的研究、Einiö（2014）对芬兰的研究、Henningsen等（2015）对挪威的研究、Czarnitzki和Hussinger（2018）对德国的研究、Dimos和Pugh（2016）对近期文献的meta回归分析等。

中国资本市场不完善，融资难是技术创新过程中企业面临的普遍问题，R&D补贴能有效缓解企业的研发融资约束，降低私人研发成本，国内学者对中国R&D补贴的研发支出效应大多支持激励说。如朱平芳和徐伟民（2003）、王俊（2010）、白俊红（2011）运用行业数据，李平和王春晖（2010）、廖信林等（2013）运用地区（省级）数据，唐清泉等（2008）、解维敏等（2009）、江静（2011）、郑世林和刘和旺（2013）、陆国庆等（2014）、许国艺（2014）等利用上市公司微观数据，均发现政府补贴能激励企业增加研发支出。

但是，R&D补贴并非总是有效，制约R&D补贴研发支出激励效应的原因有多方面。一是R&D项目从投入到实现产业化需要很长时间，并且面临很大的不确定性（Hall，2002）。这种不确定性使风险规避型经理更不愿意对高风险的研发活动进行投资。因此，如果绩效低于预期水平，更大的风险将迫使项目经理去申请财政补贴来资助这些风险活动，从而对企业自身的R&D支出形成挤出效应。二是补贴发放者和接受者之间关于研发项目的信息不对称，使政府补贴可能面临严重的代理问题。补贴发放者只能获得厂商创新方面的有限信息，因而难以区分项目的好坏，研发项目发放者的柠檬风险和研发成本将会高于补贴接受者（Hall，2002；安同良等，2009）。三是研发支出的50%用于科学家和工程人员的工薪支出，还有部分用于物理设施和装备支出（Hall，2002），这两类支出意味着经理人员能够运用R&D补贴使自身收益。而从公共资金配置效率来看，补贴规模大的项目比补贴规模小的项目其效率要低得多（Liu and Chen，2009）。这实际上就提出了研发资金分配面临的道德风险问题。四是政府补贴分配面临的政治压力，使得那些本应由私人支出的研发项目转由公共资金来承担（Hall and Van Reenan，2000；David et al.，2000）。这些因素会降低R&D补贴的研发支出预期效应，从而对企业私人研发支出产生挤出甚至替代影响。如戴晨和刘怡（2008）采用地区层面数据，研究发现R&D补贴并不能激励研发支出。汪秋明等（2011）、张杰等（2015）、周亚虹等（2015）对公司微观数据的研究也得出了相同的结论。

因此，R&D补贴是否有效地激励了企业研发支出是一个有待实证检验的问题，据此提出以下对立假说：

假说2－1（a）：总体（平均）而言，R&D补贴能够激励企业增加研发支出。

假说2－1（b）：总体（平均）而言，R&D补贴不能显著激励企业增加研发支出。

2.2.2 制度环境与R&D补贴的研发支出激励效应

理论上认为，影响R&D补贴的研发支出效应的因素有两方面。一是企业特质，如企业规模大小（González and Pazó，2008；Bronzini and Iachini，2014）、企业所在行业技术水平高低（González and Pazó，2008）、企业面临的融资约束松紧（Hyytinen and Toivanen，2005）等。二是补贴特征，如补贴规模大小、补贴资金的专用性程度（Gelabert et al.，2009）、补贴项目来源于地区、国家或国际组织（Czarnitzki and Lopes－Bento，2013）、补贴效应持续期长短（Klette and Møen，2012）等。戴小勇和成力为（2014）、曹献飞（2014）等发现，R&D补贴与企业研发支出之间的关系呈倒U形，即初期具有激励效应，但随着补贴规模扩大，这种激励效应逐步减弱。

与影响R&D补贴激励效应的技术因素相比，制度因素更为关键。制度环境形塑企业的行为，企业的研发决策内生于特定的地区制度环境。在制度环境较好的地区，地方政府能够公开、公正、公平地分配R&D补贴资金，“寻补贴”这一扭曲R&D补贴初衷的机会主义行为受到有效遏制，具有技术优势和市场前景的企业能够将R&D补贴转换为激励自身研发投入的“酵母”。制度环境较好的地区，也意味着地方政府对当地知识产权保护较好，能够有效威慑和打击各种侵犯知识产权的违法行为。因此，在好的制度环境下，市场在科技资源配置中发挥决定性作用，R&D补贴能够引导企业家增加生产性努力如研发投入。反之，在制度环境不佳的地区，不完善的市场制度不仅通过营造寻租和投机空间抑制了企业的研发动力，并且通过约束企业的自由进出和要素自由流动降低了产品研发与生产的可行性（易先忠等，2014）。此时，“寻补贴”行为难以避免，企业获得研发补贴并非为了挤入私人研发支出，而是以之来全部或部分替代自身研发支出，甚至将其作为营业利润的重要来源或沦为寻租、腐败的工具。因此，在制度环境不佳的地区，R&D补贴对研发支出的影响有限，难以实现政策初衷。据此提出以下假说：

假说2－2：制度环境强化R&D补贴的研发支出激励效应。制度环境越好的地区，R&D补贴对企业研发支出的激励效应越大；制度环境越差的地区，R&D补贴对企业研发支出的激励效应越小。

2.3 研究设计

2.3.1 计量方法：PSM

如前所述，R&D补贴并非随机分布，而是企业自我选择的结果，因而R&D补贴对企业的研发投资而言就具有内生性。处理样本自选择带来的内生性问题，常见的思路是采用反事实框架（a counterfactual framework），即比较样本企业获得补贴时的研发支出与没有获得补贴时的研发支出，得到个体处理效应。假定样本服从独立同分布假设（iid），通过取期望值，就得到了总体平均处理效应。如果该效应大于0，则表明补贴（相对于无补贴）产生了额外的研发支出效应或挤入效应，R&D补贴与企业研发支出之间具有互补性。反之，则表明研发补贴对企业研发投资产生了挤出效应，此时二者之间具有替代性。

运用该框架的基本方法是倾向评分匹配法。结合本章研究主题，下面简要阐述其原理和运用步骤。定义一个二元虚拟变量$D_{it}=\{0, 1\}$，其取值为1时表示

企业 i 在时期 t 为处理组企业（T，获得 R&D 补贴），取值为 0 时表示企业 i 在时期 t 为对照组企业（C，没有获得 R&D 补贴）。定义变量 Y_{it}^1 为企业 i 在时期 t 获得 R&D 补贴后的研发支出水平，Y_{it}^0 为企业 i 在时期 t 没有获得 R&D 补贴时的研发支出水平。R&D 补贴产生的研发支出影响表示为：

$$\alpha_{TT} = E(Y^T \mid D=1) - E(Y^C \mid D=1) \tag{2-1}$$

（2-1）式右边的后一项为处理组厂商没有获得 R&D 补贴时的研发支出水平。但是，在同一时期，一家企业不可能既获得补贴又不获得补贴，将已经获得补贴的企业视为没有获得补贴的状态即反事实。获得反事实结果的一个可行办法，是为每一家获得补贴的企业匹配一个外生特征类似但没有获得补贴的企业。除 Y、D 外，还可观察到样本企业 i 的一些外在特征，如规模、年龄、所有制类型、所属行业等，这些特征被称为共同影响因素或协变量 X。如果个体 i 对 S 的选择完全取决于可观测的 X，根据条件独立性假设（Rosenbaum and Rubin，1983），即给定 X，则 Y^T、Y^C 独立于 D，记为：

$$Y^T,\ Y^C \perp D \mid X = x \tag{2-2}$$

该假设意在解决反事实结果不可观测的问题，即控制了共同影响因素 X 后，企业的研发支出与获得 R&D 补贴的决定之间是相互独立的。更通俗地说，该假设意味着匹配后处理组企业和对照组企业在匹配变量 X 上不存在显著差异。若二者存在显著差异，则表明匹配样本选取或匹配方法选择是不恰当的。在该假设下可以令：

$$E(Y^C \mid D=1) = E(Y^C \mid D=0) \tag{2-3}$$

此外，在匹配过程中还应该施加一个共同支持限制假设，该假设保证了能够为每个处理组样本找到与其配对的参照组样本（Aerts and Schmidt，2008）。

在条件独立性假设和共同支持限制假设下，两个企业间的研发投资差异就可以归因于是否获得了政府的 R&D 补贴，即：

$$\alpha_{TT}^M = E(Y^T \mid D=1) - E(Y^C \mid D=0) \tag{2-4}$$

上面从理论上介绍了匹配法的基本原理，接下来介绍其运用步骤。其中，重点是如何为处理组样本寻找参照组样本。

第一步，选择协变量 X、采用 logit 模型估计倾向得分。由于 X 包括多个变量，在高维度空间进行匹配会面临数据稀疏难题，可行的办法是使之从多维降为一维。Rosenbaum 和 Rubin（1983）的研究表明，采用倾向评分即获得补贴的概率能减少匹配维度的数量，使之转换成一个单一的指数。

令企业获得 R&D 补贴的概率为：

$$p = p(D_{it} = 1) = \mu(X_{it}) \tag{2-5}$$

其中，X_{it} 为匹配变量即共同影响因素。需要指出的是，条件独立性假设隐含着一个很强的假定，即 logit 模型中 X_{it} 应该包含所有的相关变量，不存在任何与解释变量相关的遗漏变量。换句话说，如果 X_{it} 中已包含较丰富的协变量，则可认为 CIA 假设基本得到满足，遗漏变量偏差较小（陈强，2015）。因此，在对（2－5）式进行 logit 回归时，应该尽可能将所有影响企业获得补贴的因素都包括在内，否则得到的估计结果有偏，并将影响到后续 R&D 补贴激励效应影响因素估计的可靠性。

第二步，进行倾向得分匹配。运用 logit 模型对（2－5）式进行估计后，将处理组企业 i 获得补贴概率的预测值记为 p_i，对照组企业 j 获得补贴概率的预测值记为 p_j，然后进行倾向得分匹配。匹配方法有多种，常见的是：K 近邻匹配，即寻找倾向得分最近的 k 个不同组个体（k 可取 1 或 4），卡尺匹配，卡尺内最近邻匹配，核匹配等。

第三步，根据匹配后样本计算平均处理效应，其计算公式为：

$$\gamma = \frac{1}{n}\sum_{i\in(T=1)}\left[Y_{it} - \sum_{j\in(T=0)} g(p_i, p_j)Y_{jt+s}\right] \tag{2-6}$$

其中，n 为获得补贴企业数，函数 $g(\cdot)$ 为当用企业 j 的 Y_{kt}^0 作为企业 i 的 Y_{kt}^0 替代时，对前者所施加的权重，该权重取决于 p_i、p_j 的差异大小。根据该公式，就可以计算得到匹配后获得 R&D 补贴行为对额外研发支出的因果效应。

在稳健检验中，本章还将采用处理效应模型来估计 R&D 补贴对研发支出的影响，该方法的介绍见 Heckman（1979）、Maddala（1983）等。而对于影响 R&D 补贴激励效应的因素分析，则采用 OLS 回归。

2.3.2　变量说明

2.3.2.1　处理变量（*D*）

处理变量为 R&D 补贴虚拟变量（*rdsubdum*）。如果企业在样本期间得到了 R&D 补贴则取值为 1，否则为 0。R&D 补贴数据并不能从上市公司年报或专业数据库直接获得，本章采用以下手工整理方法得到：首先搜集上市公司年度补贴明细项目（从上市公司年度报告财务报表附注“营业外收入——政府补贴明细”得到），然后将其中属于研发类的补贴项目甄别出来。

创新包括产品创新、流程创新、营销创新和组织创新等。所有的研发活动都属于创新活动。其中，绝大多数研发活动与产品创新、流程创新有关，少部分研发活动与营销创新和组织创新有关（OECD，2005）。R&D 是建立在系统基础上，为增加知识存量（含人文、文化和社会知识），以及使用这些存量知识来设计新应用的创造性活动（OECD，2015）。R&D 包括基础研究、应用研究与试验开发。对企业而言，R&D 活动主要是应用研究与试验开发。企业的 R&D 活动与一系列非 R&D 活动如技能培训、常规性软件开发、市场调查等交织在一起。区分 R&D 和非 R&D 的基本标准是，“R&D 中存在可观的新颖性因素和有助于解决科学和/或技术的不确定性”，或者是“R&D 能带来新知识或知识的使用以设计新的应用”。在实践中，OECD 采用经验法则（rules of thumb）来区分，即该活动是否是为了增加知识存量、或出于 R&D 目的（OECD，2015）。可见，这是一个目的导向型的判断规则。因此，R&D 不仅包括企业研发部门的研发活动，还包括以研发为唯一或主要目的的相关活动，如数据采集、专利服务、技术标准制定等。

根据《国家税务总局关于印发〈企业研究开发费用税前扣除管理办法（试行)〉的通知》，在我国，研究开发活动是指企业为获得科学与技术（不包括人文、社会科学）新知识，创造性运用科学技术新知识或实质性改进技术、工艺、产品（服务）而持续进行的具有明确目标的研究开发活动。《财政部　国家税务总局关于研究开发费用税前加计扣除有关政策问题的通知》指出，创造性运用科学技术新知识或实质性改进技术、工艺、产品（服务），是指企业通过研究开发活动在技术、工艺、产品（服务）方面的创新取得了有价值的成果，对本地区（省、自治区、直辖市或计划单列市）相关行业的技术、工艺领先具有推动作用，不包括企业产品（服务）的常规性升级或对公开的科研成果直接应用等活动（如直接采用公开的新工艺、材料、装置、产品、服务或知识等）。同时，企业从事的研究开发活动的有关支出，应符合“国家重点支持的高新技术领域”（每年都在调整）和国家发展改革委员会等部门公布的《当前优先发展的高技术产业化重点领域指南（2007 年度)》的规定项目。凡符合规定项目定义和范围的，可享受研发费用加计扣除；不符合定义和范围的，则不能享受研发费用加计扣除。可见，在适用领域、用途和成果的新颖性等方面，财税部门认定的企业研发费用规定极为严格，不具有实质性技术创新的支出如技术改造，并不能被视为研发费用。

中国的政府补贴种类繁多，如创新补贴、节能减排补贴、出口补贴、进口贴息、产业发展补贴、就业促进补贴、品牌建设补贴等。借鉴 OECD 甄别 R&D 活动的经验法则，并结合中国 R&D 补贴在来源和种类上的多样性，本书将以增加知识存量为目的、与 R&D 密切相关的下述补贴项目归于 R&D 补贴：产业技术研究与开发项目（原“科技三项费”)、科技计划项目（国家级、地方级)、研发及产业化项目、新产品开发项目、高新技术产品出口补助、科技保险补助、产学研合作项目、技术创新（研发）平台建设项目、企业技术中心（工程技术研究中心）资助与奖励、技术标准研制补助及奖励、科技创新奖励（新技术、新产品、人才等奖励）、知识产权保护专项经费、专利资助及奖励等。上述补贴项目按照补贴对象来划分，可以分为对研发、产品的补贴；按照补贴方式来划分，可以分为专项补助、贷款贴息和奖励；按照补贴时间点来划分，可以分为对研发过程、研发结果补贴，或前补助、后补助。

而对于一些无法直接甄别的项目，通过检索该项目的来源、相关政策文件和项目管理办法，以及上市公司报告中的相关说明如“非流动负债”提供的信息，了解该项目的目标、性质，确定该项目是否属于 R&D 补贴。但与 R&D 补贴看似相关的补贴项目，如技术改造（进步）、一般性产业发展（含新兴产业投资）等，因其不具有实质性创新要素，因而不能视为 R&D 补贴。此外，对于一些包含研发、新产品产业化、生产能力提升等多重目的的补贴项目或笼统的递延收益项目，首先甄别其中的 R&D 补贴部分，如果无法区分，按照宁缺毋滥的原则，不将其视为 R&D 补贴①。

2.3.2.2　结果变量（Y）

结果变量为研发支出强度（rd），即研发支出占营业收入的比重。尽管我国 2007 年 1 月 1 日开始实施的《企业会计准则》要求企业披露研发投资信息②，但仍存在披露比例不高、披露方式不规范等问题，集中表现：R&D 支出资本化、费用化缺乏明确划分，披露内容不具体、不完整，披露方式不统一等（梁莱歆和金杨，2010），致使不少企业的研发支出数据信息无法获取，损失部分样本。根据《会计准则第 6 号——无形资产》③，企业内部研发支出包括研究阶段的支出和开发阶段的支出，研究阶段的支出费用化，计入企业当期损益（管理费用），开发阶段支出能够满足无形资产条件的要资本化，计入无形资产。不能形成无形资产的支出费用化后，一并计入当期损益。因此，当企业在研究阶段和开发阶段均发生支出时，仅以利润表“管理费用”科目下的明细科目“技术开发费”或“研发费用”、或资产负债表中的“开发支出”作为研发支出都是不准确的。此外，以现金流量表附注中“支付的其他与经营活动有关的现金”下的明细科目“研究与开发费”作为研发支出也是不准确的，因为该数据只反映当期研发投入

① 这会在一定程度上造成 R&D 补贴的低估，但这样的补贴项目很少，因此影响不大。

② 《企业会计准则第 6 号——无形资产》规定：企业应当披露计入当期损益和确认为无形资产的研究开发支出金额。《企业会计准则第 30 号——财务报表列报》规定：企业应将当期末结转为无形资产的资本化的研发支出数，单独列示在资产负债表的“开发支出”项目下。

③ 该准则于 2006 年发布，其最新修订版于 2015 年发布，但本章研究的样本时间为 2009 ~ 2013 年，仍适用于旧准则。

的实际现金支出，没有包括相关资产价值的摊销，因而也不能完整反映企业的实际研发支出。

鉴于此，为更准确地获取企业研发支出数据，本书采用以下手工方法来搜集①：首先，选择上市公司年度报告中“董事会报告”下的“研发支出”数据②；其次，当该数据不具备时，查找财务报告附注中“无形资产”科目下的“公司开发项目支出”，根据“本期开发支出占本期研究开发项目支出总额的比例”，推算出本期研究开发支出总额；最后，当缺乏“本期开发支出占本期研究开发项目支出总额的比例”信息时，采用管理费用中的“研究与开发费”与开发支出相加。如果通过这三种方法仍然无法获得研发支出数据，也根据宁缺毋滥的原则，视为数据缺失。

2.3.2.3 协变量（X）

相对于克服样本选择偏误的参数方法如IV、DID，PSM的优势是无须设定结果方程的函数形式、无须设定选择方程和结果方程误差项的分布假设，其劣势是只能控制可观察的选择变量，因而，采用该方法隐含的假设是这些可观察变量能够很好代理影响结果的不可观察因素（Rubin，2008）。为避免不可观察因素的不可知影响，在运用PSM时，选择方程中应该尽可能考虑到影响处理变量的所有协变量。将选择方程即企业获得R&D补贴的概率方程（2－5）式具体化为：

$$rdsubdum_{it} = \beta X_{it} + \varepsilon_{it} \tag{2-7}$$

X_{it}由两类变量组成，第一类是厂商特征变量，包括以下变量。

融资约束（*fc*，financial constraints）。研发投资成功和潜在收益的不确定性，以及研发成果的无形性，阻碍了研发资产作为抵押品使用，而投资人和创新人之间的信息不对称，加剧了研发资本市场失灵，使得企业不得不主要依靠内源融资来从事R&D活动。当企业面临R&D融资难问题时，R&D补贴是缓解企业研发融资约束的重要筹资工具（Czarnitzki et al.，2011；Guariglia and Liu，2014）。融资约束以现金流占总资产的比重来反向衡量，即现金流占总资产的比重越大则企业面临的融资约束越小。

企业规模（*size*）。一方面，企业规模越大，研发活动的内源融资可能性越高，对外部资金的需求意愿越低（Schumepter，1939；Veugelers and Cassiman，1999）。另一方面，规模较大也意味着企业的研发动机越强，对外部融资的意愿

① CSMAR也提供了企业研发支出数据，该数据源于上市公司财务报告中会计科目“管理费用”下的明细科目“研究与开发费”，当企业在研究阶段和开发阶段均发生支出时，该数据并不能完整反映企业的研发支出。

② 该数据经过了会计师事务所专门审计。

越强烈（Czarnitzkia and Delanoteb，2015）。因此，企业规模对公司获得补贴概率的影响是不确定的。为避免销售额与研发支出强度（等于研发支出除以销售额）之间的共线性，这里以企业雇员数来衡量企业规模。由于厂商的规模分布有偏（skewness），为降低其偏度，对雇员数取对数。同时，为捕捉企业规模与补贴之间可能具有的非线性关系（Czarnitzkia and Delanoteb，2015），在协变量中还加入企业规模的平方项（$size^2$）。

年龄（*age*）。公司年龄对补贴申请的影响也具有不确定性。一方面，公司年龄越大，在申请补贴上更具经验、在与补贴发放部门的关系上可能更具优势，从而更有可能得到补贴。另一方面，更年长的公司可能趋于守成，不愿意追求创新（Czarnitzki and Lopes－Bento，2014）。而年轻公司难以在资本市场（再）融资，面临更紧的研发融资约束（Hall and Lerner，2010），申请 R&D 补贴的积极性更高。因此，公司年龄与获得补贴之间也具有不确定性。公司年龄以注册年度与分析年度之差来表示。

成功的研发活动历史（*history*）。研发活动具有持续性、传承性，公司先前获得 R&D 补贴的经历有助于积累补贴申请经验、学习能力和信息优势（Alonso－Borrego et al.，2014）。此外，在信息不对称下，为使创新项目失败概率最小化，政府部门按照挑选优胜者（picking-the-winner）的原则来决定补贴分配，而判断创新优胜者的一个重要标志是创新产出——专利申请（González and Pazó，2008；Hussinger，2008）。此时，专利可被视为一个研发成功的信号，帮助企业获得补贴申请。该变量以上一年度企业是否申请专利的虚拟变量来表示①。

资本密集度（*capint*）。为控制生产过程中不同技术的影响，资本密集度对补贴申请的影响也不可忽略（Czarnitzki and Lopes－Bento，2014）。一般而言，在其他条件相同时，资本密集品生产比劳动密集品生产更依赖创新活动，从而对 R&D 补贴有更高的需求。对此以人均固定资产的对数来衡量，即 $capint=\ln$(固定资产/雇员数)。

所有制（*owner*）。私人控股企业能更好地评估创新的风险和收益，避免经理和所有者之间的激励错位（Honorè et al.，2015），并影响其申请研发补贴的积极性。对此以第一大控股股东的所有权性质的虚拟变量来表示。如果第一大股东为国有控股股东则取 1，否则为 0。

第二类是外部环境变量，包括以下变量。

国内市场竞争程度（*IIIII*）。熊彼特效应（Schumpeterian effect）认为，市场

---

① 国外文献多采用人均专利存量来表示，但囿于样本时间序列长度有限、基期专利数据难以确定等，专利存量计算面临较大的困难，对此以专利流量为基础来刻画。

集中度与 R&D 强度之间具有正相关性，即高产业集中度增加了创新型企业的垄断租金，因而增加了其从事 R&D 活动的激励。而逃避竞争效应（escape-competition effect）则认为，产品市场竞争度越高的市场，企业占据市场领先优势，从事具有冒险性质的创新活动动机不足，市场集中度和创新之间可能呈负相关。或者说这些企业有足够的创新，使它们可以避开激烈的竞争。到底哪一种效应为主是一个经验问题（Freitas et al.，2017）。该变量以证监会行业代码、以主营业务收入为权重来计算的赫希曼—赫芬达尔指数来表示（Herfindahl – Hirschman Index，HHI）。该变量既反映了 2 位产业水平的国内市场集中度，也捕捉了产业间竞争强度的差异。

出口（*export*）。一般来说，参与国际市场竞争的企业，比那些仅向国内市场销售产品的企业更具有创新能力，这类企业需要更多的研发投入、有更大的意愿去申请 R&D 补贴（Aerts and Schmidt，2008）。对此以企业是否出口的虚拟变量来反映。

政治关联（*pc*）。Shleifer 和 Vishny（1994）指出，政治家给予企业补贴是一种“双赢策略”，即借助补贴，企业能雇用更多的员工、支付更高的薪水，政治家将因此获得更多的选票或连任，而将补贴分配给谁、分配多少实际上沦为一种相互寻租和贿赂行为。Faccio 等（2006）对 1997 ~ 2002 年间 35 个国家的 450 个政治关联企业接受政府补贴的事实证实了这一点。余明桂等（2010）利用中国的经验证据也发现，民营企业通过与地方政府建立政治联系来俘获掌握财政补贴支配权的地方政府官员，进而得到更多的财政补贴收入。陈冬华（2003）则发现具有地方政府背景的董事占比会提高企业的补贴收入。这里以上市公司董事长、总经理是否为人大代表、政协委员、之前是否从政三个维度来量化政治关联，并采用虚拟变量来反映政治关联的有无。

地区制度环境（*ins*）。地区制度环境如产权保护、地方政府干预当地经济的范围和力度、地方政府公共服务效率等，影响辖区企业的研发投资决策。制度环境越完善的地区，企业自主创新的能力和水平越高（康志勇和张杰，2010）。林洲钰和林汉川（2013）研究发现，制度环境对企业研发投资的影响渠道之一，是通过政府补贴来实现的。中国政府主导型经济发展模式下，各级政府掌握大量稀缺资源，地方政府采取补贴方式促进地区经济发展更是轻车熟路，地区制度环境对企业研发行为的影响不可忽视。一些研究表明（余明桂等，2010；邓建平和曾勇，2009），在制度环境较差的地区，民营企业获得 R&D 融资的渠道有限，通过政治关联获得 R&D 补贴是一种替代性的非正式融资渠道。这意味着正式制度环境和非正式制度环境（政治关联）共同作用于企业的研发投资决策。因此，还必须考虑制度环境约束下非正式制度（政治关联）的影响。该影响将以交叉项（*pc* ×

ins）的形式来刻画。基于数据的可获得性，采用王小鲁等（2013）编制的中国分省企业经营环境指数来反映地区制度环境。该报告的指数截至 2012 年，对 2013 年地区经营环境指数则采用以年度为自变量的简单 OLS 回归递推得到。为消除异方差，也对之取对数。

此外，还将引入三个虚拟变量：产业虚拟变量（γ_j）以控制不可观察的行业异质性（行业差异）和技术机会（29 个行业），地区虚拟变量（γ_k）以控制特定地区因素如创新文化的影响（东中西部地区），时间虚拟变量（γ_t）以控制宏观经济冲击和政策变化的影响（Czarnitzki and Licht，2006）。

同时，上述变量的使用还需考虑时间滞后因素。一方面，R&D 投资本身具有一定的周期；另一方面，从 R&D 投资到实现目标投资额又会有一定周期（由于与 R&D 相关的调整成本如研发人员配备、研发市场的不完整性等），因此，R&D 补贴项目从实施到产生影响具有一定时滞。Lach（2002）发现该时滞为一年，Mansfield 和 Switzer（1984）、Lichtenberg（1984）发现该时滞为 2 年。根据研究惯例，以及样本时长（2009～2013 年，而部分样本仅有 2011～2013 年的数据），对所有协变量（除年龄外）均取滞后一期。

2.3.3 数据来源

研究样本为 2009～2013 年中国沪深两市制造业上市公司。样本财务数据来自国泰安数据库（CSMAR）。但关键数据即研发补贴、研发支出来自手工搜集和甄别（原因分析见本书 2.3.2），数据源自上市公司年报。

我国于 2008 年正式修订颁布了《中华人民共和国科技进步法》，明确规定国家要加大财政性资金投入，推动全社会科学技术研究开发经费持续稳定增长。数据搜集时间为 2014 年，因此，研究样本的起止时间为 2009～2013 年。

剔除 ST、注册地为西藏（主要信息缺失）的公司后，一共获得了 1223 家上市公司 2009～2013 年的数据（部分上市公司少于 5 年的数据），共有样本 5460 个。其中，沪市主板 373 家，深市主板 144 家、中小板 502 家、创业板 204 家。

2.3.4 描述性统计

将全体样本按照获得补贴与否分组，分别对结果变量、协变量进行描述性统计，并计算二者的均值差异，结果见表 2－1。

从表 2－1 可以看出，结果变量（*rd*）在两组间存在显著差异，获得补贴样本的研发强度显著高于未获得补贴样本。这似乎表明，研发补贴对研发强度具有正向影响。协变量中，除融资约束（*fc*）、政治关联（*pc*）外，其他变量在两组间也存在显著差异，且大多与理论预期相符。但不能据此就认为研发补贴具有激励效应，必须考虑研发补贴的内生性对企业研发强度的影响。

表 2-1　　获得与未获得补贴 R&D 样本的均值差异

变量	获得补贴（*rdsubdum*=1）			未获得补贴（*rdsubdum*=0）			均值差异的显著性
	观察值	均值	标准误	观察值	均值	标准误	
rd	3738	0.0393	0.0006	472	0.0211	0.0010	-10.8790***
fc	4225	0.0341	0.0030	715	0.0270	0.0052	-0.9330
size	3333	7.5397	0.0188	520	7.8163	0.0536	5.3078***
$size^2$	3333	58.0255	0.2941	520	62.5824	0.8448	5.5854***
age	4236	2.4764	0.0065	717	2.5295	0.0142	3.1567***
history	4236	0.8364	0.0057	717	0.5914	0.0184	-15.5610***
capint	4230	12.2953	0.01338	716	12.5455	0.0369	6.9733***
owner	4236	0.3253	0.0072	717	0.4575	0.0186	6.9187***
HHI	4232	0.2123	0.0003	717	0.2090	0.0005	-4.1442***
export	4236	0.7583	0.0066	717	0.5732	0.0185	-10.4503***
pc	4236	0.4155	0.0076	717	0.3849	0.01818	-1.5375
ins	4236	1.1335	0.0006	717	1.1239	0.0014	-6.3277***
pc×*ins*	4236	0.4715	0.0086	717	0.4338	0.0205	-1.6713*

注：因部分样本的研发补贴数据缺失，致使获得和未获得补贴样本之和小于 5460 个。均值差异的显著性一列中，数值为 T 统计量，***、**、*分别为 1%、5%、10% 水平上显著。

2.4 回归结果与分析

2.4.1 R&D 补贴的研发支出激励效应

表 2-2 首先报告了企业获得 R&D 补贴的概率模型估计结果。理论上认为影响企业获得 R&D 补贴的部分因素并不显著，如融资约束（*fc*）、公司规模

(*size*)、年龄（*age*）、资本密集度（*capint*）、所有制（*owner*）等变量，这与部分研究结论相符（Carboni，2011；Czarnitzki and Delanote，2015）。既往研发成功的经历（*history*）有助于企业获得 R&D 补贴，这是因为研发成功经历本身就是一个强研发能力信号，有助于企业在 R&D 补贴申请竞争中获胜。市场集中度（*HHI*）、出口（*export*）显著提高企业获得 R&D 补贴的概率。这是因为与过往研发成功经历类似，行业集中度高的企业、出口厂商等，也可视为具有研发能力的信号，从而有助于政府挑选研发成功者。政治关联（*pc*）对企业 R&D 补贴的影响为负、制度环境对企业获得 R&D 补贴的影响不显著，但这两个变量的影响应该结合起来进行分析。二者的交叉项（$pc \times ins$）影响为正，说明在制度环境一定时，政治关联越强，企业获得 R&D 补贴的概率越高。这与以往的研究结论一致（余明桂等，2010；邵传林，2015）。企业获得 R&D 补贴的 logit 模型估计结果为计算企业享有 R&D 补贴的倾向得分奠定了基础。同时需要指出的是，logit 模型中的部分变量对企业获得 R&D 补贴概率的影响与理论预期并不一致，或许是因为没有考虑样本异质性如行业特征、企业所有制性质等因素的影响，因而在实证检验中有必要进行分组检验，以甄别这些特征对 R&D 补贴激励效应的异质性影响。

表 2-2　企业获得 R&D 补贴的 logit 模型估计结果

变量	系数	变量	系数	变量	系数
fc	0.2033 (0.1720)	*owner*	-0.0606 (0.0705)	γ_j	控制
size	0.2408 (0.2325)	*HHI*	1.6207 * (25.2918)	γ_k	控制
$size^2$	-0.0163 (0.0147)	*export*	0.3904 *** (0.0662)	γ_t	控制
age	-0.2882 (0.6421)	*pc*	-3.8041 ** (1.7693)	*obs*	3838
history	0.4052 *** (0.0649)	*ins*	-1.3396 (1.1695)	Log likelihood = -1243.6146 Pseudo R2 = 0.1822	
capint	-0.0430 (0.0370)	$pc \times ins$	3.3791 ** (1.5683)		

注：样本数有 3838 个，是因为对解释变量（除 *age*）取滞后项损失了部分样本。系数下方括号内的值为其标准误，下同。***、**、* 分别为 1%、5%、10% 水平上显著。

接下来将采用不同方法进行配对。影响企业获得补贴的协变量较多且样本量较大，根据Zhao（2004）的建议，这里没有采用协变量较少（低于8个）、样本较少的马氏距离匹配方法，而是采用倾向评分匹配。配对的要求是匹配后处理组和控制组样本均值无显著差异。以K近邻匹配（$k=1$）为例，表2-3报告了配对均衡结果：匹配后处理组和控制组所有变量的均值都极为接近，大多数变量的标准差小于10%（只有*owner*例外），标准化偏差大幅缩小（仅*pc*、$pc \times ins$扩大），且大多数T检验结果不拒绝处理组和控制组无系统差异的原假设（仅*HHI*、*owner*两个变量有显著差异）。总体来看，匹配后处理组和控制组的外生变量不存在显著差异，样本匹配质量较高，从而企业研发支出的差异可归因于R&D补贴。

表2-3　匹配平衡检验（K近邻匹配，$k=1$）

变量	处理组	控制组	% bias	% bias reduct	T检验p值
fc	0.0508	0.0452	2.8	53.3	0.295
size	7.5041	7.4431	5.2	79.2	0.122
$size^2$	57.466	56.415	5.8	78.6	0.111
age	2.5214	2.5096	3.2	72.1	0.226
history	0.8327	0.8383	-1.3	96.8	0.557
capint	12.228	12.336	-11.4	57.8	0.130
owner	0.3135	0.2163	20.3	0.1	0.000
HHI	0.2122	0.2139	-9.1	23.2	0.002
export	0.7585	0.7526	1.3	95.7	0.591
pc	0.4177	0.4312	-2.7	-204.8	0.292
ins	1.1292	1.1325	-8.8	55.5	0.213
$pc \times ins$	0.4725	0.4860	-2.4	-624.6	0.356

接下来根据匹配后的样本计算倾向评分匹配结果。表2-4报告了采用不同匹配方法得到的估计结果。首先以总研发支出强度作为结果变量。从表2-4前3列来看，不同匹配方法下处理组的研发支出强度相同（因为获得R&D补贴的样本相同），均值为0.0395，而控制组的研发支出强度略有差异（因为采用不同匹配方法得到的控制组样本略有不同）。但不同匹配方法得到的平均处理效应（ATT）极为接近，介于0.0097~0.011之间（均值为0.0104），且均在1%水平上显著（T统计量均大于1%显著性水平的临界值2.58）。据此可认为，获得R&D补贴能产生显著的研发支出激励效应，且该激励效应占企业总研发支出强

度的 26.33%①（或者说，接受 R&D 补贴的企业的总研发支出中，26.33% 是由 R&D 补贴带来的），R&D 补贴与企业的研发支出具有互补性，假说 2－1（a）得到证实。

为更直观反映 R&D 补贴的影响，接下来以私人研发支出强度即补贴引致的研发投资（induced R&D investment）作为结果变量。私人研发支出强度等于企业的总研发支出减去 R&D 补贴后的余额占营业收入的比重。估计结果见表 2－4 后 3 列。各种匹配方法下得到的平均处理效应（ATT）也极为近似：私人研发支出强度在 0.0047～0.0063 之间（均值为 0.0055），且多在 1% 水平上显著，即 R&D 补贴产生了显著的研发投资引致效应。与私人研发支出强度均值 0.0347（获得 R&D 补贴的厂商）相比，该值占比为 15.85%，即私人研发支出的 15.85% 是由 R&D 补贴带来的。与前 3 列相比，后 3 列以私人研发投资为结果变量，得出 R&D 补贴与研发支出具有互补性的结论更具说服力。

表 2－4　　不同匹配方法下 R&D 补贴的研发支出效应

匹配方法	总研发支出			私人研发支出		
	处理组	控制组	平均处理效应	处理组	控制组	平均处理效应
K 近邻匹配（$k=1$）	0.0395	0.0287	0.0108*** (0.0024)	0.0347	0.0283	0.0063*** (0.0023)
K 近邻匹配（$k=4$）	0.0395	0.0298	0.0097*** (0.0020)	0.0347	0.0299	0.0047*** (0.0020)
卡尺内近邻匹配	0.0395	0.0298	0.0097*** (0.0020)	0.0347	0.0299	0.0048** (0.0020)
半径匹配	0.0395	0.0288	0.0107*** (0.0019)	0.0347	0.0291	0.0056*** (0.0019)
核匹配	0.0395	0.0284	0.0111*** (0.0018)	0.0347	0.0284	0.0063*** (0.0017)

注：以总研发支出为结果变量的估计中，处理组和控制组样本分别有 3050 个和 370 个；以私人研发支出为结果变量的估计中，处理组和控制组样本分别有 3051 个和 370 个。***、**、* 分别为 1%、5%、10% 水平上显著。

① 0.0104/0.0395＝26.33%。获得补贴企业的研发强度均值（0.0393）之所以不同于表 2－4 中处理组研发支出强度均值（0.0395），是因为采用 PSM 不可避免地会损失一些样本，包括处理组样本也会有部分损失，从而使处理组样本研发支出强度均值略高于获得补贴样本。

为检验R&D补贴的激励效应是否具有异质性，接下来进行分组检验。首先按照行业分类，将样本企业划分为劳动密集型、资本密集型和技术密集型三大类。分类标准参照鲁桐和党印（2004）①。估计结果（表2-5）显示，从总研发支出来看，劳动密集型行业R&D补贴的激励效应不显著，但资本密集型和技术密集型行业的R&D补贴具有显著的激励效应（分别为0.0085和0.0125）。其原因在于三大行业的技术构成不同，进而形成不同的研发依赖度（其研发强度均值分别为0.0156、0.0256、0.0467），且技术密集型行业对研发支出的依赖度最高。此外，这两个行业的R&D补贴激励效应分别占研发总支出的33.20%、26.77%，即资本密集型行业R&D补贴的激励效应更大。以私人研发支出为结果变量的估计也显示了类似特征：劳动密集型行业研发补贴的激励效应不显著，资本密集型和技术密集型行业具有显著的激励效应（0.0059和0.0060），二者分别占私人研发支出的23.13%、14.67%，资本密集型行业R&D补贴激励效应占私人研发支出更大。因此，无论是从总研发支出还是私人研发支出来看，R&D补贴对仅对资本密集型和技术密集型行业具有激励效应，且资本密集型的激励效应更大。这意味着，R&D补贴应该向资本密集型和技术密集型企业倾斜。

表2-5　　分行业的倾向评分匹配结果

匹配方法	总研发支出			私人研发支出		
	劳动密集型	资本密集型	技术密集型	劳动密集型	资本密集型	技术密集型
K近邻匹配（$k=1$）	-0.0015 (0.0033)	0.0080*** (0.0022)	0.0117*** (0.0043)	0.0087 (0.0019)	0.0054*** (0.0022)	0.0052* (0.0043)
K近邻匹配（$k=4$）	0.0014 (0.0027)	0.0083*** (0.0022)	0.0127*** (0.0036)	0.0088 (0.0020)	0.0057*** (0.0022)	0.0062* (0.0036)
卡尺内近邻匹配	0.0013 (0.0027)	0.0084*** (0.0022)	0.0126*** (0.0036)	0.0087 (0.0019)	0.0057*** (0.0022)	0.0061* (0.0036)
半径匹配	0.0007 (0.0025)	0.0086*** (0.0021)	0.0129*** (0.0035)	0.0089 (0.0021)	0.0059*** (0.0021)	0.0064* (0.0035)
核匹配	0.0008 (0.0026)	0.0092*** (0.0020)	0.0127*** (0.0031)	0.0009 (0.0019)	0.0066*** (0.0020)	0.0062** (0.0031)
obs	379	1053	1989	379	1053	1989

注：***、**、*分别为1%、5%、10%水平上显著。

① 该文采用聚类分析方法，按照要素密集度将样本公司划分为劳动密集型、资本密集型和技术密集型。劳动密集型包括食品、饮料、纺织、服装、皮毛、木材、家具等行业，资本密集型包括造纸、印刷、石油、化学、塑胶、塑料、金属、非金属等行业，技术密集型包括电子、机械、设备、仪表、医疗、生物制品等行业。

其次，按照企业的所有制性质进行分组检验，结果见表 2－6。无论是总研发支出还是私人研发支出，非国有控股企业的 R&D 补贴能产生激励效应（均值分别为 0.0132、0.0079），二者分别占总研发支出和私人研发支出的 33.17%、22.32%，而国有控股企业的激励效应不显著。原因可能是国有控股企业（样本中大多为大中型国有企业）现金流充裕、研发资金充足，对 R&D 补贴不甚敏感，而非国有控股股东企业（样本中多为中小民营企业）研发资金短缺①，对 R&D 补贴较为敏感，研发补贴能够起到“四两拨千斤”的激励功效。这一结论与肖兴志和王建林（2011）采用高新技术产业层面数据、发现政府科技资助只能激励非国有企业提高研发投入是一致的。因此，从所有制分类检验来看，政府的 R&D 补贴资金分配应该倾向于能带来更大激励效应的非国有控股企业。

表 2－6　　　　分所有制的倾向评分匹配结果

匹配方法	总研发支出		私人研发支出	
	国有	非国有	国有	非国有
K 近邻匹配（$k=1$）	0.0011 （0.0060）	0.0130 *** （0.0023）	0.0011 （0.0060）	0.0076 *** （0.0023）
K 近邻匹配（$k=4$）	－0.0003 （0.0047）	0.0131 *** （0.0020）	－0.0003 （0.0047）	0.0078 *** （0.0020）
卡尺内近邻匹配	－0.0003 （0.0047）	0.0131 *** （0.0020）	－0.0003 （0.0047）	0.0078 *** （0.0020）
半径匹配	0.0002 （0.0043）	0.0133 *** （0.0020）	0.0002 （0.0043）	0.0079 *** （0.0019）
核匹配	0.0004 （0.0039）	0.0135 *** （0.0019）	0.0004 （0.0039）	0.0082 *** （0.0018）
obs	1093	2306	1093	2306

注：***、**、* 分别为 1%、5%、10% 水平上显著。

最后，按照制度环境进行分组检验。根据企业所处地区的制度环境得分，以中位数为界限将样本分为两类，估计结果见表 2－7。当结果变量为总研发支出时，不同制度环境下 R&D 补贴都能带来研发支出激励效应（均值分别为 0.0088、0.0115），且低于中位数制度环境下 R&D 补贴的激励效应更大。究其原

① 国有与非国有控股企业的每股自由现金流均值分别为 0.5172、0.3353。

因，是因为在制度环境较好的地区，如政府对企业的研发决策干预少、知识产权保护水平较高、金融发展水平较高等，企业的研发决策受外部R&D补贴的影响较小，企业能够自主地以市场化方式为研发融资，对R&D补贴的敏感度不高。而在制度环境不佳或市场化水平不高的地区，企业难以通过市场化方式如以法定贷款利率进行研发融资，尤其是对于一些没有外部资金流入而难以开展的研发项目，无偿的R&D补贴如雪中送炭，边际价值极高，企业有激励通过多种途径（如调整内部现金流支出结构）来为研发项目筹资，R&D补贴的投资引诱效应极为明显。此时，R&D补贴与市场化研发融资之间具有替代性，R&D补贴是弥补营商环境不佳的替代性融资工具。当结果变量为私人研发支出时，制度环境较好地区R&D补贴的激励效应尽管为正但不显著，而制度环境不佳地区的R&D补贴则产生了显著的激励效应（多为1%水平上显著）。因此，R&D补贴的研发支出激励效应也因地区制度环境而异，同时，R&D补贴还是弥补制度环境不佳的政策工具。

表2-7　　分制度环境的倾向评分匹配结果

匹配方法	总研发支出		私人研发支出	
	高于中位数	低于中位数	高于中位数	低于中位数
K近邻匹配（$k=1$）	0.0098** （0.0043）	0.0094*** （0.0025）	0.0051 （0.0038）	0.0046* （0.0025）
K近邻匹配（$k=4$）	0.0087** （0.0038）	0.0106*** （0.0022）	0.0043 （0.0037）	0.0059*** （0.0022）
卡尺内近邻匹配	0.0092** （0.0038）	0.0107*** （0.0023）	0.0047 （0.0038）	0.0059*** （0.0022）
半径匹配	0.0097*** （0.0037）	0.0106*** （0.0022）	0.0051 （0.0037）	0.0059*** （0.0022）
核匹配	0.0095*** （0.0037）	0.0117*** （0.0020）	0.0047 （0.0033）	0.0070*** （0.0020）
obs	1342	2040	1342	2040

注：***、**、*分别为1%、5%、10%水平上显著。

2.4.2 R&D补贴研发支出激励效应的影响因素

上述分析表明，R&D补贴能带来显著的研发投入激励效应，且该效应因行业类别、所有制、地区制度环境而异，即 R&D 补贴的激励效应具有异质性。那么接下来的问题是，为什么 R&D 补贴给企业带来的激励效应不一，或者说哪些因素会影响 R&D 补贴激励效应的大小?

对获得补贴的企业而言，企业的研发支出由两部分构成，即：

$$rd = \alpha^{TT} + rd^{C} \tag{2-8}$$

（2-8）式右边第一项（α^{TT}）是 R&D 补贴的研发支出激励效应，它又包括研发补贴本身（*rdsub*）及其引致的研发支出（*rdinduced*）；第二项是反事实研发支出（rd^{C}），即没有 R&D 补贴时企业也会发生的研发支出。这样，企业的研发支出实际上由以下三部分组成①：

$$rd = rdsub + rdinduced + rd^{C} \tag{2-9}$$

影响 R&D 补贴处理效应的因素主要有三个方面。一是企业特质。Hottenrott 等（2017）强调了厂商个体特征对处理效应的影响。Czarnitzki 和 Hottenrott（2011）、Cincera 等（2014）指出，受更紧融资约束的中小企业、年轻公司，研发补贴项目面临搁浅风险，此时一旦有额外补贴，中小年轻厂商将会增加其研发投资，因而，企业规模（*size*）、年龄（*age*）及其交叉项（$size \times age$）会影响处理效应的大小。二是 R&D 补贴的数量效应即 R&D 补贴水平。Guellec 和 Pottelsberghe（2000）、Görg 和 Strobl（2007）均发现，公共补贴与企业的研发支出可能呈倒 U 形关系。这是因为大的研发项目更依赖于公共资金，而厂商只愿意独自承担小的研发项目的风险。因而，对于给定的补贴金额，项目规模越大，R&D 补贴的挤入效应越明显（Aschhoff，2009）。该影响将以 R&D 补贴及其平方项来反映（*rdsub*、$rdsub^2$）。三是地区制度环境。国外学者较少关注地区制度环境对 R&D 补贴激励效应的影响，这主要是因为发达国家制度环境较为完善、地区之间制度环境相差无几。但在中国，地区制度环境的影响则不可忽视。政府主导型经济发展模式下，地区制度环境不可避免地会形塑企业的研发决策行为。在制度环境不佳的地区，R&D 补贴扭曲为“寻补贴”（邵敏和包群，2012），即企业获得 R&D 补贴的初衷不是为了提高创新能力，而是将补贴演化为增加营业外收入的手段。此外，补贴决策的质量可能被短期的政治目标恶化，可能受游说影响（Jensen，2014）。而在制度环境较好的地区，R&D 补贴能起到撬动企业研发投资的杠杆作用，因而产生挤入效应。对这一影响，将以地区制度环境（*ins*）及其与补贴水平的交叉项（$ins \times rdsub$）来反映。此外，在回归分析中，还将控制行业（*industry*）、地区（*area*）和年度（*year*）等虚拟变量的影响。

分别以 α^{TT}、*rdinduced* 为因变量进行回归，结果见表 2-8、表 2-9。表 2-8

① 私人研发支出为该式右边不包括第一项的后两项。

中的因变量 α^{TT} 为表 2 - 4 中以总研发支出强度为结果变量、采用 5 种不同匹配方法得到的个体处理效应。经 Hausman 检验，5 个回归分别适用随机效应或固定效应模型，且具有显著性的因素一致，分别为制度环境与补贴的交叉项（*ins × rdsub*）、补贴水平（*rdsub*）及其平方项（$rdsub^2$）。

制度环境与 R&D 补贴的交叉项（*ins × rdsub*）在 1% 的水平上显著为正，表明在制度环境相对好的地区，R&D 补贴对额外研发支出的影响更大，或者说，在制度环境相对差的地区，R&D 补贴对研发支出的激励作用较小。究其原因，是因为有效的制度安排能通过约束人们的经济行为来降低机会主义倾向，减少监督成本和违约成本等，从而使个人收益（成本）和社会收益（成本）达成一致（李雪灵等，2012）。在制度环境较好的地区，地方政府倾向于提供普惠性研发公共服务，努力营造公平的市场竞争环境。为了在市场竞争中脱颖而出，企业具有加大研发支出、专注于创新的市场化利益驱动。对于一些力图开展但苦于研发资金短缺的项目，R&D 补贴正好弥补了企业自身研发资金的不足，甚至产生资金撬动作用，从而激励了企业自身的研发支出。从补贴资金的分配来看，好的制度环境下，R&D 补贴的竞争性分配能将稀缺的研发资源配置给合适的厂商，提高公共资金的配置效率。Lichtenberg（1988）指出，通过竞争得到 R&D 资助对私人研发支出有正效应，而非竞争性的 R&D 资助则有负效应。因而，制度环境能够对 R&D 补贴的激励效应产生调节作用，假说 2 - 2 得到证实。

补贴水平（*rdsub*）显著为正及其平方项（$rdsub^2$）显著为负，意味着研发补贴水平与研发支出之间呈倒 U 形。这是因为：当补贴收入很高时，企业可能更有兴趣进行“寻补贴”投资，而不是将资源用于提高生产率（Gwartney et al.，2000）。而政府与企业之间的信息不对称，使补贴申请前的逆向选择和补贴申请后的道德风险难以避免，企业所释放的虚假信号很可能达到欺骗政策制定者的目的，从而严重削弱 R&D 补贴的激励效应（安同良等，2009）。而在政企合谋背景下，地方政府以研发补贴“保护弱者”动机更大（邵敏和包群，2011），从而进一步弱化 R&D 补贴的研发支出激励效应。

表 2 - 8　　R&D 补贴激励效应的影响因素（以 α^{TT} 为因变量）

变量	(1) RE	(2) FE	(3) FE	(4) FE	(5) FE
size	-0.0121 (0.0050)	0.0059 (0.0072)	0.0059 (0.0072)	0.0065 (0.0061)	0.0072 (0.0060)
age	-0.0230 (0.0145)	0.0157 (0.0192)	0.0156 (0.0192)	0.0144 (0.0163)	0.0149 (0.0160)

续表

变量	(1) RE	(2) FE	(3) FE	(4) FE	(5) FE
size × *age*	0. 0023 (0. 0019)	−0. 0013 (0. 0027)	−0. 0013 (0. 0027)	−0. 0020 (0. 0023)	−0. 0023 (0. 0023)
ins	−0. 0284 (0. 0286)	−0. 0444 (0. 0319)	−0. 0429 (0. 0319)	−0. 0182 (0. 0272)	−0. 0110 (0. 0266)
rdsub	0. 0256 ** (0. 0269)	0. 0086 ** (0. 0197)	0. 0085 ** (0. 0197)	0. 0135 ** (0. 0167)	0. 0157 ** (0. 0164)
ins × *rdsub*	0. 0026 *** (0. 0004)	0. 0006 *** (0. 0004)	0. 0006 *** (0. 0004)	0. 0009 *** (0. 0003)	0. 0009 *** (0. 0003)
$rdsub^2$	−0. 8591 *** (0. 1889)	−0. 3482 ** (0. 1503)	−0. 3483 ** (0. 1503)	−0. 3320 ** (0. 1280)	−0. 3256 *** (0. 1253)
行业	控制	控制	控制	控制	控制
地区	控制	控制	控制	控制	控制
年度	控制	控制	控制	控制	控制
obs	2905	2905	2905	2905	2905
R^2	0. 2776	0. 0465	0. 0451	0. 0421	0. 0394
F/Wald chi^2 (*p-value*)	342. 42 (0. 0000)	6. 50 (0. 0000)	6. 58 (0. 0000)	7. 40 (0. 0000)	6. 91 (0. 0000)

注：FE 为固定效应，RE 为随机效应，下同。*** 、** 、* 分别为 1% 、5% 、10% 水平上显著。

表 2 −9 以表 2 −4 中以私人研发支出强度为结果变量、采用 5 种不同匹配方法得到的个体处理效应 *rdinduced* 作为因变量，回归结果也是类似的。因此，要提高 R&D 补贴的激励效应，一是要改善地区制度环境，二是在信息不对称和制度环境约束下，对企业的 R&D 补贴应适可而止①。

① 这与企业家的直觉是一致的。2014 年 7 月李克强总理召开的经济形势座谈会上，格力电器董事长、总裁董明珠直言，公平竞争环境比产业政策扶持更重要。

表 2-9　　R&D 补贴激励效应的影响因素分析（以 *rdinduced* 为因变量）

变量	(1) RE	(2) RE	(3) RE	(4) RE	(5) RE
size	-0.0072 (0.0046)	-0.0063 (0.0040)	-0.0064 (0.0040)	-0.0054 (0.0037)	-0.0046 (0.0037)
age	-0.0109 (0.0136)	-0.0093 (0.0117)	-0.0096 (0.0117)	-0.0083 (0.0109)	-0.0066 (0.0107)
size × *age*	0.0008 (0.0018)	0.0008 (0.0015)	0.0008 (0.0016)	0.0005 (0.0014)	0.0002 (0.0014)
ins	-0.0320 (0.0268)	-0.0472 (0.0225)	-0.0463 (0.0225)	-0.0311 (0.0206)	-0.0246 (0.0203)
rdsub	0.0090** (0.0258)	0.0064** (0.0195)	0.0063** (0.0195)	0.0102** (0.0167)	0.0120** (0.0163)
ins × *rdsub*	0.0015*** (0.0004)	0.0014*** (0.0003)	0.0015*** (0.0003)	0.0016*** (0.0003)	0.0016*** (0.0003)
$rdsub^2$	-1.1592*** (0.1799)	-1.1895*** (0.1395)	-1.1889*** (0.1395)	-1.1898*** (0.1210)	-1.1842*** (0.1187)
行业	控制	控制	控制	控制	控制
地区	控制	控制	控制	控制	控制
年度	控制	控制	控制	控制	控制
obs	2905	2905	2905	2905	2905
R^2	0.1780	0.1954	0.1964	0.2167	0.2261
F/Wald chi^2 (*p-value*)	259.86 (0.0205)	328.21 (0.0000)	330.15 (0.0000)	399.63 (0.0000)	421.58 (0.0000)

注：***、**、*分别为1%、5%、10%水平上显著。

2.5 稳健性检验

2.5.1 R&D 补贴激励效应的检验

事实上，R&D 补贴具有两个方面潜在的内生性，一是样本选择偏误带来的内生性，二是可能存在遗漏变量，该变量既与企业的 R&D 支出水平相关，也与企业获得 R&D 补贴的可能性相关，因而，为获得一致估计还必须考虑后一内生性。处理效应模型能同时关注这两种内生性，但运用该方法的关键是找到合适的工具变量。该工具变量会影响企业获得 R&D 补贴的概率，但不会影响企业的研发支出水平（只能通过 R&D 补贴间接影响企业的研发支出）。

与 Lichtenberg（1984、1988）、Wallsten（2000）、Clausen（2009）等研究一致，这里采用行业层面的 R&D 补贴作为个体 R&D 补贴的工具变量，其理由是不同行业的补贴差异势必会影响行业内企业获得补贴的可能性差异，而行业层面的研发补贴是外生的。事实上，以分组平均值作为解释变量的工具变量以减小测量误差和遗漏企业特征的影响，已成为常用的方法（Fisman and Svensson，2007）。具体来说，这里构造了两个工具变量：一是行业研发补贴（*secrdsub*），即以两分位行业（证监会行业代码）样本企业固定资产净额为权重，加总得到行业研发补贴总额，并以固定资产价格指数加以平减然后取对数；二是行业研发补贴增长率（*grdsub*），即对同一行业的研发补贴加总，计算研发补贴增长率，以反映激励政策力度变化。处理效应模型采用类似于 heckit 两步法来估计。第一步是采用 Probit 或极大似然法（MLE）来估计处理方程即企业获得研发补贴的概率，得到逆米尔利斯比率，将之带入第二步主方程，即研发补贴对研发支出的影响，通过 OLS 回归，得到各变量参数估计值①。为节省篇幅，表 2－10 仅报告了两步法中两个核心变量的回归系数和样本选择性偏误的似然比检验值。

表 2－10　　处理效应模型两步法估计结果

变量	总研发支出		私人研发支出	
	Ⅳ：*secrdsub*	Ⅳ：*grdsub*	Ⅳ：*secrdsub*	Ⅳ：*grdsub*
	第一步：处理方程，因变量：*rdsubdum*			
secrdsub	0.0982* (0.0593)	0.0902* (0.0445)	0.0452* (0.0853)	0.0402* (0.0385)

① 处理效应模型中，两步方程中的协变量可以有重叠，但要求处理方程中至少有一个变量不在主方程中。处理方程中的协变量除 PSM 中的协变量外，还包括工具变量（没有出现在主方程中）。而在第二步主方程协变量中，影响企业研发支出强度的因素除了协变量外，还包括以技术交易市场成交额衡量的地区知识产权保护水平（胡凯等，2012）、营业收入增长率、大股东持股比重、董事长与总经理是否同一人等变量（后三个数据来源于 CSMAR）。

续表

变量	总研发支出		私人研发支出	
	Ⅳ：*secrdsub*	Ⅳ：*grdsub*	Ⅳ：*secrdsub*	Ⅳ：*grdsub*
	第二步：主方程，因变量：*rd*			
rdsubdum	0. 0425*** （0. 0027）	0. 00426*** （0. 0208）	0. 0372*** （0. 0024）	0. 0373*** （0. 0241）
Likelihood - ratio chi^2 （*p-value*）	143. 83 （0. 0000）	145. 63 （0. 0000）	165. 25 （0. 0000）	167. 62 （0. 0000）
obs	3420	3420	3420	3420

注：***、**、*分别为1%、5%、10%水平上显著。

表2－10前两列是以总研发支出为结果变量的回归结果。第一步处理方程回归中，工具变量行业研发补贴（*secrdsub*）在10%水平上影响企业获得研发补贴的概率。在第二步主方程回归中，研发补贴虚拟变量在1%水平上显著提高企业的总体研发支出强度。对样本内生性的似然比检验（*Likelihood-ratio*）拒绝了样本外生的原假设（$\rho=0$），表明采用两步法是合适的。以行业研发补贴增长率（*grdsub*）作为Ⅳ的估计结果也显示，研发补贴也显著提高企业的总体研发支出水平，且两个工具变量得到的估计值极为接近。后两列以私人研发支出为结果变量的回归结果，结论也与前述分析一致。

此外，还对协变量中的部分变量加以替代进行稳健性检验。如融资约束（*fc*）以现金及现金等价物净增加额取对数，出口（*export*）以出口占营业收入比重替代出口虚拟变量，政治关联（*pc*）以政治关联得分来量化，所有制（*owner*）以大股东持股比重代替第一大股东性质虚拟变量，研发活动历史（*history*）以上一年度是否获得研发补贴来代替，地区制度环境（*ins*）以经营环境指数下的法制环境或政府行政管理指标来代替等，均发现研发补贴对研发支出具有显著影响的结论没有变化。

2.5.2 R&D补贴激励效应影响因素的检验

衡量制度环境的企业经营环境指数（王小鲁等，2013）由政府行政管理、法制环境等8个方面的指标构成。其中，与影响研发活动的制度环境最相关的是前两个方面指数。接下来分别以之作为制度环境的替代指标，检验其对R&D补贴激励效应的影响。

为节省篇幅，这里仅报告了采用 K 近邻匹配（$k=1$）方法得到的处理效应作为因变量的回归结果[①]（见表 2－11）。Hausman 检验表明，表 2－11 中的四个回归均适用固定效应模型。表 2－11 中，前两列是以 α_{it}^{TT} 为因变量、分别以政府行政管理、法制环境为制度环境替代变量的回归结果，后两列是以 $rdinduced_{it}$ 为因变量、分别以政府行政管理和法制环境为制度环境替代变量的回归结果。从中也可以发现，地区制度环境与补贴水平的交叉项（$ins \times rdsub$）仍然显著影响 R&D 补贴的激励效应。政府行政管理这一指标用于衡量政府行政和政策的公开、公正、公平、政府效率（如审批手续繁杂度）、政府不必要的行政干预和政府廉洁度（非正式支付）。好的行政管理意味着公共资金配置公正公平，企业不必以寻租、腐败等非正当方式获得 R&D 补贴，企业获得补贴的交易成本较低。在此背景下，R&D 补贴既弥补了企业的研发资金短缺，又作为一个技术能力强的信号为企业在信贷市场获得融资提供了便利。因此，好的行政管理下，R&D 补贴能激励企业通过自筹和外部融资增加研发支出。法制环境衡量司法公正和效率、经营者权益保护（知识产权、合同执行、人身和财产安全等）。产权制度是影响投资的决定性因素（Acemoglu and Johnson，2005）。好的法治环境下，企业的知识产权等各种形式的产权都能得到法律的有效保护，企业投资及其预期收益具有安全保障，企业才会在补贴引导下增加研发投资。因而，好的法治环境强化了 R&D 补贴的研发支出效应。此外，还对分组检验的处理效应也进行了类似估计，结果也发现，制度环境也是影响研发补贴激励效应的重要因素。因此，要提高 R&D 补贴的激励效应，优化地区制度环境不可或缺。

表 2－11　　R&D 补贴激励效应影响因素的稳健检验

变量	（1）	（2）	（3）	（4）
size	0.0082 （0.0087）	0.0078 （0.0086）	0.0068 （0.0087）	0.0066 （0.0086）
age	0.0222 （0.0228）	0.0212 （0.0228）	0.0198 （0.0228）	0.0192 （0.0228）
$size \times age$	－0.0027 （0.0033）	－0.0026 （0.0033）	－0.0023 （0.0033）	－0.0022 （0.0033）
ins	－0.0397 （0.0397）	－0.0060 （0.0427）	－0.0244 （0.0396）	0.0057 （0.0427）

① 采用其他匹配方法得到的处理效应为因变量的回归结果类似。

续表

变量	(1)	(2)	(3)	(4)
rdsub	0.0414 (0.0268)	0.0417 (0.0268)	0.0378 (0.0268)	0.0380 (0.0268)
ins * *rdsub*	0.2631*** (0.0785)	0.2681*** (0.0800)	0.2086*** (0.0784)	0.2129*** (0.0800)
$rdsub^2$	-1.0686*** (0.2948)	-1.0916*** (0.3009)	-0.5562* (0.2947)	-0.5362* (0.3007)
行业	控制	控制	控制	控制
地区	控制	控制	控制	控制
年度	控制	控制	控制	控制
obs	3349	3349	3349	3349
R^2	0.0203	0.0198	0.0287	0.0286
F值 (p-value)	4.19 (0.0000)	4.09 (0.0000)	5.99 (0.0000)	5.95 (0.0000)

注：***、**、*分别为1%、5%、10%水平上显著。

2.6 本章小结

R&D补贴是建设创新型国家的重要产业政策工具，历来为许多国家所采用。即便是奉行自由市场经济的美国，也对企业的研发活动给予适当的财政补贴，如美国的中小企业创新研究计划（SBIR）。R&D补贴是否实现了政策设计者的初衷，是理论界、财政和科技部门所关心的问题。

本章以中国上市公司微观数据为样本，运用能克服样本自选择性的倾向评分匹配法、处理效应模型，实证检验了R&D补贴对企业研发支出的效应，结果发现，无论是对于总研发支出还是私人研发支出，R&D补贴均产生了显著的激励效应，R&D补贴与企业研发支出之间具有互补性。因而，从创新投入来看，总体（平均）而言，R&D财政补贴政策是有效的，这为创新型国家建设中继续实施财政补贴政策提供了实证支撑。因此，笼统地讲“财政补贴是低效或无效”的说法缺乏事实依据甚至具有误导性。进一步的分组检验表明，从行业分类来看，资本密集型和技术密集型行业的R&D补贴能产生显著的激励效应，但劳动密集型行业则不显著；从所有制来看，对非国有控股企业的R&D补贴能产生显著的激励效应，而国有控股企业则不能；从制度环境来看，制度环境不佳地区的 R&D 补贴产生的激励效应更大、更显著。这就意味着要提高 R&D 补贴有效性，应分类、有重点施策。进一步对 R&D 补贴激励效应的影响因素分析表明，制度环境强化了 R&D 补贴的激励效应，在制度环境好的地区，R&D 补贴产生的激励效应越大。此外，还发现补贴水平与研发支出之间呈倒 U 形，这意味着 R&D 补贴应适可而止。

第3章

R&D补贴与企业专利产出

3.1 引 言

理论界对政府R&D补贴经济影响的研究主要集中在对企业的额外研发支出这一直接影响上，而对企业的创新产出如专利、新产品销售比重等间接影响关注不够。与创新投入相比，创新产出是衡量R&D补贴是否有效更好的指示器。因为无论何种来源的研发投入，如果不能带来预期的技术和经济效应，则这种投入都是低效甚至是无效的，都体现为稀缺资源的误配。因此，对政府R&D补贴有效性的研究还必须关注由此带来的创新产出。当然，R&D补贴对创新产出的影响是以研发投入作为中介，即R&D补贴影响研发投入、进而由研发投入来影响创新产出。忽略研发投入这一中介，将难以揭示R&D补贴影响创新产出的中间作用机制。因此，对该问题的研究应该将R&D补贴、研发投入与创新产出三者结合起来，关注研发投入的中介影响。

考虑到R&D补贴样本的自选择性，本章首先采用倾向评分匹配法（PSM）估计R&D补贴的专利总量效应，并根据专利类型进行分类估计，识别R&D补贴的异质性专利效应。其次，为揭示R&D补贴专利效应的作用机制，根据“R&D补贴——研发支出——专利产出”的技术创新逻辑，先采用PSM得到R&D补贴对研发支出的激励效应（包括R&D补贴及其引致的研发支出，为行文方便，简称为引致研发支出）和反事实效应（没有R&D补贴时也会发生的研发支出），然后将其作为回归元纳入知识生产函数，采用面板计数模型来分析两类效应（研发支出）对创新产出的影响。与既有研究相比，本章的边际贡献主要体现在采用两步法，以引致研发支出为中介来揭示R&D补贴影响专利产出的作用机制。从创新链来看，R&D补贴影响专利产出以研发支出为中介，但不少文献忽略了这一点，将R&D补贴与研发支出视为影响专利产出的并列变量。事实上，研发支出是R&D补贴的函数，忽略这一点不仅与技术创新的逻辑不符，还可能因变量间严重的共线性而使估计有偏。

本章结构安排如下：第二部分是文献回顾与研究假说，第三部分是研究设计，包括计量方法、变量说明、数据来源和变量的描述性统计，第四部分是实证结果及分析，包括基准回归和分组检验，第五部分是稳健检验，最后是本章小结。

3.2 文献回顾与研究假说

3.2.1 R&D 补贴的专利效应

创新产出受制于非独占性、不可分性和不确定性的困扰，厂商难以完全内部化其收益，因而创新私人投资处于社会次优的均衡水平（Arrow，1962）。为激励企业创新，R&D 补贴这一产业研发政策在现代市场经济国家被广泛采用。R&D 补贴降低企业的研发成本和风险，使原本无法实施的研发项目得以进行，提高了企业技术创新的积极性。R&D 补贴缩短了私人收益与社会收益的差距，使企业的研发活动有利可图，进而也激励企业增加自身研发支出，使得总的研发投资增加，从而有利于创新产出增加（白俊红，2011）。因此，从降低研发成本和风险而言，R&D 补贴将会增加企业的创新产出。

创新产出如专利包括发明、实用新型和外观设计，三者的技术新颖性依次递减。相应的，其预期收益率如对全要素生产率的影响也依次递减（赵彦云和刘思明，2011）。R&D 补贴的初衷是创造溢出效应。如果被补贴厂商只创造增量创新，如创新含量不高的实用新型和外观设计专利，则被补贴者就不可能产生足够的溢出效应以证实补贴的合理性。因此，从政策有效性而言，只有当 R&D 补贴能够带来足够多外溢性高的发明专利时，补贴政策才是有效的。这意味着检验 R&D 补贴对不同新颖水平创新产出的影响是必要的（Le and Jaffe，2017）。

R&D 补贴对三类专利的影响有两种不同的观点。一是“扶持之手”。发明专利的技术新颖性、创新性和实用性最高，风险也最大。在研发资金普遍稀缺背景下和补贴资金规范管理约束下，企业将按照补贴合同约定，将 R&D 补贴资金用于风险高但社会收益率也高的项目（曹建海和邓菁，2014）。由于 R&D 补贴项目并非随机产生，而是政府挑选赢家的结果，尽管该项目面临较大的风险，但政府补贴所发挥的风险共担机制客观上降低了企业的研发风险。同时，

R&D 补贴所释放的信号效应，即研发补贴被视为向公司潜在投资者和客户提供的质量信号，使研发项目能得到更多外部融资，研发成功机会也会增加（Czarnitzki and Delanote，2017），进而形成发明专利的概率增加。相对而言，实用新型和外观设计专利更依赖于研发人员的经验积累，属于典型的“干中学”产出，对研发资金不甚敏感。从这个意义上讲，R&D 补贴将会激励企业增加发明专利，而对实用新型和外观设计专利的影响不显著，R&D 补贴的专利效应具有异质性。

二是激励扭曲。在地方政府竞争的分权式发展逻辑主导下，随着自主创新上升为国家战略，专利成为广义 GDP 政绩观的重要组成部分，地方政府重专利数量轻专利质量的机会主义倾向日渐凸显。一方面，在补贴对象遴选上，地方政府更倾向于风险小、回报率高、市场前景好的项目，但该选择机制忽视了一大批对社会发展长期有益但短期回报较低的项目（Wallsten，2000）。而重大创新往往产生于私人回报与社会回报之间具有较大悬殊的领域（Hall and Van Reenen，2000），这将会减少社会收益率高的发明专利涌现。另一方面，在专利竞赛中为占据竞争优势，地方政府将辖区专利增长任务层层分解，并出台奖励性专利激励措施如经费补贴，企业为迎合政府目标，在显著增加专利申请和授权数的同时，也将一些低质量创新充斥其中，从而降低了专利质量（龙小宁和王俊，2015；Czarnitzki and Hussinger，2018）。在重数量轻质量的扭曲型专利激励体制下，R&D 补贴导致以增加创新数量为导向的策略性创新（非发明专利），而非推动技术进步和获取竞争优势的实质性创新（发明专利）（黎文靖、郑曼妮，2016）。

“扶持之手”与激励扭曲两种观点预测 R&D 补贴对三种专利尤其是发明专利的影响正好相反，但无论是哪一种观点，都预示着 R&D 补贴对不同类型专利的影响具有异质性。据此提出：

假说 3－1：R&D 补贴能增加企业的专利总量，但对不同类型专利（发明、实用新型和外观设计）的影响具有异质性。

3.2.2 R&D 补贴专利效应的作用机制

专利生产函数中，研发支出是最重要的投入要素（Griliches，1990）。研发支出通过资本品的产生或升级形成新知识和新技术，进而带来专利产出增长（孙早和宋炜，2012）。R&D 补贴对专利产出的影响以研发支出为中介，即首先由 R&D 补贴激励企业增加研发支出即引致研发支出（包括补贴和额外研发支出），然后由引致研发支出来促进专利产出（Czarnitzki and Licht，2006；Czarnitzki and Hussinger，2018）。R&D 补贴能否激励企业增加研发支出的文献汗牛充栋。2000 年之前的大部分研究对此持肯定观点（David et al.，2000）。但这些研究没有考虑样本自选择性。但即便是校正样本选择偏误后，绝大多数研究仍持肯定态度（Zuniga – Vicente et al.，2014）。当 R&D 补贴具有引致研发支出效应时，R&D 补贴对专利产出的影响就转化为引致研发支出能否增加专利。引致研发支出也从属于研发支出。理论上，研发支出越多，形成专利产出的概率越高（Pakes and Griliches，1982）。

对于获得 R&D 补贴的企业而言，其研发支出除引致研发支出外，还包括反事实研发支出，后者是指没有补贴时企业也会发生的研发支出。分析 R&D 补贴专利产出效应的作用机制不可避免地要比较两类研发支出的创新效应大小。由于以下两方面原因，引致研发支出的专利效应预期不会高于反事实研发支出。一是风险约束下边际收益递减法则的影响。R&D 补贴项目比那些完全由私人融资的研发项目更具风险，并且其社会收益也具有不确定性，因而失败概率也更高（David et al.，2000）。为规避研发风险，企业的理性选择是优先开展预期收益较高的项目，然后启动预期收益较低的项目（Czarnitzki and Licht，2006）。与两类研发支出相对应，即企业优先以反事实研发支出投资于预期收益较高的项目，然后以 R&D 补贴资金从事预期收益较低的项目。二是信息不对称产生的激励扭曲。由于政府与企业之间信息不对称，R&D 补贴的分配和实施分别面临逆向选择和道德风险的挑战。逆向选择表现为企业通过包装研发项目、释放虚假研发信号获得 R&D 补贴，从而严重削弱 R&D 补贴的激励效应（安同良等，2009）。“寻补贴”就是其集中表现（邵敏和包群，2012），而政治关联会加剧这一影响（余明桂等，2010）。道德风险表现为 R&D 补贴资金的错配。Goolsbee（1998）指出，企业的 R&D 补贴可能用于向研究人员支付更高的工资，而不是雇用新的研究人员和/或投资于与研发项目相关的资产。如果更高的工资与研发人员更高的边际生产率不匹配，即研发人员的工资增加而没有相应的生产率收益，那么就会出现 R&D 补贴仅产生投入额外性（即增加研发支出）而没有产出额外性（如专利产出）。更极端的情形是企业将 R&D 补贴专项资金挪作他用，如用于其他研发项目甚至用于支付货款、发放工资等非研发支出（王俊，2011），从而也不利于创新产出增加。据此提出：

假说 3 – 2：R&D 补贴引致企业增加研发支出，进而由后者带来专利产出，但引致研发支出的专利效应并不高于反事实研发支出。

3.3 研究设计

3.3.1 计量方法

3.3.1.1 倾向评分匹配法（PSM）

R&D 补贴对企业创新产出的影响采用倾向评分匹配法（PSM）加以估计。如前所述，R&D 补贴并非随机分布，而是企业自我选择、政府挑选赢家（picking-the-winner）的结果。此时，R&D 补贴对企业的研发投资而言就具有内生性。处理样本自选择带来的内生性问题，常见的思路是采用反事实框架（a counterfactual framework），即比较样本企业获得补贴时的创新产出与没有获得补贴时的创新产出，得到个体处理效应。假定样本服从独立同分布假设（iid），通过取期望值，就得到了总体平均处理效应。如果该效应大于 0，则表明补贴（相对于无补贴）产生了额外的创新产出效应，反之反是。

采用该框架的基本方法是倾向评分匹配法（PSM）。倾向评分匹配法的基本思想是，为每一个接受 R&D 补贴的样本企业，找到外在特征相似但没有获得补贴的对照组样本，通过计算两组样本间的创新产出均值差异，从而得到 R&D 补贴产生的处理效应。运用该方法的关键，是为获得补贴的企业匹配控制组样本企业。

定义一个二元虚拟变量 $D_{it}=\{0,\ 1\}$，其中取值为 1 表示企业 i 在时期 t 为处理组企业（T，获得补贴），取值为 0 表示企业 i 在时期 t 为对照组企业（C，没有获得补贴）。定义变量 Y_{it}^1 为企业 i 在时期 t 获得补贴后的创新产出水平，Y_{it}^0 企业 i 在时期 t 没有获得补贴时的创新产出水平，则 R&D 补贴产生的影响表示为：

$$\alpha_{TT}=E(Y^T \mid D=1)-E(Y^C \mid D=1) \tag{3-1}$$

（3-1）式右边的后一项为处理组厂商没有获得补贴时的创新产出水平。但是，在同一时期，一家企业不可能既获得补贴又不获得补贴，将已经获得补贴的企业视为没有获得补贴的状态即反事实。获得该反事实结果的一个可行办法，是为每一家获得补贴的企业找到一个外生特征类似的企业。除 Y、D 外，还可观察到样本企业 i 的一些外在特征，如规模、年龄、所有制、行业等，这些特征被称为共同影响因素或协变量 X。如果个体 i 对 S 的选择完全取决于可观测的 X，根据条件独立性假设（Rosenbaum and Rubin，1983），即给定 X，则 Y^T、Y^C 独立于 D，记为：

$$Y^T,\ Y^C \perp D \mid X=x \tag{3-2}$$

该假设意在解决反事实结果不可观测的问题，即控制了共同影响因素 X 后，企业的创新产出与获得补贴的决定之间是相互独立的。更通俗地说，该假设意味着匹配后处理组企业和对照组企业在匹配变量 X 上不存在显著差异。若二者存在显著差异，则表明匹配样本选取或匹配方法选择是不恰当的。在该假设下可以令：

$$E(Y^C \mid D=1) = E(Y^C \mid D=0) \tag{3-3}$$

此外，在匹配过程中还应该施加一个共同支持限制假设，该假设保证了能够为每个处理组样本找到与其配对的参照组样本（Aerts and Schmidt，2008）。

在条件独立性假设和共同支持限制假设下，两个企业间的创新产出差异就可以归功于 R&D 补贴，即：

$$\alpha_{TT}^{M} = E(Y^T \mid D=1) - E(Y^C \mid D=0) \tag{3-4}$$

上述思想在操作中的处理步骤如下：首先选择影响企业获得补贴（S）的共同影响因素或协变量 X，采用 logit 或 probit 模型估计每一样本的倾向得分；然后为每一个获得补贴的样本进行倾向得分匹配，匹配方法包括 K 近邻匹配（k 可取 1 或 4）、卡尺匹配、卡尺内最近邻匹配、核匹配等；最后根据匹配后样本计算研发补贴的平均处理效应（Y）。

此外，在 R&D 补贴影响创新产出的作用机制分析中，为得到影响创新产出的引致研发支出变量和反事实研发支出变量，将以研发支出为结果变量、采用 PSM 方法估计得到。因此，在本章中 PSM 方法将使用两次，一次是用于估计 R&D 补贴对创新产出的平均处理效应，另一次是估计 R&D 补贴对研发支出的个体处理效应（获得补贴样本的额外研发支出水平）和反事实研发支出水平，然后以之为自变量估计其对创新产出的影响。

3.3.1.2　面板计数模型

R&D 补贴对创新产出的影响并非一蹴而就，而是以研发支出作为中介[①]。创

---

① R&D 补贴的激励效应包括对研发支出、研发人员雇用的影响。在国外研发支出主要用于研发人员的薪金（Czarnitzki and Delanote，2015），公司获得研发补贴后会将其大部分用于雇用新的研发人员。但 Goolsbee（1998）指出，R&D 劳动供给非常缺乏弹性，增加的 R&D 指出可能大部分用于现有研发人员的工资薪金，从而偏离了政府补贴目标。这样，研发补贴带来的高工资，即正的处理效应可能并不意味着更多知识。只有新的研发人员被雇用或高工资带来更高的 R&D 生产率时，补贴政策才会产生合意的效应。一些研究如 Czarnitzki 和 Delanote（2015）就以研发补贴激励的研发人员强度作为影响专利的主要因素。而另一些研究如 Czarnitzki 和 Hussinger（2018）仍以研发补贴对研发支出的影响作为影响专利的主要因素。但中国因为工资薪金制度限制（主要是国企）、股权激励制度不到位等因素限制，研发项目支出用于研发人员的比例并没有因研发补贴资金的无偿性相应大幅提高，而主要用于研发设备、实验材料等方面支出。这也可以从各类科技项目申请书用于劳务支出的比例限定可以得到印证。此外，在研究中笔者曾将 R&D 补贴引诱的研发人员强度作为影响专利生产的核心解释变量，但发现其对专利生产并没有产生显著影响。因此，本章仍将以研发补贴激励的研发资金支出作为影响专利的主要因素。

新产出以专利来度量（原因见3.3.3）。专利（包括发明、实用新型和外观设计）都为整数，研究研发支出等因素对企业专利活动的影响，应采用专门针对因变量为非负整数的计数模型。由于专利数为面板数据，应采用面板计数模型①。对于该类面板数据，一般采用泊松回归。

对于样本企业 i，记 t 时期的被解释变量即专利为 Y_{it}，假设 $Y_{it}=y_{it}$ 的概率由参数为 λ_{it} 的泊松分布决定，即：

$$P(Y_{it}=y_{it}\mid x_{it})=\frac{e^{-\lambda_{it}}\lambda_{it}^{y_{it}}}{y_{it}!} \tag{3-5}$$

其中，$\lambda_{it}>0$ 为泊松到达率，表示专利平均申请（公开）量，由额外研发支出、反事实研发支出等解释变量 x_{it} 决定。泊松分布的期望和方差都等于泊松到达率，即：

$$E(Y_{it}=y_{it}\mid x_{it})=\mathrm{Var}(Y_{it}=y_{it}\mid x_{it})=\lambda_{it} \tag{3-6}$$

为保证 λ_{it} 非负，假设 Y_{it} 的条件期望函数为：

$$E(Y_{it}=y_{it}\mid x_{it})=\lambda_{it}=\exp(x'_{it}\beta) \tag{3-7}$$

因此，$\ln\lambda_{it}=x'_{it}\beta$。假定样本独立同分布，则样本的似然函数为：

$$L(\beta)=\frac{\exp(-\sum_{i=1}^{n}\lambda_{it})\cdot\prod_{i=1}^{n}\lambda_{it}^{y_{it}}}{\prod_{i=1}^{n}y_{it}!}\lambda_{it} \tag{3-8}$$

对其两边取对数，并最大化其一阶条件，得到：

$$\sum_{i=1}^{n}[y_{it}-\exp(x'_{it}\beta)]x_{it}=0 \tag{3-9}$$

通过数值计算可以得到各解释变量 x_{it} 的最大似然估计量（Maximum Likelihood Estimation，MLE）$\hat{\beta}_{MLE}$。即便似然函数（3-8）不正确，只要条件期望函数（3-7）正确，则准最大似然估计（Quasi-Maximum Likelihood Estimation，QMLE）$\hat{\beta}_{MLE}$ 也是一致的。

但 $\hat{\beta}_{MLE}$ 不是边际效应。基于 $\frac{\partial\ln\lambda_{it}}{\partial x_k}=\beta_k$，可将 β_k 解释为半弹性，即当解释变量 x_{it} 如额外研发支出增加微小单位时，专利申请将增加多少百分点。同时，由于泊松到达率 $\lambda_{it}=\exp$（$x'_{it}\beta$），也可计算 $\exp(\beta_k)$，即 $\exp(\beta_k)=\frac{\exp[(x_k+1)\beta_k]}{\exp(x_k\beta_k)}$，称之为发生率比（Incidence Rate Ratio，IRR），表示解释变量如额外研发支出增加1单位，平均的专利申请量是原来的多少倍。

① 本部分参考陈强（2015）改写而成。

3.3.2　变量说明

3.3.2.1　倾向匹配法应用中的变量

（1）处理变量（*D*）。处理变量为 R&D 补贴虚拟变量（*rdsubdum*），与 2.3.2.1 中的处理变量（*D*）相同，不再赘述。

（2）结果变量（*Y*）。创新产出有多种形式，如专利申请量、专利公开量、新产品销售比重、高新技术产品出口比重等。

专利是一个被广泛接受的技术绩效指标。与新产品销售等创新产出相比，专利申请在时间上更接近所进行的研发项目（Czarnitzki and Hussinger，2018）。以专利来测算创新产出的优势是易获得、可比较、高度标准化，其劣势是专利的实际经济价值具有非常大的异质性，一些专利如外观设计只有轻微的经济价值（Griliches，1990）。同时，企业或个人在申请专利时，需要支付专利申请费，专利申请费支出在一定程度上具有创新甄别效应，只有当专利申请可能被批准并有利可图时，专利申请人才愿意发生该项必要的费用支出，因而专利申请量（*patapp*）能较好地刻画创新产出。

专利制度是鼓励创新、促进技术进步和传播的重要方式。现有技术知识的公开不但能够减少研发活动中的重复投资，而且能够为未来的创新提供必要的技术基础（叶静怡等，2012）。专利制度的设计初衷就在于通过让其他社会成员能够阅读到专利技术文件，使专利技术不再保密，从而达到技术知识传播的目的（Aoki and Spiegel，2009）。通过公开专利申请信息以促进技术传播是专利制度的社会目标之一（Scotchmer and Green，1990）。专利公开包括法定公开和提前公开。根据我国的《专利法》，国家知识产权局收到发明专利申请后，经初步审查认为符合专利法要求的，自申请日起满 18 个月，即行公布①，此即法定公开。未满 18 个月申请公开的，为提前公开②。而对于实用新型和外观设计专利申请，经初步审查没有发现驳回理由的，由国家知识产权局直接作出授予专利权的决定，同时予以登记和公告。因此，提前公开仅适用于发明专利。无论是发明专利、实用新型还是外观设计专利的公开，都通过了国家专利行政部门的初步审查，与专利申请相比，专利公开（*patopen*）既是对专利质量的社会评价（专利申请只是

① 取得发明专利授权还需经过实质审查阶段。发明专利申请自申请日起三年内，申请人可随时提出实质审查请求。申请人无正当理由逾期不提起实质审查请求的，视同申请撤回。

② 专利提前公开利弊的经济学分析，见叶静怡等（2012）。

自身评价），也是具有外溢性的技术传播形式，因而能够更好地度量创新产出。

（3）协变量（X）。影响企业获得R&D补贴的协变量与第2章2.3.2.3中的协变量相同，不再赘述。此外，还引入产业、地区和时间虚拟变量。根据研究惯例以及样本时长，对所有协变量（除 *age* 外）均取滞后一期。

采用PSM估计R&D补贴对研发支出的影响时，其处理变量、协变量与采用PSM估计R&D补贴的专利产出效应相同，不同的是前者的结果变量为研发支出强度（*rd*），该变量与2.3.2.2中的结果变量相同，不再赘述。

3.3.2.2 面板计数模型应用中的变量

借鉴专利生产函数（Pakes and Griliches，1982）来分析R&D补贴产生的研发支出效应对专利产出的影响。专利生产函数中，因变量为前述专利申请量（*patapp*）和专利公开量（*patopen*）。在R&D补贴下，企业的研发支出由两部分构成：引致研发支出、反事实研发支出。第一项通过以研发支出为结果变量的PSM估计得到，第二项等于企业研发支出减去第一项得到。对于没有获得补贴的企业而言，第一项为0，后一项即研发支出。

除R&D投入外，知识产权保护（*ipp*）对专利生产的影响已经成为共识。对此采用王小鲁等（2013）编制的中国分省企业经营环境指数中的"企业经营法制环境"下的"经营者合法权益保障"来量化。由于该指数截至2012年，对2013年指数也以年度为自变量采用简单OLS回归递推得到。不同的知识产权保护水平下，研发支出对专利行为会产生不同的影响（胡凯等，2012），为此分别构造知识产权保护与两类研发支出的交叉项（$ipp \times \alpha^{TT}$、$ipp \times rd^{C}$）。除上述因素外，影响专利生产的控制变量包括：融资约束（*fc*）、企业规模及其平方项（$size$，$size^2$）、公司年龄（*age*）、成功的研发活动历史（*history*）、资本密集度（*capint*）、所有制（*owner*）、国内市场竞争程度（*HHI*）、出口虚拟变量（*export*）等（Czarnitzki and Licht，2006；Czarnitzki and Delanote，2015；Guo et al.，2016；Czarnitzki and Hussinger，2018）。前述自变量和控制变量中，除R&D①、公司年龄（*age*）外，其他因素都取滞后一期值，以尽量控制变量间的相关性。此外，还进一步控制产业、地区、时间等虚拟变量的影响（Czarnitzki and Licht，2006）。

3.3.3 数据来源

研究样本为中国沪深两市制造业上市公司微观数据。样本财务数据来自国泰

① Hall et al.（1986）认为，R&D对专利的影响主要发生在当期，过去的研发历史对当前的专利影响不大。

安数据库（CSMAR），但关键数据通过手工搜集整理得到：研发补贴、研发支出来源于上市公司年报，其识别方法分别见本书 2.3.2.1 和 2.3.2.2 部分；专利申请量（*patapp*）和专利公开量（*patopen*）来源于专业专利网站——佰腾网，通过逐个输入上市公司名称检索得到①。

我国于 2008 年正式修订颁布了《中华人民共和国科技进步法》，明确规定国家要加大财政性资金投入，推动全社会科学技术研究开发经费持续稳定增长。数据搜集时间为 2014 年，因此，研究样本的起止时间为 2009 ~ 2013 年。

剔除 ST、注册地为西藏（主要信息缺失）的公司后，一共获得了 1223 家上市公司 2009 ~ 2013 年的数据（部分上市公司少于 5 年的数据），共有样本 5460 个。其中，沪市主板 373 家，深市主板 144 家、中小板 502 家、创业板 204 家。

3.3.4 描述性统计

将全体样本按照获得补贴与否分组，分别对结果变量、协变量进行描述性统计，并计算二者的均值差异，结果见表 3－1。其中，结果变量专利申请（*patapp*）、专利公开（*patopen*）在两组间存在显著差异，且获得补贴样本的创新产出显著高于未获得补贴样本。这似乎表明，R&D 补贴对创新产出具有正向影响。协变量中，除融资约束（*fc*）、政治关联（*pc*）外，其他变量在两组间也存在显著差异，且大多与理论预期相符。但由于样本选择偏误和 R&D 补贴的内生性，不能据此就认为 R&D 补贴对创新产出具有激励效应，必须控制选择偏误和内生性后，再来甄别 R&D 补贴对企业专利活动的影响。

表 3－1　　获得与未获得 R&D 补贴样本的均值差异显著性

变量	获得补贴（*rdsubdum* = 1）			未获得补贴（*rdsubdum* = 0）			均值差异的显著性
	观察值	均值	标准误	观察值	均值	标准误	
patapp	4236	34.8869	1.9769	717	18.0642	2.3555	－3.4317***
patopen	4236	30.3031	1.4583	717	16.80614	2.200536	－3.6891***
rd	3738	0.0393	0.0006	472	0.0211	0.0010	－10.8790***
fc	4225	0.0341	0.0030	715	0.0270	0.0052	－0.9330

① 本书完成上市公司专利数据手工搜集时，CSMAR 刚推出上市公司专利研究数据库。对手工搜集数据与 CSMAR 专利研究数据库比对表明，二者完全一致。此外，该数据库没有提供研究所需的专利公开数据，后者也通过手工搜集得到。

续表

变量	获得补贴（*rdsubdum*=1）			未获得补贴（*rdsubdum*=0）			均值差异的显著性
	观察值	均值	标准误	观察值	均值	标准误	
size	3333	7.5397	0.0188	520	7.8163	0.0536	5.3078***
$size^2$	3333	58.0255	0.2941	520	62.5824	0.8448	5.5854***
age	4236	2.4764	0.0065	717	2.5295	0.0142	3.1567***
history	4236	0.8364	0.0057	717	0.5914	0.0184	-15.5610***
capint	4230	12.2953	0.01338	716	12.5455	0.0369	6.9733***
owner	4236	0.3253	0.0072	717	0.4575	0.0186	6.9187***
HHI	4232	0.2123	0.0003	717	0.2090	0.0005	-4.1442***
export	4236	0.7583	0.0066	717	0.5732	0.0185	-10.4503***
pc	4236	0.4155	0.0076	717	0.3849	0.01818	-1.5375
ins	4236	1.1335	0.0006	717	1.1239	0.0014	-6.3277***
pc×*ins*	4236	0.4715	0.0086	717	0.4338	0.0205	-1.6713*

注：因部分样本的研发补贴数据缺失，致使获得补贴和未获得补贴样本之和小于5460个。均值差异的显著性一列中，数值为T统计量，***、**、*分别为1%、5%、10%水平上显著。

3.4 回归结果与分析

3.4.1 R&D补贴对专利产出的影响

影响企业获得补贴的协变量较多且样本量较大，根据Zhao（2004）的建议，不宜采用协变量较少（低于8个）、样本较少的马氏距离匹配方法，而应采用倾向得分匹配。据此，依次采用K近邻匹配（$k=1$，4）、卡尺内近邻匹配、半径匹配、核匹配等5种方法。表3-2第1~4列是以专利申请量（*patapp*）作为结果变量的估计结果。第1列以专利申请总量作为结果变量。不同匹配方法得到的平均处理效应较为接近，介于8.8729~11.8362（均值为10.8158），且至少在10%水平上显著，即平均而言，与没有得到补贴的厂商相比，得到研发补贴的厂商其专利申请要多10.8158件，该处理效应占企业平均专利申请量的比重为31%（=10.8158/34.8869）。因此，R&D补贴能显著增加厂商的专利申请量。平均处理效应的显著性水平不高，可能是因为没有考虑R&D补贴对不同专利类型的差别性影响，接下来进行分类型检验。

专利包括发明、实用新型和外观设计，三者的技术创新程度依次递减。第 2～4 列依次报告了三类专利的匹配结果。可以发现，R&D 补贴仅对技术新颖程度最高的发明专利具有显著的激励效应（5 种匹配方法的均值为 7.5779，均在 1% 水平上显著），而对实用新型专利和外观设计专利的影响均不显著。原因在于，政府主导的 R&D 补贴主要用于具有重大创新性的研发项目，这类项目的研发成本和风险较高，企业无力或难以独自承担，但一旦成功，就能够取得具有重大技术突破的创新成果。此时，R&D 补贴能起到风险分担或降低研发成本的"雪中送炭"效果。而实用新型专利和外观设计专利的技术新颖度较低、研发风险小，所需研发投入少，企业自身能够承担，在研发资金普遍短缺的情况下，企业更愿意将稀缺的研发补贴资金优先用于能够产生更大技术突破、研发风险较大的发明专利上。将第 1 列与第 2～4 列结合起来看，可以发现，R&D 补贴对专利申请的影响主要是通过发明专利来实现的，假说 3－1 得到证实。

专利总量将创新程度不一的三种专利直接相加，忽略了不同专利的技术新颖度差异，难以客观度量企业的创新产出。这也是以专利总量来度量创新产出为人所诟病的原因。因此，有必要以创新性为权重将三种专利加权为能够客观反映企业创新能力的专利数指标。近年来各地区为鼓励辖区企业申请专利而颁布的专利资助及奖励办法为我们的研究提供了有益的参考。一般来说，创新程度越高，地方政府对专利申请的资助力度也就越大，因而地方政府对专利申请的资助力度可以用来刻画拟申请专利的创新程度（胡凯等，2012）。本书选取较早颁布专利申请资助办法的上海市作为参考标准。2005 年上海市颁布的《上海市专利费资助办法》规定，发明专利、实用新型专利和外观设计申请每件资助分别为人民币 2000 元、1000 元和 500 元。即发明、实用新型和外观设计的创新程度之比可设定为：1∶0.5∶0.25。按照这一比率，本书重新计算了各样本的加权专利数，以之为结果变量的 PSM 估计结果表明（表 3－2 第 5 列），研发补贴能够产生显著的额外加权专利申请效应，均值为 9.4374，即与没有获得 R&D 补贴的厂商相比，接受 R&D 补贴的企业其平均专利要多 9.4374 件专利。与第 1 列相比，无论采用何种匹配方法，第 5 列的额外专利申请数都要低，且均值也低，这意味着第 1 列将三种专利的权重等同高估了研发补贴的专利申请激励效应。同时也再次表明 R&D 补贴能产生更多的专利产出。

第 6～10 列是以专利公开数（*patopen*）为结果变量的估计结果。不同的结果变量中，具有显著性仍然是专利总数、发明专利、加权专利，三者的均值分别为 6.5028、4.6156、6.0667，R&D 补贴对技术新颖程度较低的实用新型专利和外观设计专利也没有产生显著影响。与第 1～5 列相比，R&D 补贴对具有显著性的三类专利的平均处理效应明显要低，其原因是：部分专利申请存在瑕疵，专利申请人或主动撤回或逾期没有对专利部门的质询做出答复视为撤回，都会导致专利公开数低于专利申请数。叶静怡等（2012）研究发现，1993～2007 年申请的发明专利有 40% 左右在申请过程中撤回。因此，R&D 补贴对专利公开的处理效应低于专利申请。

表 3-2　　　　R&D 补贴对专利产出的影响

匹配方法	专利申请					专利公开				
	专利总数	发明	实用新型	外观设计	加权专利	专利总数	发明	实用新型	外观设计	加权专利
	(1)	(2)	(3)	(4)	(5)	(6)	(7)	(8)	(9)	(10)
K 近邻匹配（$k=1$）	10.9101* (6.7822)	7.5770*** (2.2423)	3.9253 (3.0179)	-0.5921 (2.2084)	9.3916** (4.0022)	7.4393* (6.4312)	4.5356** (2.1054)	3.7477 (2.967)	-0.8439 (2.1623)	6.1984* (3.7581)
K 近邻匹配（$k=4$）	11.2719* (5.9441)	7.6374*** (2.0587)	4.2139 (2.8608)	-0.5794 (1.8131)	9.5995*** (3.5889)	7.6337** (5.5884)	4.7005** (1.8797)	3.5984 (2.7599)	-0.6653 (1.7789)	6.3334* (3.3271)
卡尺内近邻匹配	11.2820* (5.9552)	7.6391*** (2.0620)	4.2225 (2.8663)	-0.5796 (1.8170)	9.6054*** (3.5951)	7.6357** (5.5995)	4.7003** (1.8833)	3.6009 (2.7653)	-0.6655 (1.7823)	6.3344* (3.3336)
半径匹配	11.8362** (5.6620)	7.8727*** (1.9541)	4.5454 (2.8511)	-0.5818 (1.6840)	9.9999*** (3.4211)	5.5995* (5.2724)	5.0124*** (1.7564)	3.6840 (2.6864)	-0.7443 (1.6550)	6.6683** (3.1357)
核匹配	8.8729* (5.1919)	7.1633*** (1.8272)	4.0003 (2.5998)	-2.2907 (1.5268)	8.5908*** (3.1588)	4.2056* (4.7983)	4.1294** (1.6043)	2.6054 (2.4434)	-2.5293 (1.5043)	4.7998* (2.8576)
obs	3838	3838	3838	3838	3838	3838	3838	3838	3838	3838

注：处理组和控制组样本分别为 3319 个和 519 个；系数下方括号内的值为系数标准误；***、**、*分别为 1%、5%、10% 水平上显著。

3.4.2　R&D 补贴影响专利产出的作用机制

首先估计 R&D 补贴的研发支出效应。表 3-3 报告了采用 PSM、以研发支出为因变量、5 种匹配方法下的平均处理效应。从表 3-3 来看，不同匹配方法得到的处理结果极为接近，介于 0.0097～0.0111 之间（均值为 0.0104），且均在 1% 水平上显著。这表明，R&D 补贴能产生显著的引致研发支出效应，且该效应占企业总研发支出的 26.33%（0.0104/0.0395 = 26.33%）①。

表 3 - 3　　R&D 补贴对研发支出的激励效应

匹配方法	处理组	控制组	差异值	标准差	T 统计量
K 近邻匹配（$k=1$）	0.0395	0.0287	0.0108	0.0024	4.44***
K 近邻匹配（$k=4$）	0.0395	0.0298	0.0097	0.0020	4.79***
卡尺内近邻匹配	0.0395	0.0298	0.0097	0.0020	4.79***
半径匹配	0.0395	0.0288	0.0107	0.0019	5.64***
核匹配	0.0395	0.0284	0.0111	0.0018	6.35***

注：处理组和控制组样本分别为 3050 个和 370 个。1%、5%、10% 的显著性水平对应的 T 值分别为 2.58、1.96、1.65。*** 表示在 1% 水平上显著。

其次分析引致研发支出对专利产出的影响。表 3 - 4 报告了以专利产出为因变量，以 K 近邻匹配（$k=1$）方法②得到 R&D 补贴的引致研发支出（α^{TT}）为核心解释变量，采用面板负二项回归的估计结果。前后 4 列分别以专利申请和专利公开为因变量。第 1 列以专利申请总量为因变量。回归发现，引致研发支出（α^{TT}）对专利申请的影响在 10% 水平上显著为正，系数为 1.5744，即给定其他变量，引致研发支出增加 1 个单位（引致研发支出占营业收入的比重增加 1 个百分点），获得补贴企业的平均专利申请将增加 1.5744 件。反事实研发支出（rd^C）、知识产权保护（ipp）及其与两类研发支出的交叉项（$ipp\times\alpha^{TT}$、$ipp\times rd^C$）对专利申请的影响为正都均不显著。这就表明，R&D 补贴下企业的专利申请增加是通过引致研发支出（α^{TT}）来实现的。

第 2 ~ 4 列分别是以发明、实用新型和外观设计专利申请为因变量的回归结果。对发明专利而言，引致研发支出（α^{TT}）及其与知识产权保护的交叉项（$ipp\times\alpha^{TT}$）具有显著影响，即引致研发支出不仅能够直接增加发明专利申请，而且在知识产权保护的调节下还能间接增加发明专利申请。同时，反事实研发支出（rd^C）及其与知识产权保护的交叉项（$ipp\times rd^C$）也具有显著影响。但 *wald* 检验没有拒绝引致研发支出（α^{TT}）和反事实研发支出（rd^C）的影响系数相等的原假设（对应的卡方值和 p 值分别为 1.10、0.2946），也没有拒绝二者与知识产权保护的交叉项影响系数相等的原假设（对应的卡方值和 p 值分别为 0.46、0.4976）。这意味着，引致研发支出与反事实研发支出相比并不具有更强的发明专利激励功效，假

① 表 3 - 3 实为表 2 - 4 中以总研发支出强度为结果变量的估计结果。

② 以其他匹配方法如 K 近邻匹配（$k=4$）、卡尺内近邻匹配、半径匹配、核匹配得到的结果近似。

说3－2得到证实。这与Czarnitzki和Delanote（2017）对比利时样本的研究发现一致。因而，从提高公共资金的配置效率而言，R&D补贴的发明专利申请效应还有待进一步提高。

R&D补贴引致的研发支出之所以未能带来更高的发明专利效应有两方面原因。一是补贴分配对象有偏。R&D补贴的经济合理性在于以公共资金补偿研发私人收益率与社会收益率之间的缺口，激励企业开展具有正外部性的研发活动，其补贴对象应是社会收益率高而私人收益率低的研发项目。但当前林林总总的R&D补贴项目大多属于应用研究，私人收益率与社会收益率之间差距不大（李怀和邵慰，2015），因而难以产生颠覆性的技术突破，进而难以形成更多的发明专利。此外，R&D补贴资金分配的部门分割体制也制约了发明专利增加。即企业以相同或相近研发项目从不同政府部门申请多项研发补贴，即便企业因补贴而增加研发支出，但由于研发项目相同或相近，其创新产出面临一个上限，从而也就制约了专利产出增加。二是补贴实施机制缺乏以发明专利为导向的强制性要求。现行R&D补贴政策在实施中面临的一个突出问题是“重研发投入、轻创新产出”，即对企业的补贴申请、补贴项目验收考核，重在考察企业的既往研发投入是否达到一定规模、项目实施后研发支出增量是否达到要求，而对创新产出重视不够，即便有考核也只是侧重于总量如专利存量或增量达到一定要求，而对专利结构没有予以足够重视，尤其是发明专利的数量要求缺失。在既定的研发风险下，企业就缺乏开展具有重大技术外溢性的研发项目的激励。而技术新颖度最高的发明专利通常源于技术外溢性强的研发项目。因而，具有强政府干预特征的R&D补贴政策却在企业创新产出方面的强制性要求缺失，不能不说是该政策的一个重大漏洞。

对实用新型和外观设计专利而言，引致研发支出（α^{TT}）、反事实研发支出（rd^{C}）及其与知识产权保护的交叉项（$ipp \times \alpha^{TT}$、$ipp \times rd^{C}$）均没有产生显著影响，原因可能在于这两类专利的技术新颖度不高，它们主要依靠研发人员的经验积累，与研发资金投入的关系不太密切。将表3－4的第2～4列结合起来看，可以发现，R&D补贴引致的研发支出仅影响技术新颖度高的发明专利，对实用新型专利和外观设计专利没有显著影响，这与杜金岷等（2017）的研究结论一致，也与表3－3的估计结果一致。从样本企业来看，2009～2013年获得补贴企业的专利结构中，发明、实用新型和外观设计专利的占比为41∶44∶15，实用新型专利和外观设计专利占比接近60%。因此，为提高R&D补贴资助效果，在研发补贴项目申请和考核时，应该明确要求不能以技术新颖度不高的实用新型和外观设计作为专利成果来申请和验收。

控制变量中，企业的研发活动历史（*history*）对四个因变量都具有显著的正向影响，这证实了创新惯性假说（董雪兵和史晋川，2006）。企业规模的平方（$size^2$）在前三列为正，说明企业规模对创新产出的影响呈 U 形，可能的原因在于，随着对外开放，当企业规模较小，技术水平较低时，通过学习和模仿，创新投入的边际创新产出较高；而当企业规模较大时，创新投入的规模经济效应发挥作用，如中国的创新巨人华为、中兴等，创新产出呈现爆发态势。相对而言，处于中间规模阶段的创新产出会比较低。而所有制（*owner*）在第 1、2 列为正，则表明国有企业在专利申请上具有一定优势，这与国有企业的研发能力、国企负责人的绩效考核等有关（余明桂等，2016）。第 1、3 列中企业年龄（*age*）的影响为负，这可能是因为年龄越大企业会趋于守成，研发动力减缓。而初创企业或年轻企业因缺乏抵押品或良好的信贷记录，面临的研发融资难题更大。研发进入障碍导致行业整体竞争水平降低，在位厂商的创新压力更小。而年轻公司的加入能降低这些障碍和刺激竞争（Straathof et al.，2014）。因此，并非年龄越大的公司其创新能力越强。第 4 列中资本密集度（*capint*）降低外观设计专利申请量，则是源于外观设计是一种人力资本密集型活动，对物资资本投入的依赖度很低。第 4 列中知识产权保护（*ipp*）的影响为负，原因可能在于随着知识产权保护程度提高，技术新颖度高的发明、实用新型专利能得到较好保护因而更受企业青睐，企业对技术门槛低的外观设计专利的重视程度逐渐下降，企业因而会减少该专利的申请。2009～2013 年，受补贴企业的外观设计占专利的比重分别为：17.40%、18.36%、17.88%、13.97%、11.95%，基本符合这　趋势。

表 3－4　　R&D 补贴影响专利产出的作用机制

变量	专利申请				专利公开			
	专利总数	发明	实用新型	外观设计	专利总数	发明	实用新型	外观设计
	(1)	(2)	(3)	(4)	(5)	(6)	(7)	(8)
α^{TT}	1.5744* (0.8508)	1.6044* (0.9370)	1.5653 (1.0539)	0.2343 (2.6639)	0.9533 (0.7963)	2.1265** (0.8543)	−0.0328 (1.0647)	0.2343 (2.6639)
rd^C	1.9371 (1.2850)	2.6717* (1.3761)	1.6959 (1.5320)	2.3509 (3.2630)	0.9278 (1.2516)	4.1024*** (1.3326)	−0.8422 (1.5290)	2.3509 (3.2630)
ipp	−0.3875 (1.2246)	1.7987 (1.4154)	−0.1464 (1.5310)	−5.9826** (2.8598)	0.5551 (1.1825)	1.1148 (1.4133)	1.2913 (1.4315)	−5.9826** (2.8598)
$ipp \times \alpha^{TT}$	0.9635 (0.7187)	1.8336** (0.8184)	−0.4539 (0.8856)	2.3035 (2.2273)	2.1775*** (0.6554)	3.4610*** (0.7653)	1.0394 (0.8549)	2.3035 (2.2273)

续表

变量	专利申请				专利公开			
	专利总数	发明	实用新型	外观设计	专利总数	发明	实用新型	外观设计
	(1)	(2)	(3)	(4)	(5)	(6)	(7)	(8)
$ipp \times rd^C$	1.4341 (0.9999)	2.3428** (1.1193)	0.9959 (1.1525)	2.6340 (2.6503)	2.1817** (0.9291)	4.0207*** (1.0675)	1.2866 (1.1398)	2.6340 (2.6503)
fc	-0.1892 (0.1388)	-0.0835 (0.1545)	-0.0537 (0.1599)	0.0447 (0.2839)	-0.1690 (0.1284)	-0.3313** (0.1602)	0.0835 (0.1537)	0.0447 (0.2839)
size	-0.2592 (0.2583)	-0.4811* (0.2884)	-0.2506 (0.3136)	0.3734 (0.5422)	-0.5445** (0.2519)	-0.8434*** (0.2918)	-0.3455 (0.2997)	0.3734 (0.5422)
$size^2$	0.0386** (0.0165)	0.0560*** (0.0184)	0.0430** (0.0198)	0.0029 (0.0334)	0.0579*** (0.0159)	0.0736*** (0.0184)	0.0506*** (0.0189)	0.0029 (0.0334)
age	-0.1576* (0.0808)	-0.1522 (0.0998)	-0.1983** (0.1009)	-0.0926 (0.1773)	-0.1204 (0.0815)	-0.1296 (0.0988)	-0.1381 (0.0983)	-0.0926 (0.1773)
history	1.4430*** (0.0899)	1.2685*** (0.1131)	1.4695*** (0.1288)	1.1398*** (0.2174)	2.5011*** (0.1073)	2.0618*** (0.1241)	2.8820*** (0.1583)	1.1398*** (0.2174)
capint	-0.0435 (0.0335)	0.0243 (0.0393)	0.0191 (0.0395)	-0.4022*** (0.0713)	0.0424 (0.0332)	0.0958*** (0.0370)	0.0679* (0.0390)	-0.4022*** (0.0713)
owner	0.1284* (0.0693)	0.3282*** (0.0844)	0.1144 (0.0865)	-0.1329 (0.1557)	0.1126 (0.0688)	0.2471*** (0.0817)	0.0375 (0.0831)	-0.1329 (0.1557)
HHI	8.9902 (15.0884)	11.6587 (18.0001)	10.8018 (16.6311)	4.1513 (3.0154)	10.9217 (14.7026)	3.2669** (1.6167)	8.2969 (15.5051)	4.1513 (3.0154)
export	0.0766 (0.0656)	0.0606 (0.0766)	-0.0331 (0.0825)	0.2749 (0.1436)	0.1179* (0.0643)	0.1416* (0.0744)	0.0022 (0.0775)	0.2749* (0.1436)
行业	控制	控制	控制	控制	控制	控制	控制	控制
地区	控制	控制	控制	控制	控制	控制	控制	控制
年度	控制	控制	控制	控制	控制	控制	控制	控制
obs	2285	2285	2285	2285	2285	2285	2285	2285
Wald chi^2 (*p-value*)	707.79 (0.0000)	510.46 (0.0000)	923.24 (0.0000)	169.27 (0.0000)	991.065 (0.0000)	540.90 (0.0000)	1090.34 (0.0000)	169.27 (0.0000)

注：Hausman 检验表明，8 个回归均适用 RE 模型。***、**、*分别为 1%、5%、10% 水平上显著。

第 5~8 列是以专利公开为因变量的回归结果。与专利申请相比，影响专利申请的因素略有不同。第 5 列中，引致研发支出（α^{TT}）对专利公开总量没有显著影响，但其与知识产权保护的交叉项（$ipp \times \alpha^{TT}$）具有显著影响。这是因为，专利公开的实质是以技术公开获得一定保护期的独占收益，在公开期内如果专利被侵权，专利权人只能诉诸专利法等知识产权保护法律加以维权。通过权衡公开后专利权受到有效保护的风险，专利权人决定是否公开，此时，公开与否在很大程度上就取决于知识产权保护的效力，即与专利申请相比，专利公开对知识产权保护更为敏感。反事实研发支出（rd^C）对专利公开的影响不显著，但其与知识产权保护的交叉项（$ipp \times rd^C$）显著，也再次表明知识产权保护对于技术产出的重要性。第 6 ~ 8 列中核心解释变量对不同专利的影响与第 2 ~ 4 列相同：引致研发支出（α^{TT}）及其与知识产权保护的交叉项（$ipp \times \alpha^{TT}$）对发明专利具有显著影响，但对实用新型专利和外观设计专利均没有显著影响。控制变量方面，第 6 ~ 8 列中具有显著性的因素与第 2 ~ 4 列也基本相同。

机制分析表明，R&D 补贴的专利效应主要是通过引致研发支出来实现，引致研发支出仅影响发明专利，且其激励效应不高于反事实研发支出。

3.4.3　分组检验

3.4.3.1　R&D 补贴专利产出效应的分组检验

为检验 R&D 补贴的专利产出效应是否具有异质性，接下来依次按照企业所属行业、第一大控股股东类型和企业所处地区的制度环境，对总体样本进行分组检验。表 3 - 5、表 3 - 6 分别报告了采用 PSM、K 近邻匹配（$k = 1$）的专利申请和专利公开分组检验结果①。

表 3 - 5　　R&D 补贴的专利申请效应分组检验

分组标准	分组类型	专利总数	发明	实用新型	外观设计	加权专利
行业	劳动密集型 (466)	3.2114 (2.0987)	2.3409 (2.0190)	1.9087 (1.2007)	1.0578 (0.9006)	2.8435 (2.3449)
	资本密集型 (1207)	6.8347 (6.1885)	3.9753** (1.6836)	0.4303 (5.0494)	2.4292** (1.0179)	4.7977 (3.6931)
	技术密集型 (2165)	-13.8079 (16.1534)	4.1452 (4.9533)	-5.4890 (6.7291)	-12.4641** (5.4590)	-1.7153 (9.2539)

① 此外，采用其他匹配方法得到的分组检验结果类似，为节省篇幅，这里不再报告。

续表

分组标准	分组类型	专利总数	发明	实用新型	外观设计	加权专利
所有制	国有控股 (1342)	36.7718 *** (15.5031)	20.2186 *** (4.9298)	13.8075 * (7.6150)	2.7456 (5.1316)	27.8088 *** (8.9585)
	非国有控股 (2473)	4.5621 (7.2032)	3.4572 (2.3184)	1.5511 (3.1485)	-0.4462 (2.2242)	4.1212 (4.2706)
制度环境	高于中位数 (1481)	-18.4733 (9.7714)	-1.1439 (3.1453)	-4.9356 (3.7350)	-12.0991 *** (3.4816)	-6.9312 (5.6463)
	低于中位数 (2323)	19.2578 * (10.0097)	11.5212 *** (3.4145)	6.7611 (5.3866)	0.9755 (2.7747)	15.1456 ** (6.0671)

注：第2列分组类型后括号内的数值为样本数。***、**、*分别为1%、5%、10%水平上显著。

表3-6　　R&D补贴的专利公开效应分组检验

分组标准	分组类型	专利总数	发明	实用新型	外观设计	加权专利
行业	劳动密集型 (466)	3.1721 (2.9110)	2.2314 (1.9003)	1.8567 (1.5230)	1.3567 (0.9691)	2.6814 (2.2414)
	资本密集型 (1207)	6.2307 (5.9123)	3.2167 * (1.9397)	0.7961 (4.4869)	2.2178 ** (1.0665)	4.1693 (3.6945)
	技术密集型 (2165)	-17.3862 (15.2768)	0.2520 (4.8055)	-6.1467 (6.6513)	-11.4915 ** (4.9899)	-5.6942 (8.8109)
所有制	国有控股 (1342)	23.2079 * (14.1104)	10.6364 *** (3.8972)	10.5242 (7.4112)	2.0474 (5.0051)	16.4103 ** (7.7827)
	非国有控股 (2473)	4.1182 (7.1413)	3.2483 (2.5474)	1.0806 (3.0170)	-0.2107 (2.0456)	3.7359 (4.3831)
制度环境	高于中位数 (1481)	-27.1905 ** (10.8837)	-5.3624 (3.6130)	-10.1550 ** (4.1051)	-11.6732 *** (3.8531)	-13.3582 ** (6.3615)
	低于中位数 (2323)	14.6136 * (8.3963)	7.7682 *** (2.8709)	5.3670 (4.7995)	1.4783 (2.2558)	10.8213 ** (5.0840)

注：第2列分组类型后括号内的数值为样本数。***、**、*分别为1%、5%、10%水平上显著。

首先，按照行业分类，将样本划分为劳动密集型、资本密集型和技术密集型三大类。分类标准参照鲁桐和党印（2004）。从专利申请看，劳动密集型行业的 R&D 补贴没有产生显著的额外专利产出，资本密集型行业的 R&D 补贴对发明、外观设计专利具有显著额外影响，技术密集型行业的 R&D 补贴对外观设计专利具有显著的额外负向影响。这是因为劳动密集型行业的专利产出更多依赖研发人员的经验积累，“干中学”效应突出，对研发投入的敏感度较低。资本密集型行业研发投入强度适中，其创新产出对研发投入的弹性较大，R&D 补贴引致的适度额外研发支出能产生较大的创新产出效应。但该效应仅及于发明和外观设计专利，而对技术新颖度介于二者之间的实用新型专利并无显著影响。技术密集型行业研发投入强度高，其创新产出对研发投入的弹性较小，因 R&D 补贴引致的研发支出有限，不足以带来相应的增量专利产出。但其对外观设计专利具有负向影响，可能是因为技术密集型行业的技术竞争集中于创新程度较高的发明或实用新型专利，研发投入相应地也倾向于此类专利，因此对外观设计专利产生挤出效应。从专利公开看，R&D 补贴能产生显著处理效应的专利类型相同，但与专利申请相比，其处理效应系数要小，这是因为专利公开比专利申请能更准确地度量企业的创新产出所致。

其次，按照企业的第一大控股股东类型（所有制）进行分组检验。发现国有控股企业的 R&D 补贴普遍对专利具有显著影响，而非国有控股企业的 R&D 补贴对各类专利均没有产生显著影响。它反映出国有控股企业对 R&D 补贴或产业扶持政策的依赖性。而非国有控股企业的研发资金投入主要依靠自筹，对 R&D 补贴之类的科技研发扶持政策依赖度较低。

最后，以制度环境得分中位数将样本分为高于和低于中位数的两类。高于制度环境中位数地区的企业，R&D 补贴对技术新颖程度不高的外观设计专利具有负向影响；而低于制度环境中位数地区的企业，R&D 补贴对专利总数和发明专利具有积极影响。制度环境好的地区，R&D 补贴之所以对专利产出具有负向影响，是因为这些地区市场化水平较高，企业为在激烈的市场中占据一席之地，倾向于将 R&D 补贴资金用于创新程度较高的研发项目，而用于创新程度较低的研发投入较少，致使技术新颖程度较低的外观设计专利趋于下降。但是，在这些地区，也没有发现 R&D 补贴对专利产出产生积极效应。而在制度环境不佳的地区，R&D 补贴对专利产出具有积极影响，则是因为这些地区企业技术创新面临的市场环境较为恶劣，如难以通过市场化方式获得研发融资，对公共资助较为敏感，因而公共资助产生的专利效应较为显著。因此，在这些地区，R&D 补贴政策能够起到弥补制度环境不佳的功效，这一发现与张杰等（2015）

一致。

分组检验表明，R&D 补贴的专利产出效应具有异质性。尤其是对于劳动密集型行业、非国有控股企业，R&D 补贴未能产生显著影响。而对于高于制度环境中位数地区的企业，R&D 补贴甚至产生了不利的影响。因而，对于 R&D 补贴的专利产出分类效应不应等闲视之。

3.4.3.2 R&D 补贴影响专利产出的作用机制分组检验

（1）分行业。表 3－7 报告了行业分类下 R&D 补贴影响专利申请的作用机制回归结果。两类研发支出（α^{TT}、rd^{C}）及其与知识产权保护的交叉项（$ipp \times \alpha^{TT}$、$ipp \times rd^{C}$）对劳动密集型行业的各类专利没有显著影响，反事实研发支出（rd^{C}）及其与知识产权保护的交叉项（$ipp \times rd^{C}$）对资本密集型行业的专利总数和发明具有显著影响，两类研发支出与知识产权保护的交叉项（$ipp \times \alpha^{TT}$、$ipp \times rd^{C}$）对技术密集型行业的发明专利具有显著影响。这说明，R&D 补贴对专利产出的影响也主要是通过知识产权保护的调节作用来实现的。

表 3－8 报告了行业分类下 R&D 补贴影响专利公开的作用机制回归结果。可以发现，R&D 补贴激励效应（α^{TT}）、反事实研发支出（rd^{C}）对资本密集型行业的专利总数和发明、对技术密集型行业的发明均产生了直接影响，两类研发支出与知识产权保护的交叉项（$ipp \times \alpha^{TT}$、$ipp \times rd^{C}$）还对技术密集型行业的发明专利具有显著影响。

（2）分所有制。表 3－9 报告了不同所有制下 R&D 补贴对专利申请的影响机制估计结果。对国有控股企业而言，反事实研发支出（rd^{C}）及其与知识产权保护的交叉项（$ipp \times rd^{C}$）对专利总数、发明和实用新型具有显著影响，R&D 补贴引诱的研发支出（α^{TT}）对专利总数和实用新型具有显著影响。这表明，国有控股企业的创新产出既对 R&D 补贴引诱的研发支出具有较高的依赖度，也不拒绝适用于各类所有制企业的知识产权保护的调节作用。对非国有控股企业而言，主要是两类研发支出与知识产权保护的交叉项（$ipp \times \alpha^{TT}$、$ipp \times rd^{C}$）对专利总数和发明专利公开具有显著影响，它与国有控股企业对 R&D 补贴引诱的研发支出具有较高的依赖度形成鲜明对比。同时，也再次表明知识产权保护的调节作用的积极影响。

表 3－7　　行业分类下 R&D 补贴影响专利申请的作用机制

变量	劳动密集型				资本密集型				技术密集型			
	专利总数	发明	实用新型	外观设计	专利总数	发明	实用新型	外观设计	专利总数	发明	实用新型	外观设计
	(1)	(2)	(3)	(4)	(5)	(6)	(7)	(8)	(9)	(10)	(11)	(12)
α^{TT}	1.3211 (1.4012)	6.7712 (5.2713)	4.3207 (5.3708)	6.0511 (1.2813)	15.5361 (41.4898)	14.4294 (40.9134)	5.4865 (20.3285)	0.4250 (5.6120)	3.6619 (3.4415)	4.0802 (4.2060)	4.1140 (4.6136)	0.0797 (0.2251)
rd^C	1.0511 (1.2812)	5.2416 (5.1517)	5.5974 (8.5373)	7.1308 (1.6910)	1064.866** (3761.77)	41.0579** (139.896)	134.0210 (637.802)	0.0001 (0.0020)	1.4355 (3.8165)	35.0043 (99.8794)	1.4994 (4.4490)	2.5865 (14.4124)
ipp	2.3311 (10.0449)	0.2192 (1.3064)	10.2390 (63.5467)	137.0755 (797.890)	2.9378 (6.5862)	27.3059 (69.2482)	0.1939 (0.6061)	0.0488 (0.4116)	0.3163 (0.5016)	3.7957 (6.8309)	0.8006 (1.5321)	0.0002 (0.0001)
$ipp \times \alpha^{TT}$	0.0873 (0.7721)	0.0388 (0.2700)	45.0417 (46.7311)	2.3509 (3.9708)	1.2032 (2.5807)	12.7253 (28.9283)	0.0019 (0.0063)	10.7111 (10.5757)	2.2896 (1.8278)	6.3600** (5.7288)	0.7346 (0.6956)	4.6032 (10.5235)
$ipp \times rd^C$	0.0003 (0.0029)	0.0002 (0.0002)	82.5336 (100.777)	0.0002 (0.0029)	245.0915* (696.86)	53.7436*** (164.560)	0.0115 (0.0479)	21.7044 (268.305)	8.3318 (15.0471)	185.4055** (416.208)	3.4684 (6.9723)	3.7929 (15.5425)
fc	1.6629 (0.9035)	1.5472 (0.8049)	1.2806 (0.8824)	2.1664 (1.7416)	0.7076 (0.1826)	0.9341 (0.2461)	0.9340 (0.3121)	0.4031* (0.1900)	0.8032 (0.1394)	0.8357 (0.1647)	0.9134 (0.1725)	0.9246 (0.3152)
$size$	0.8801 (0.7207)	0.1761* (0.1606)	0.8506 (0.8538)	1.3789 (1.5796)	0.8391 (0.4509)	0.4722 (0.2020)	0.8256 (0.5896)	8.6779 (18.1925)	0.7243 (0.2425)	0.6683 (0.2395)	0.7439 (0.2872)	0.3467 (0.2238)
$size^2$	1.0292 (0.0507)	1.1439** (0.0629)	1.0417 (0.0616)	0.9958 (0.0670)	1.0322 (0.0356)	1.0730* (0.0426)	1.0401 (0.0473)	0.9014 (0.1195)	1.0450** (0.0226)	1.0565** (0.0243)	1.0476* (0.0258)	1.1039** (0.0450)
age	0.5507* (0.1689)	0.5270 (0.2208)	0.4389* (0.1882)	0.5663 (0.2383)	1.0412 (0.1799)	1.2307 (0.2787)	0.6589* (0.1563)	3.0962** (1.7519)	0.8380* (0.0825)	0.8183* (0.0955)	0.8591 (0.1017)	0.9496 (0.1943)

续表

变量	劳动密集型				资本密集型				技术密集型			
	专利总数	发明	实用新型	外观设计	专利总数	发明	实用新型	外观设计	专利总数	发明	实用新型	外观设计
	(1)	(2)	(3)	(4)	(5)	(6)	(7)	(8)	(9)	(10)	(11)	(12)
history	5. 8604 *** (1. 4719)	8. 8211 *** (3. 2951)	19. 0576 *** (10. 3944)	2. 4681 *** (0. 7794)	3. 8019 *** (0. 5760)	2. 0846 *** (0. 4506)	3. 1371 *** (0. 7330)	3. 9350 *** (2. 2012)	4. 1610 *** (0. 5371)	3. 7344 *** (0. 5809)	4. 0167 *** (0. 7118)	3. 4055 *** (1. 0281)
capint	1. 0817 (0. 1206)	1. 0921 (0. 1513)	0. 9229 (0. 1278)	0. 9987 (0. 1523)	0. 9018 (0. 0591)	0. 8889 (0. 0693)	0. 9847 (0. 0882)	0. 7208 (0. 1700)	0. 9592 (0. 0421)	1. 0852 (0. 0554)	1. 0124 (0. 0499)	0. 8481 * (0. 0750)
owner	1. 1496 (0. 2296)	1. 2791 (0. 3706)	0. 9378 (0. 2709)	1. 3381 (0. 3552)	1. 2065 (0. 1626)	1. 6397 *** (0. 2848)	1. 0985 (0. 2043)	0. 4072 * (0. 2034)	1. 1072 (0. 1009)	1. 3167 ** (0. 1409)	1. 1164 (0. 1218)	0. 7639 (0. 1439)
HHI	2. 9511 (5. 0110)	5. 3610 (1. 2912)	1. 1510 (2. 7209)	1. 5815 (3. 6914)	1. 2115 *** (1. 6916)	5. 5318 (1. 0620)	1. 0731 *** (2. 0732)	4. 2937 ** (1. 8039)	10. 5547 (16. 2010)	94. 0628 (167. 894)	14. 4414 (24. 0036)	0. 8509 (2. 5982)
export	1. 0939 (0. 2125)	1. 1864 (0. 3066)	1. 4323 (0. 3906)	0. 7236 (0. 1829)	1. 0953 (0. 1318)	1. 0513 (0. 1466)	0. 8668 (0. 1397)	3. 5905 *** (1. 6614)	1. 0409 (0. 0913)	1. 0135 (0. 1004)	0. 9682 (0. 1031)	1. 4261 (0. 2516)
行业	控制	控制	控制	控制	控制	控制	控制	控制	控制	控制	控制	控制
地区	控制	控制	控制	控制	控制	控制	控制	控制	控制	控制	控制	控制
年度	控制	控制	控制	控制	控制	控制	控制	控制	控制	控制	控制	控制
obs	250	250	250	250	702	702	702	702	1333	1333	1333	1333
Wald chi^2 (*p-value*)	95. 14 (0. 0000)	90. 79 (0. 0000)	76. 69 (0. 0000)	30. 81 (0. 0000)	204. 53 (0. 0000)	149. 29 (0. 0000)	184. 41 (0. 0000)	86. 11 (0. 0000)	352. 19 (0. 0000)	269. 59 (0. 0000)	511. 40 (0. 0000)	107. 15 (0. 0000)

注：***、**、*分别为1%、5%、10%水平上显著。

表 3－8 行业分类下 R&D 补贴影响专利公开的作用机制

变量	劳动密集型				资本密集型				技术密集型			
	专利总数	发明	实用新型	外观设计	专利总数	发明	实用新型	外观设计	专利总数	发明	实用新型	外观设计
	(1)	(2)	(3)	(4)	(5)	(6)	(7)	(8)	(9)	(10)	(11)	(12)
α^{TT}	2.9954 (34.2309)	11.4477 (11.3942)	0.0171 (0.2467)	28.7898 (63.5070)	165.1785* (481.237)	669.1402** (2086.42)	105.1232 (422.985)	0.0001 (0.0005)	2.0528 (1.7700)	5.1528* (4.8197)	0.8603 (0.9656)	4.0403 (10.8524)
rd^{C}	0.8174 (10.3828)	1.3708 (1.6109)	0.0001 (0.0002)	1.7207 (4.1908)	102.0461** (377.856)	4.7007*** (1.8508)	5.1670 (25.4383)	0.0001 (0.0002)	2.9264 (7.2455)	108.1101* (305.454)	1.3648 (3.8220)	15.5954 (86.8524)
ipp	0.1107 (0.4773)	0.0942 (0.5510)	74.5523 (44.8863)	2.1687 (13.0646)	10.3172 (22.4393)	82.7426* (199.977)	1.1347 (3.4131)	2.2994 (18.0652)	1.0145 (1.5329)	1.3653 (2.4841)	2.7210 (4.7587)	0.0668 (0.2131)
$ipp \times \alpha^{TT}$	13.1398 (11.6571)	16.0198 (129.110)	1.5808* (1.8109)	2.7111 (4.8010)	3.6931 (8.3311)	6.0595 (14.4677)	0.1209 (0.4068)	94.3258 (97.3772)	7.9594 (5.6849)	21.9041*** (18.3084)	3.0285 (2.7452)	2.7877 (6.6292)
$ipp \times rd^{C}$	69.0806 (70.8383)	0.3008 (2.9192)	9.7911** (1.2913)	0.0006 (0.0001)	72.2545 (209.514)	116.6691 (366.676)	0.0186 (0.0820)	52.5671 (69.2703)	20.8185 (36.0689)	633.7006*** (138.7)	21.3451 (41.1723)	0.0135 (0.0566)
fc	0.8861 (0.4906)	0.8028 (0.5071)	2.1396 (1.3337)	0.7137 (0.6456)	0.7716 (0.1771)	0.6708 (0.1894)	1.4477 (0.3919)	0.4084* (0.2100)	0.8195 (0.1328)	0.6832* (0.1350)	0.8965 (0.1693)	0.5531 (0.2024)
$size$	0.6075 (0.4779)	0.2688 (0.2804)	0.1156** (0.1181)	0.5427 (0.5964)	0.9273 (0.4904)	0.7664 (0.4556)	0.9264 (0.6576)	22.0721 (45.6183)	0.5274** (0.1700)	0.3698*** (0.1340)	0.7716 (0.2772)	0.7723 (0.5342)
$size^2$	1.0593 (0.0501)	1.1200* (0.0700)	1.1707*** (0.0708)	1.0562 (0.0680)	1.0256 (0.0347)	1.0333 (0.0391)	1.0293 (0.0464)	0.8330 (0.1091)	1.0679*** (0.0220)	1.0930 (0.0252)	1.0485** (0.0240)	1.0549 (0.0458)
age	0.5098** (0.1605)	0.5131 (0.2218)	0.2480*** (0.1036)	0.6506 (0.2858)	1.1406 (0.1947)	1.7223*** (0.3467)	0.7457 (0.1743)	2.5477 (1.3808)	0.8759 (0.0865)	0.7958*** (0.0926)	0.9670 (0.1097)	0.8949 (0.2002)

续表

变量	劳动密集型				资本密集型				技术密集型			
	专利总数	发明	实用新型	外观设计	专利总数	发明	实用新型	外观设计	专利总数	发明	实用新型	外观设计
	(1)	(2)	(3)	(4)	(5)	(6)	(7)	(8)	(9)	(10)	(11)	(12)
history	13.0235*** (4.0483)	16.3006*** (7.6400)	24.6812*** (13.9638)	4.2640*** (1.5986)	11.3823*** (1.9997)	5.6873*** (1.1071)	18.4064*** (5.0375)	17.4312*** (13.8674)	12.6988*** (1.9444)	7.9561*** (1.4088)	18.0530*** (3.8593)	29.7333*** (16.0939)
capint	1.1870 (0.1336)	1.4446** (0.2104)	0.9533 (0.1368)	1.0359 (0.1691)	0.9599 (0.0612)	0.9365 (0.0683)	1.0794 (0.0952)	0.7879 (0.1804)	1.0831* (0.0474)	1.1551*** (0.0603)	1.0880* (0.0520)	0.7786*** (0.0696)
owner	1.1650 (0.2347)	1.1595 (0.3392)	0.8723 (0.2492)	1.2773 (0.3492)	1.1363 (0.1526)	1.5556*** (0.2436)	1.0190 (0.1889)	0.6375 (0.2744)	1.1083 (0.0984)	1.1597 (0.1211)	1.0286 (0.1049)	0.8360 (0.1633)
HHI	0.1107 (0.4663)	42.8116 (10.4459)	2.5217 (5.8216)	6.8717 (1.6515)	1.0516*** (1.4317)	4.6707 (7.6108)	1.9038*** (3.5839)	4.6739** (1.8441)	39.8612 (59.5197)	7.8200 (13.0673)	114.0863 (1746.44)	11.3204 (36.2262)
export	1.1345 (0.2237)	1.2525 (0.3384)	1.7161** (0.4500)	0.7117 (0.1881)	1.0300 (0.1182)	1.0442 (0.1360)	0.8163 (0.1235)	3.0081** (1.3837)	1.1178 (0.0938)	1.0544 (0.1005)	1.0519 (0.1022)	1.5662** (0.2835)
行业	控制	控制	控制	控制	控制	控制	控制	控制	控制	控制	控制	控制
地区	控制	控制	控制	控制	控制	控制	控制	控制	控制	控制	控制	控制
年度	控制	控制	控制	控制	控制	控制	控制	控制	控制	控制	控制	控制
obs	250	250	250	250	702	702	702	702	1333	1333	1333	1333
Wald chi^2 (*p-value*)	109.94 (0.0000)	78.55 (0.0000)	87.95 (0.0000)	39.75 (0.0000)	318.33 (0.0000)	224.60 (0.0000)	239.59 (0.0000)	97.74 (0.0000)	517.04 (0.0000)	308.67 (0.0000)	641.89 (0.0000)	139.17 (0.0000)

注：***、**、*分别为1%、5%、10%水平上显著。

表 3-9　　不同所有制下 R&D 补贴影响专利申请的作用机制

变量	国有控股				非国有控股			
	专利总数	发明	实用新型	外观设计	专利总数	发明	实用新型	外观设计
	(1)	(2)	(3)	(4)	(5)	(6)	(7)	(8)
α^{TT}	36.7643* (76.1262)	4.0818 (9.4852)	17.3865*** (36.6533)	2.7087 (17.1450)	3.9280 (3.8050)	6.7175* (6.9525)	2.9534 (3.5678)	0.5434 (1.6128)
rd^C	94.8914*** (26.5074)	140.5391** (440.1375)	100.8876*** (313.2006)	23.7701 (19.5734)	1.6234 (3.8637)	81.4901 (219.3003)	0.1956 (0.5547)	161.7489 (824.4285)
ipp	0.1367 (0.2617)	3.1618 (6.7259)	0.4233 (1.0700)	0.5888 (2.5530)	2.0832 (3.4075)	6.5920 (12.4160)	16.0071 (33.8068)	0.0908*** (0.0353)
$ipp \times \alpha^{TT}$	0.8888 (1.6063)	22.7610* (42.2059)	1.4036 (2.6046)	35.7125 (185.9749)	4.1411* (3.3368)	9.2374** (8.6028)	1.0222 (1.0319)	10.8339 (27.0434)
$ipp \times rd^C$	93.7085* (226.6661)	56.1233*** (158.1302)	28.1564*** (77.0173)	69.2086* (463.3563)	35.0107** (62.8229)	331.3463*** (687.1229)	0.8633 (1.9091)	22.3425 (94.8843)
fc	1.0238 (0.3854)	1.2029 (0.4670)	1.1576 (0.4919)	1.4372 (1.3274)	0.7672* (0.1152)	0.8350 (0.1411)	0.8835 (0.1563)	0.9573 (0.2862)
$size$	0.8089 (0.5196)	0.8991 (0.6275)	0.5264 (0.4232)	1.5679 (2.1593)	0.4268*** (0.1273)	0.3025*** (0.0955)	0.5335 (0.2097)	0.9424 (0.5884)
$size^2$	1.0297 (0.0395)	1.0259 (0.0427)	1.0701 (0.0505)	1.0009 (0.0809)	1.0856*** (0.0217)	1.1164*** (0.0232)	1.0730*** (0.0277)	1.0328 (0.0407)
age	0.6155** (0.1217)	0.6111** (0.1411)	0.4411*** (0.1161)	2.4307** (0.9799)	0.8875 (0.0796)	0.9247 (0.1007)	0.9050 (0.1050)	0.6832* (0.1360)
$history$	4.3805*** (0.7604)	3.0531*** (0.6609)	3.5317*** (0.9536)	3.3087*** (1.3661)	4.0166*** (0.4362)	3.6252*** (0.4932)	4.1199*** (0.6203)	2.8645*** (0.7390)
$capint$	1.1082* (0.0661)	1.1624** (0.0792)	1.2413*** (0.0931)	0.7197** (0.0996)	0.8913*** (0.0346)	0.9559 (0.0434)	0.9145* (0.0432)	0.6666*** (0.0571)
$owner$	0.8797 (0.3769)	0.7948 (0.4369)	0.8358 (0.3964)	1.6486 (2.1434)	1.0610 (0.3307)	1.7966* (0.6298)	0.7283 (0.2873)	0.4116 (0.5043)
HHI	52.5041** (178.2659)	0.0536 (0.2160)	14.9287*** (64.9027)	638.0205 (4403.5930)	10.3729 (15.2482)	19.0918 (33.2546)	32.3477 (53.0212)	89.1751 (302.7827)

续表

变量	国有控股				非国有控股			
	专利总数	发明	实用新型	外观设计	专利总数	发明	实用新型	外观设计
	(1)	(2)	(3)	(4)	(5)	(6)	(7)	(8)
export	1.2296* (0.1474)	1.1591 (0.1635)	1.0446 (0.1613)	1.0761 (0.2690)	1.0364 (0.0840)	1.0539 (0.1002)	0.9866 (0.1040)	1.3261 (0.2412)
行业	控制	控制	控制	控制	控制	控制	控制	控制
地区	控制	控制	控制	控制	控制	控制	控制	控制
年度	控制	控制	控制	控制	控制	控制	控制	控制
obs	750	750	750	750	1535	1535	1535	1535
Wald chi^2 (*p-value*)	157.67 (0.0000)	131.27 (0.0000)	126.88 (0.0000)	56.88 (0.0000)	530.14 (0.0000)	415.26 (0.0000)	596.04 (0.0000)	140.36 (0.0000)

注：***、**、*分别为1%、5%、10%水平上显著。

表3－10报告了不同所有制下R&D补贴影响专利公开的作用机制回归结果。对国有控股企业，对专利公开具有显著性的影响因素与表3－9略有不同，两类研发支出（α^{TT}、rd^C）影响发明专利公开，两类研发支出与知识产权保护的交叉项（$ipp \times \alpha^{TT}$、$ipp \times rd^C$）影响实用新型公开。但对非国有控股企业，具有显著性的影响因素基本相同。

表3－10　　　不同所有制下R&D补贴影响专利公开的作用机制

变量	国有控股				非国有控股			
	专利总数	发明	实用新型	外观设计	专利总数	发明	实用新型	外观设计
	(1)	(2)	(3)	(4)	(5)	(6)	(7)	(8)
α^{TT}	20.6629 (43.6575)	231.8617** (572.2810)	46.5593 (111.4632)	47.7024 (300.7480)	2.3646 (2.0870)	5.1108* (4.8045)	1.0581 (1.2493)	20.6190 (60.0268)
rd^C	96.6774 (303.2342)	8446.8670** (30248.35)	6.7196 (25.8343)	83.8517* (70.3070)	19.9197 (44.6627)	37.8415*** (90.2217)	0.7183 (1.9422)	714.8706 (3670.539)
ipp	0.6651 (1.2245)	3.4634 (7.6389)	1.7271 (4.1166)	44.2856 (176.0219)	2.9632 (4.6761)	3.0854 (5.7572)	8.0069 (15.7123)	0.0003** (0.0012)
$ipp \times \alpha^{TT}$	27.3737* (8.6893)	18.2979 (37.1766)	150.1246** (308.2258)	0.0180 (0.0986)	8.7869*** (6.3558)	23.2527*** (19.4330)	2.3450 (2.2561)	16.3402 (42.6164)

续表

变量	国有控股				非国有控股			
	专利总数	发明	实用新型	外观设计	专利总数	发明	实用新型	外观设计
	(1)	(2)	(3)	(4)	(5)	(6)	(7)	(8)
$ipp \times rd^{C}$	36.1468 (84.3975)	9.8755 (29.7971)	822.6742** (2340.315)	0.1631 (1.1255)	274.7486*** (475.3129)	54.2897*** (10.2918)	17.4402 (37.5828)	27.8882 (123.8477)
fc	0.5269* (0.1854)	0.4220** (0.1745)	0.6036 (0.2629)	0.2900 (0.2582)	0.8844 (0.1216)	0.7879 (0.1335)	1.1752 (0.1909)	0.6553 (0.2068)
size	0.7689 (0.4565)	1.0762 (0.7418)	0.8759 (0.6766)	1.4420 (1.8764)	0.3063*** (0.0914)	0.1794*** (0.0593)	0.5234* (0.1960)	1.0971 (0.7299)
$size^2$	1.0357 (0.0365)	1.0153 (0.0415)	1.0370 (0.0470)	1.0017 (0.0755)	1.1090*** (0.0217)	1.1455*** (0.0250)	1.0738*** (0.0264)	1.0319 (0.0434)
age	0.9982 (0.1934)	0.8743 (0.1953)	0.9147 (0.2483)	2.7945*** (1.0400)	0.8354** (0.0750)	0.9082 (0.0990)	0.8164* (0.0890)	0.6316** (0.1423)
history	14.6785*** (2.8437)	8.5448*** (1.9042)	26.0344*** (8.2660)	11.3122*** (5.3638)	10.6183*** (1.3813)	6.8284*** (1.0352)	14.5984*** (2.7072)	14.4825*** (5.4022)
capint	1.0889 (0.0622)	1.2287*** (0.0832)	1.1315* (0.0830)	0.6413*** (0.0910)	1.0142 (0.0393)	1.0713 (0.0475)	1.0295 (0.0474)	0.6929*** (0.0614)
owner	1.0091 (0.4204)	0.9040 (0.4784)	0.8287 (0.3805)	1.9377 (2.4884)	1.3007 (0.4094)	1.8141* (0.6554)	1.3025 (0.4927)	0.3450 (0.4688)
HHI	14.1004*** (48.3434)	1.5489 (6.1680)	4.8408*** (2.1909)	10.6730 (75.1872)	14.2240 (20.2798)	23.6268* (40.6706)	21.6202 (32.3550)	161.8261 (581.3012)
export	1.2066 (0.1383)	1.1707 (0.1618)	1.2489 (0.1782)	0.9183 (0.2342)	1.1109 (0.0881)	1.0812 (0.0972)	1.0233 (0.1012)	1.5400** (0.2926)
行业	控制	控制	控制	控制	控制	控制	控制	控制
地区	控制	控制	控制	控制	控制	控制	控制	控制
年度	控制	控制	控制	控制	控制	控制	控制	控制
obs	750	750	750	750	1535	1535	1535	1535
Wald chi^2 (*p-value*)	299.22 (0.0000)	196.16 (0.0000)	238.11 (0.0000)	83.99 (0.0000)	690.65 (0.0000)	402.91 (0.0000)	691.02 (0.0000)	173.99 (0.0000)

注：***、**、*分别为1%、5%、10%水平上显著。

（3）分制度环境。表3－11报告了不同制度环境下R&D补贴影响专利申请的作用机制回归结果。高于制度环境中位数的地区，两类研发支出与知识产权保护的交叉项（$ipp \times \alpha^{TT}$、$ipp \times rd^{C}$）对发明专利具有显著影响，两类研发支出（α^{TT}、rd^{C}）对实用新型具有显著影响。低于制度环境中位数的地区，研发补贴引诱的研发支出（α^{TT}）和反事实研发支出（rd^{C}）对发明专利申请具有显著影响。这表明，制度环境好的地区，知识产权保护能激励研发补贴政策产生更多专利效应，而制度环境差的地区，研发补贴政策能直接影响专利产出，从而起到弥补制度环境不佳的作用。

表3－11　　　　不同制度环境下R&D补贴影响专利申请的作用机制

变量	高于中位数				低于中位数			
	专利总数	发明	实用新型	外观设计	专利总数	发明	实用新型	外观设计
	(1)	(2)	(3)	(4)	(5)	(6)	(7)	(8)
α^{TT}	8.2157* (9.0852)	3.2766 (4.0482)	17.5990** (25.2713)	1.9215 (7.5867)	1.1370 (2.1140)	57.2415* (131.6793)	0.3872 (0.8779)	4.8440 (30.2381)
rd^{C}	57.9614 (153.9509)	10.6054 (30.8268)	206.9580* (644.2002)	20.1855 (12.7183)	0.8671 (3.0933)	63.1389*** (233.3882)	0.0081 (0.0337)	8.3264 (91.2421)
ipp	67.0637 (180.7678)	187.8224 (525.3303)	139.6314 (510.9565)	0.0223 (0.1396)	0.1869 (0.3187)	1.2121 (2.2877)	0.8457 (1.8049)	0.0464 (0.2044)
$ipp \times \alpha^{TT}$	1.2004 (1.2065)	6.1007* (6.6618)	0.0925* (0.1289)	1.1021 (3.7699)	2.8597 (4.3669)	4.9950 (8.9147)	1.0079 (1.8657)	0.2954 (1.4713)
$ipp \times rd^{C}$	6.4431 (12.3266)	147.6613** (337.7348)	1.2395 (2.8879)	0.5434 (2.8281)	2.6235 (7.4608)	5.0280 (16.6188)	0.1284 (0.4450)	3.5737 (31.8779)
fc	0.7734 (0.1660)	0.7201 (0.1726)	0.8608 (0.2137)	1.4742 (0.6711)	0.7972 (0.2238)	0.6299* (0.1758)	1.0945 (0.3413)	1.3158 (0.9088)
$size$	1.1384 (0.4380)	0.6283 (0.2543)	1.5073 (0.7552)	1.0080 (0.8947)	0.4075* (0.1979)	0.2805** (0.1502)	0.1989*** (0.1108)	1.9979 (2.1597)
$size^2$	1.0146 (0.0250)	1.0578** (0.0272)	1.0018 (0.0319)	1.0276 (0.0579)	1.0855*** (0.0334)	1.1225*** (0.0377)	1.1410*** (0.0397)	0.9932 (0.0646)
age	0.9181 (0.1073)	0.9936 (0.1336)	0.8793 (0.1320)	0.8458 (0.2158)	0.6536*** (0.1009)	0.7384 (0.1454)	0.6011*** (0.1122)	1.0565 (0.4306)
$history$	6.2003*** (0.9091)	5.7178*** (0.9923)	5.8339*** (1.2086)	3.6924*** (1.2776)	3.1971*** (0.4831)	2.3767*** (0.4252)	3.7393*** (0.7638)	2.2726** (0.9037)

续表

变量	高于中位数				低于中位数			
	专利总数	发明	实用新型	外观设计	专利总数	发明	实用新型	外观设计
	(1)	(2)	(3)	(4)	(5)	(6)	(7)	(8)
capint	1.0427 (0.0597)	1.1492** (0.0722)	0.9619 (0.0663)	0.8252 (0.1082)	1.0098 (0.0581)	1.0376 (0.0694)	1.1217* (0.0743)	0.6988** (0.1048)
owner	0.9402 (0.1037)	1.1535 (0.1459)	1.0413 (0.1490)	0.9576 (0.2551)	1.3385*** (0.1480)	1.5273*** (0.2041)	1.2846* (0.1747)	0.9645 (0.2674)
HHI	56.7711 (86.2780)	19.4536 (3.4407)	25.8632 (43.8952)	73.1648 (338.3027)	3.4315 (1.2813)	6.1611 (2.9813)	1.8227 (7.1826)	3.1008 (2.1806)
export	0.8751 (0.0898)	0.9001 (0.1037)	0.8477 (0.1085)	1.0657 (0.2576)	1.1128 (0.1198)	1.0270 (0.1223)	0.9658 (0.1291)	1.8766** (0.5394)
行业	控制	控制	控制	控制	控制	控制	控制	控制
地区	控制	控制	控制	控制	控制	控制	控制	控制
年度	控制	控制	控制	控制	控制	控制	控制	控制
obs	988	988	988	988	856	856	856	856
Wald chi^2 (*p-value*)	321.14 (0.0000)	254.29 (0.0000)	440.64 (0.0000)	52.42 (0.0000)	354.39 (0.0000)	324.44 (0.0000)	431.12 (0.0000)	124.75 (0.0000)

注：***、**、*分别为 1%、5%、10% 水平上显著。

表 3-12 报告了不同制度环境下研发补贴影响专利公开的作用机制回归结果。对不同地区的不同类型专利，具有显著性的影响因素基本相同，这里不再赘述。结合表 3-11 和表 3-12 来看，R&D 补贴政策能够起到弥补制度环境不佳的作用，且越是制度环境差的地区，R&D 补贴政策对专利产出的激励效应越大。

表 3-12　　　不同制度环境下 R&D 补贴影响专利公开的作用机制

变量	高于中位数				低于中位数			
	专利总数	发明	实用新型	外观设计	专利总数	发明	实用新型	外观设计
	(1)	(2)	(3)	(4)	(5)	(6)	(7)	(8)
α^{TT}	2.1392 (2.2157)	3.8665 (4.2643)	1.0282 (1.4672)	53.4678 (203.9415)	3.5867 (7.2110)	403.9286** (955.4120)	0.6032 (1.5443)	15.4060 (99.8918)

续表

变量	高于中位数				低于中位数			
	专利总数	发明	实用新型	外观设计	专利总数	发明	实用新型	外观设计
	(1)	(2)	(3)	(4)	(5)	(6)	(7)	(8)
rd^C	4.5845 (12.1233)	753.8503** (2075.117)	0.9318 (3.0152)	44.1347* (293.5173)	28.5687 (100.0859)	282.4649*** (118.0700)	0.0506 (0.2147)	4.2207* (4.0108)
ipp	21.2604 (54.9176)	7.2507 (20.5910)	314.388* (1053.06)	0.2635 (1.5841)	1.7337 (2.7798)	1.7682 (3.4252)	3.5845 (6.9107)	96.2377 (432.7188)
$ipp \times \alpha^{TT}$	3.4481 (3.0461)	9.9130** (9.7258)	0.5976 (0.7489)	0.0945 (0.3444)	29.5053** (45.9927)	6.5517 (12.5243)	32.2610* (63.0740)	0.2053 (1.0877)
$ipp \times rd^C$	33.7649** (60.6119)	964.23*** (2011.843)	34.7726 (76.6614)	0.0262 (0.1370)	2.6655 (7.5529)	4.6655 (16.0201)	0.0534 (1.7556)	24.4447 (202.9323)
fc	0.9019 (0.1861)	0.8373 (0.2054)	0.8998 (0.2268)	1.2929 (0.6665)	0.7763 (0.1903)	0.4691*** (0.1196)	1.5408 (0.4949)	0.5323 (0.3970)
$size$	0.5665 (0.2000)	0.4809* (0.1910)	0.9140 (0.4053)	0.6815 (0.6814)	0.5387 (0.2358)	0.3842** (0.1849)	0.3118** (0.1655)	5.8317* (5.9254)
$size^2$	1.0634*** (0.0239)	1.0697*** (0.0269)	1.0338 (0.0291)	1.0559 (0.0665)	1.0663** (0.0293)	1.0971*** (0.0329)	1.1093 (0.0367)	0.9295 (0.0563)
age	0.8444 (0.0973)	0.8575 (0.1107)	0.7870* (0.1098)	0.5949* (0.1669)	0.9450 (0.1411)	0.9744 (0.1746)	0.9205 (0.1618)	1.4517 (0.6038)
$history$	14.9360*** (2.5470)	10.7511*** (2.1045)	20.0087*** (4.8020)	14.1953*** (5.9947)	12.5188*** (2.1999)	6.7773*** (1.3119)	20.4485*** (5.3834)	10.4422*** (5.0834)
$capint$	1.1248** (0.0620)	1.1450** (0.0675)	1.1039 (0.0717)	0.6532*** (0.0840)	0.9767 (0.0538)	1.0167 (0.0651)	1.0220 (0.0684)	0.6574*** (0.0893)
$owner$	0.9699 (0.1037)	1.1746 (0.1396)	1.0472 (0.1389)	1.4611 (0.3822)	1.2492** (0.1294)	1.1523 (0.1411)	1.0787 (0.1374)	0.9804 (0.2650)
HHI	21.5285 (3.1507)	94.4344** (202.3935)	11.3956 (17.4370)	1462.708 (6614.753)	133.4482 (435.8389)	18.7828 (677.7304)	3.7830* (1.3328)	623.2957 (4296.164)
$export$	0.9036 (0.0893)	0.9112 (0.1012)	0.8505 (0.0997)	1.3791 (0.3361)	1.1647 (0.1180)	1.1684 (0.1378)	1.0604 (0.1303)	1.2276 (0.3184)
行业	控制	控制	控制	控制	控制	控制	控制	控制

续表

变量	高于中位数				低于中位数			
	专利总数	发明	实用新型	外观设计	专利总数	发明	实用新型	外观设计
	(1)	(2)	(3)	(4)	(5)	(6)	(7)	(8)
地区	控制	控制	控制	控制	控制	控制	控制	控制
年度	控制	控制	控制	控制	控制	控制	控制	控制
obs	988	988	988	988	856	856	856	856
Wald chi^2 (*p-value*)	427.97 (0.0000)	235.09 (0.0000)	507.11 (0.0000)	102.33 (0.0000)	447.41 (0.0000)	361.84 (0.0000)	439.69 (0.0000)	86.82 (0.0000)

注：***、**、*分别为1%、5%、10%水平上显著。

3.5 稳健性检验

3.5.1 专利产出效应检验

公共 R&D 补贴具有两方面潜在的内生性，一是样本选择偏误带来的内生性，二是可能存在遗漏变量，该变量既与创新产出水平相关、也与获得 R&D 补贴的概率相关，因而，为获得一致估计还必须考虑后一内生性。处理效应模型能同时关注这两种内生性，但关键是找到合适的工具变量。该工具变量会影响企业获得 R&D 补贴的概率，但不会直接影响企业的创新产出（只能通过获得 R&D 补贴间接影响创新产出）。

与 Wallsten（2000）、Clausen（2009）等研究一致，采用行业层面的 R&D 补贴作为工具变量，其理由是不同行业的补贴差异势必会影响行业内企业获得补贴的可能性，而行业层面的 R&D 补贴是外生的。事实上，以分组平均值作为解释变量的工具变量以减小测量误差和遗漏企业特征的影响，已成为常用的方法（Fisman and Svensson，2007）。具体来说，构造的工具变量为行业 R&D 补贴占行业营业收入的比值（*secrdsub*）。行业 R&D 补贴和行业营业收入均以证监会两分位行业代码固定资产净额为权重加总得到。处理效应模型类似于 heckit 两步法。第一步是采用 Probit 或极大似然法（MLE）来估计处理方程，得到逆米尔利斯比率，然后将之带入第二步进行 OLS 回归，得到各变量参数估计值。为节省篇幅，

表 3－13 仅报告了关键变量的回归系数和样本选择性偏误的似然比检验值①。

表 3－13　　处理效应模型两步法估计结果

变量	专利申请					专利公开				
	专利总数	发明	实用新型	外观设计	加权专利	专利总数	发明	实用新型	外观设计	加权专利
	(1)	(2)	(3)	(4)	(5)	(6)	(7)	(8)	(9)	(10)
第一步：处理方程，因变量：*rdsubdum*										
secrdsub	0.0916* (0.0515)	0.0921* (0.0515)	0.0913* (0.0516)	0.0873* (0.0515)	0.0920* (0.0515)	0.0916* (0.0515)	0.0931* (0.0516)	0.0916* (0.0516)	0.0864* (0.0515)	0.0929* (0.0516)
第二步：主方程，因变量：*pat*										
rdsubdum	31.1448*** (9.6835)	16.0180*** (4.7003)	10.2963 (12.3979)	4.8650 (5.0405)	22.2963*** (6.7581)	25.0648*** (7.1270)	10.7143*** (2.8488)	9.3369 (13.5725)	5.3633 (12.2600)	16.4906*** (4.5386)
obs	3838	3838	3838	3838	3838	3838	3838	3838	3838	3838
Likelihood-ratio chi^2 (*p-value*)	6.02 (0.0142)	6.58 (0.0103)	3.13 (0.0766)	3.61 (0.0573)	6.22 (0.0126)	5.49 (0.0192)	5.31 (0.0212)	3.28 (0.0701)	3.18 (0.0745)	5.44 (0.0196)

注：***、**、* 分别为 1%、5%、10% 水平上显著。

第 1～5 列是以专利申请为结果变量的回归结果。第一步处理方程回归中，工具变量行业研发补贴（*secrdsub*）在 10% 水平上显著影响企业获得研发补贴的概率。在第二步回归中，R&D 补贴虚拟变量对专利申请总数、发明专利、加权专利产生了显著的正向影响，对加权专利的影响系数低于专利总数，对实用新型专利和外观设计专利没有显著影响，这与基准回归分析结论是一致的。对样本内生性的似然比检验拒绝了样本外生的原假设，表明采用两步法是合适的。第 6～10 列报告了采用处理效应模型对专利公开的回归结果。与基准回归结果一致，R&D 补贴虚拟变量显著影响专利公开总数、发明专利和加权专利，对实用新型专利和外观设计专利的影响也不显著。

① 处理效应模型中，两步方程中的协变量可以有重叠，但要求处理方程中至少有一个变量不在主方程中。第一步处理方程中的协变量除 PSM 中的协变量外，还包括工具变量（没有出现在主方程中）。而在第二步主方程协变量中，影响专利产出的因素除知识产权保护与研发支出的交叉项以外（处理效应模型无法构造该交叉项），其余变量与表 3－4 相同。

3.5.2 作用机制检验

如前所述，企业的研发支出由两部分构成，即：$rd = \alpha^{TT} + rd^{C}$。该式右边第一项是引致研发支出，包括研发补贴（*rdsub*）及其引致的额外研发支出（*rdinduced*），后者以研发补贴激励效应（α^{TT}）与研发补贴（*rdsub*）相减得到。当企业没有得到 R&D 时，研发补贴（*rdsub*）及其引致的额外研发支出（*rdinduced*）均为 0。第二项是反事实研发支出。这样，R&D 补贴下企业的研发支出可分解为以下三部分：$rd = rdsub + rdinduced + rd^{C}$。

为进一步甄别 R&D 补贴下研发支出对专利产出的影响，接下来仍然采用面板计数模型估计不同研发支出对专利产出的影响。表 3－14 报告了 R&D 补贴影响专利产出的作用机制回归结果。与表 3－4 相比，表 3－14 前 4 列尽管将研发补贴激励效应（α^{TT}）分解为研发补贴（*rdsub*）及其引致的额外研发支出（*rdinduced*），但显著影响专利申请的因素高度一致：引致的额外研发支出（*rdinduced*）显著影响专利申请总量；研发补贴（*rdsub*）、知识产权保护与引致的额外研发支出的交叉项（*ipp* × *rdinduced*）对发明专利申请具有显著影响；研发补贴（*rdsub*）、引致的额外研发支出（*rdinduced*）及其与知识产权保护的交叉项（*ipp* × *rdsub*、*ipp* × *rdinduced*）对实用新型和外观设计申请均不显著。表 3－14 后 4 列中具有显著性的影响因素与表 3－4 基本相同。因此，基准回归的结论是可靠的。

表 3－14　　R&D 补贴影响专利申请的作用机制检验

变量	专利申请				专利公开			
	专利总数	发明	实用新型	外观设计	专利总数	发明	实用新型	外观设计
	(1)	(2)	(3)	(4)	(5)	(6)	(7)	(8)
rdsub	3.0438 (2.1655)	5.1469** (2.3734)	3.6430 (2.4291)	2.3975 (5.7082)	2.0968 (1.9425)	0.9292 (2.2016)	4.0430 (2.4743)	6.8252 (5.5717)
rdinduced	1.6022* (0.8607)	1.4040 (0.9524)	1.7168 (1.0669)	0.1088 (2.6881)	0.8568 (0.8074)	2.1548** (0.8793)	-0.0188 (1.0670)	3.8394 (2.6803)
rd^{c}	1.9726 (1.2944)	2.4625* (1.3865)	1.8518 (1.5418)	2.2643 (3.2863)	0.8193 (1.2605)	4.0984*** (1.3506)	-0.8371 (1.5277)	6.7348** (3.3356)
ipp	-0.4069 (1.2243)	1.7974 (1.4154)	-0.2311 (1.5308)	-6.0221** (2.8597)	0.5728 (1.1821)	1.0858 (1.4152)	1.3173 (1.4299)	-1.9499 (2.8259)

续表

变量	专利申请				专利公开			
	专利总数	发明	实用新型	外观设计	专利总数	发明	实用新型	外观设计
	(1)	(2)	(3)	(4)	(5)	(6)	(7)	(8)
ipp×rdsub	-0.0217 (1.3146)	1.4856 (1.3494)	-3.0333 (1.7926)	-1.4283 (4.2671)	2.3491 ** (1.1848)	4.8727 *** (1.3907)	-0.4430 (1.5187)	-6.7167 (4.4665)
ipp×rdinduced	1.0444 (0.7517)	1.5798 * (0.8844)	-0.1541 (0.9050)	2.7185 (2.2820)	1.9957 *** (0.7006)	3.2902 *** (0.8241)	0.8577 (0.8985)	2.4799 (2.3738)
ipp×rdc	1.4981 (1.0260)	2.0451 * (1.1697)	1.2773 (1.1701)	3.0682 (2.7017)	1.9948 *** (0.7006)	3.8693 *** (1.1148)	1.1085 (1.1690)	2.1955 (2.7569)
fc	-0.1981 (0.1391)	-0.0896 (0.1545)	-0.0827 (0.1612)	0.0282 (0.2855)	-0.1740 (0.1289)	-0.3180 ** (0.1605)	0.0488 (0.1550)	-0.4907 (0.3053)
size	-0.2696 (0.2594)	-0.4644 (0.2906)	-0.2847 (0.3151)	0.3494 (0.5433)	-0.5309 ** (0.2532)	-0.8283 *** (0.2924)	-0.3373 (0.3013)	0.5325 (0.5623)
$size^2$	0.0393 ** (0.0166)	0.0551 *** (0.0185)	0.0453 ** (0.0199)	0.0044 (0.0335)	0.0570 *** (0.0160)	0.0726 *** (0.0184)	0.0502 *** (0.0190)	-0.0024 (0.0345)
age	-0.1582 ** (0.0808)	-0.1522 (0.1000)	-0.1991 ** (0.1009)	-0.0886 (0.1770)	-0.1208 (0.0816)	-0.1288 (0.0990)	-0.1391 (0.0983)	0.0006 (0.1887)
history	1.4431 *** (0.0899)	1.2661 *** (0.1132)	1.4659 *** (0.1290)	1.1446 *** (0.2173)	2.5020 *** (0.1073)	2.0604 *** (0.1242)	2.8826 *** (0.1583)	2.6005 *** (0.2936)
capint	-0.0430 (0.0335)	0.0270 (0.0394)	0.0201 (0.0395)	-0.4020 *** (0.0713)	0.0438 (0.0333)	0.0934 ** (0.0372)	0.0702 * (0.0391)	-0.4133 *** (0.0737)
owner	0.1290 * (0.0693)	0.3267 *** (0.0847)	0.1133 (0.0865)	-0.1355 (0.1555)	0.1120 * (0.0688)	0.2514 *** (0.0821)	0.0409 (0.0832)	-0.0436 (0.1592)
HHI	9.0560 (15.0846)	11.4501 (18.0204)	11.0948 (16.6332)	4.2136 (3.0123)	10.7964 (14.7086)	3.2317 ** (1.6201)	8.1128 (15.5084)	4.7759 (3.0943)
export	0.0778 (0.0657)	0.0669 (0.0768)	-0.0345 (0.0827)	0.2715 * (0.1438)	0.1202 * (0.0644)	0.1436 (0.0747)	0.0077 (0.0776)	-0.2235 * (0.1498)
行业	控制	控制	控制	控制	控制	控制	控制	控制
地区	控制	控制	控制	控制	控制	控制	控制	控制
年度	控制	控制	控制	控制	控制	控制	控制	控制
obs	2285	2285	2285	2285	2285	2285	2285	2285
Wald chi^2 值 (*p-value*)	708.90 (0.0000)	511.80 (0.0000)	926.40 (0.0000)	170.63 (0.0000)	991.36 (0.0000)	544.03 (0.0000)	1094.95 (0.0000)	235.04 (0.0000)

注：***、**、*分别为1%、5%、10%水平上显著。

3.6 本章小结

本章采用中国制造业上市公司微观数据，运用能克服样本选择偏误的计量方法，研究 R&D 补贴对企业专利产出的影响，并采用面板计数模型分析其作用机制。

研究发现，与没有接受 R&D 补贴的厂商相比，平均而言，接受 R&D 补贴的厂商具有更高的专利产出总量效应，且该效应因专利类型而异，即 R&D 补贴能显著增加发明专利，但对实用新型专利和外观设计专利没有显著影响。R&D 补贴以引致研发支出为中介来影响专利产出，引致研发支出显著增加专利总量，但对不同类型专利的作用机制不同：引致研发支出增加发明专利，但与反事实研发支出相比并不具有更高的专利产出效应；引致研发支出对实用新型和外观设计没有显著影响。稳健性检验也支持了这一发现。

第 4 章

R&D 补贴与企业生产率

4.1 引　言

创新型国家的重要标志，是科技进步对经济增长的贡献占比达到 70% 以上。衡量科技进步对经济增长贡献的通用指标是全要素生产率（TFP）。自 2006 年中国提出建设创新型国家以来，政府采取了一系列产业政策来促进企业技术创新，最先就是 R&D 补贴政策。根据《中国科技统计年鉴》的数据，2006～2015 年，中国的 R&D 补贴从 96.8 亿元攀升至 419.1 亿元，年均增长 17.68%。创新型国家建设中一个需要直面的问题是，逐年递增的 R&D 补贴是否有效促进了企业全要素生产率提升？从企业技术创新生命周期来看，R&D 补贴的激励效应依次体现在三个环节：研发阶段是否促进企业增加创新投入如研发支出、产出阶段是否增加创新产出如专利和新产品、商业化阶段是否提高企业经济绩效如全要素生产率。与创新投入、创新产出相比，经济绩效更有利于提高厂商的竞争力和显示公共资金的配置效率，是 R&D 补贴有效性的根本体现。近年来 R&D 补贴等产业政策饱受争议，尤其是 2016 年 9 月的“林张之争”更是将这些争议推向了顶峰，研究 R&D 补贴的生产率效应不仅能够为处于争议中的 R&D 补贴有效性提供经验证据，而且能够为 R&D 补贴政策完善、全要素生产率提升提供改革建议。

本章运用能揭示 R&D 补贴渐进影响生产率的作用机制——CDM 模型（Crépon et al.，1998），实证检验中国 R&D 补贴的生产率效应。与既有研究相比，本章的边际贡献有两点。一是从生产率方面为 R&D 补贴的有效性研究添加了一块重要拼图。实现中国经济高质量发展的关键是提高全要素生产率。既有文献对 R&D 补贴的有效性研究聚焦于创新投入（研发支出）、创新产出（专利），对经济绩效（全要素生产率）的关注非常有限。本章从生产率方面分析了 R&D 补贴的有效性，为全面的 R&D 补贴有效性评估体系构建进行了积极的探索，使 R&D 补贴有效性的内涵更为周全。需要指出的是，研究笼统的政府补贴的生产率效应文献汗牛充栋，这些文献奠定了本书的理论基础，但专门针对 R&D 补贴的生产率研究则非常罕见。二是采用 CDM 模型全面揭示了 R&D 补贴影响生产率的作用机制。在 R&D 补贴背景下，企业的研发支出进而专利产出实为 R&D 补贴的函数，将 R&D 补贴与之并列，不仅与技术创新的逻辑不符，也会产生严重的内生性问题（Czarnitzki and Delanote，2017）。根据创新链的三个关键环节，本章渐次分析了 R&D 补贴对研发支出、研发支出对专利产出、专利产出对生产率的影响。与本章非常接近的 Howell（2017）采用 CDM 模型估计了中国工业企业政府补贴的生产率效应，但该文并非针对 R&D 补贴；彭红星和王国顺（2018）以高科技行业上市公司为样本研究 R&D 补贴的生产率效应，但没有揭示 R&D 补贴影响生产率的一系列中间作用机制。本章借鉴 CDM 模型对 R&D 补贴的生产率效应进行研究，弥补了以上两篇文献存在的不足。

本章结构安排如下：第二部分是文献回顾和理论假说，第三部分是研究设计，包括估计方法、模型所涉变量、数据来源和变量描述性统计，第四部分是实证结果与分析，最后是本章小结。

4.2 理论分析与研究假说

4.2.1 R&D 补贴对研发支出的影响

R&D 补贴对企业生产率的影响并非一蹴而就，它是以创新投入和创新产出为中介，最终作用于企业生产率。CDM 模型通过分析创新过程的不同阶段，代替直接估计研发支出和生产率之间的关系，打开了创新过程黑箱，捕捉了创新链的关键环节（Baumann and Kritikos，2016）。根据 CDM 模型的逻辑框架，R&D 补贴对企业生产率的影响渐次以研发支出、专利产出为中介，接下来按照这一逻辑分析 R&D 补贴影响企业生产率的作用机理。

企业的研发活动具有两个重要特征：一是不确定性，包括技术开发不确定及其产业化不确定，二是创新成果的外溢性，使企业的私人收益率远低于社会收益率（Grossman and Helpman，1991）。研发活动的不确定性使企业的研发投入面临较大的风险，风险规避型企业家从事高风险研发的激励不足；创新成果的外溢性使市场研发投入低于社会最优水平，从而导致 R&D 市场失灵（Arrow，1962）。R&D 补贴能降低企业的研发成本和风险、弥补私人收益和社会收益之间的裂隙而使研发有利可图，进而吸引企业投入更多的资金从事研发活动（白俊红，

2011)。同时R&D补贴所释放的信号效应(因补贴而获得潜在投资者、信贷机构的青睐),使研发项目能得到更多外部融资(王刚刚等,2017)。因而,R&D补贴预期将会激励企业增加研发支出。但R&D补贴的研发支出效应受制于以下两个因素。一是信息不对称产生的激励扭曲。政府和企业之间关于研发项目的信息不对称,使R&D补贴可能产生严重的代理问题。逆向选择方面,补贴发放者只能获得厂商创新方面的有限信息,难以区分项目好坏,企业可通过包装研发项目、发送虚假信号获取补贴,从而难以有效激励企业增加研发支出(安同良等,2009),"寻补贴"就是其集中表现(邵敏和包群,2012)。道德风险方面,R&D支出的50%用于科学家和工程人员的工薪支出,还有部分用于物理设施和装备支出(Hall,2002),这两类支出意味着经理人员能够运用R&D补贴使自身受益,从而降低研发支出激励效应。二是寻租产生的资源错配。政府补贴分配面临的政治压力,使那些本应由私人支出的研发项目改由公共资金来承担(David et al.,2000),从而对私人研发支出产生替代效应。而在制度环境不佳的地区,政治关联会加剧这一影响(余明桂等,2010)。

从相关实证研究来看,2000年之前的研究大多认为R&D补贴具有研发支出激励效应(David et al.,2000)。但这些研究普遍没有考虑R&D补贴的样本自选择性。校正样本选择偏误后,近2/3的文献仍支持这一观点(Zuniga – Vicente et al.,2014),但也有1/3的文献认为R&D补贴对企业研发支出具有挤出效应或没有显著影响。从中国样本的经验研究来看,无论是运用行业、地区还是企业层面数据,大部分研究也持肯定观点(如朱平芳和徐伟民(2003)、白俊红(2011)、陆国庆等(2014)),但持相反观点的文献也不少见,如张杰等(2015)、周亚虹等(2015)和Boeing(2016)。

4.2.2 R&D补贴下的研发支出对专利产出的影响

政府R&D资助不仅是为了刺激企业更多的研发投资,通过资助产生更多的创新产出亦是其主要目的之一(白俊红,2011)。创新产出有多种形式,如专利、新产品销售比重、高新技术产品出口比重等。专利是一个被广泛接受的技术绩效指标,以专利来测算创新产出的优势是易获得、可比较、高度标准化。专利生产函数中,研发支出是最重要的投入要素(Griliches,1990)。研发支出通过资本品的产生或升级形成新知识和新技术,进而带来专利产出增长(孙早和宋炜,2012)。理论上,研发支出越多,形成专利产出的概率越高(Pakes and Griliches,1982)。当R&D补贴能激励企业增加研发支出时,预期获得补贴的企业能生产更多的专利。

专利包括发明、实用新型和外观设计，三者的技术新颖性依次递减。尽管 R&D 补贴能激励企业增加专利数量，但在地方政府重专利数量轻专利质量的粗放型政绩观驱使下，专利质量难以得到保证。专利质量可用发明专利占专利总量的比重来衡量。在地方政府竞争的分权式发展逻辑主导下，随着自主创新上升为国家战略，专利亦成为地方政府竞争的砝码，但随之而来的专利泡沫、“僵尸专利”等为人所诟病。一方面，在补贴对象遴选上，地方政府更倾向于风险小、回报率高、市场前景好的项目，但该选择机制忽视了一大批对社会发展长期有益但短期回报较低的项目（Wallsten，2000）。而重大创新往往产生于私人回报与社会回报之间具有较大悬殊的领域（Hall and van Reenen，2000），这将会减少社会收益率高的发明专利涌现。另一方面，在专利竞赛中为占据竞争优势，地方政府将专利增长任务层层分解，并出台奖励性专利激励措施如经费补贴，企业为迎合政府目标，在显著增加专利申请和授权数的同时，也将一些低质量创新充斥其中，从而降低了专利质量（龙小宁和王俊，2015）。在重数量轻质量的粗放型专利激励体制下，R&D 补贴导致以增加创新数量为导向的策略性创新（非发明专利），而非推动技术进步和获取竞争优势的实质性创新（发明专利）（黎文靖和郑曼妮，2016）。因此，即便 R&D 补贴能增加专利数量，但难以提高专利质量。当然，如果 R&D 补贴不能激励企业增加研发支出，那么增加专利产出则无从谈起。

4.2.3　R&D 补贴下的专利产出对生产率的影响

全要素生产率（TFP）是指生产函数中各类要素（如资本、劳动力）投入所不能解释的产出，通常被用来反映要素的使用效率。影响 TFP 的因素主要包括两个方面，一是资源配置状况的改善，二是技术进步。R&D 补贴通过后一方式来影响生产率。CDM 模型指出，影响生产率的关键因素是创新产出（如专利）而非创新投入（如研发支出）（Crépon et al.，1998）。专利是企业创新能力的表征，是通过研发获得的技术知识。专利通过改善产品质量、降低生产成本、引入新产品和工艺流程、增加市场需求等途径来提升企业生产率（Mohnen and Hall，2013）。Griffith 等（2006）、Mairesse 和 Robin（2009）、Baumann 和 Kritikos（2016）等运用 CDM 模型对欧美国家的研究发现，研发支出通过增加专利或新产品产出、进而提升企业生产率。但运用 CDM 模型对中国样本的研究结论不一：Jefferson 等（2006）认为大中型企业研发支出激励的专利产出对生产率有积极影响，但 Boeing 等（2015）对中国上市公司的研究则发现，专利数量的大幅增加并没有转换为生产率提高。

与之相关的是，R&D 补贴经引致研发支出进而增加的专利产出能否提升企业生产率？为数不多的研究均持否定观点。Halpern 和 Muraközy（2010）采用 CDM 模型对匈牙利的研究发现，R&D 补贴能提高厂商从事研发活动的概率、提高研发强度，进而形成更多的产品和流程创新，但后者并没有转化为劳动生产率提升。而且，与没有获得补贴的厂商相比，被补贴厂商的生产率更低，这表明补贴效果偏离了政策初衷。Howell（2017）运用 CDM 模型对中国工业企业的研究发现，尽管公共补贴促进了研发支出和创新产出增加，但降低了企业生产率。该文将补贴分为 R&D 补贴和生产补贴，且认为生产补贴也是为了鼓励创新或高技术产品生产，从而将全部补贴视为 R&D 补贴。但在发展型政府主导下，政府分配给企业的补贴名目繁多，除 R&D 补贴外，还有生产、节能环保、出口、就业等诸多考量。因此，该文仍然是对笼统的政府补贴而非 R&D 补贴的生产率效应研究。

专利质量高低、专利转化机制顺畅与否，是专利转化为生产率提升的决定性因素。从专利质量来看，在中国专利数量激增的背后，专利的总体创新含量并未得到与之相称的提高（龙小宁和王俊，2015）。从专利转化来看，重大技术的商品化缺乏有效的激励机制和制度供给保障，如科技成果中介服务机构数量少、功能单一，提供信息服务不及时、不准确；科技成果转化难以从常规的商业渠道获得足够的资金支持（张杰等，2017）。当 R&D 补贴能引致企业增加专利数量，但如果专利质量不高，或者专利转化机制不畅如缺乏有效的专利转化市场或专利转化平台运转不畅，都可能导致专利产出无法有效地转化为生产率提升。

综上所述，根据 CDM 模型的逻辑框架，并结合中国 R&D 补贴的分配机制、专利生产机制及专利转化机制，提出以下待检验的对立假设：

假设 4－1（a）：R&D 补贴能引致企业增加研发支出、进而增加专利产出，但由于专利质量不高或专利转化不畅，最终难以提高企业生产率。

假设 4－1（b）：R&D 补贴不能引致企业增加研发支出，从而也就不能激励企业增加专利产出、提升生产率。

4.3 研究设计

4.3.1 估计方法：修正的 CDM 模型

本章借鉴 CDM 模型但又与之略有不同，修正的 CDM 模型由三个方程构成：与研发补贴决策相关的研发强度方程（标准 CDM 模型中为研发决策方程和研发强度方程，这里将之修正为 R&D 补贴决策方程和研发强度方程，是因为 R&D 补贴已经蕴含了研发决策）、基于研发强度的专利生产方程和基于专利的生产率方程。

联立方程估计面临的主要问题是选择偏误和联立性偏误。前者是指在研发强度方程中，获得 R&D 补贴的样本并非随机分布，而是具有自选择性。将研究样本仅局限于获得 R&D 补贴的厂商会产生样本选择偏误，从而导致估计有偏。后者是指前一方程的因变量是后一方程的回归元，前后两个方程中的不可观察因素可能相关，以及后两个方程中的核心解释变量与因变量之间互为因果、可能存在的遗漏变量既影响因变量也影响自变量等导致的内生性。对样本自选择性采用针对所有样本而非补贴样本的处理效应模型来克服，对内生性问题将以前一方程因变量的预期值作为工具变量（IV）进入下一个方程来解决。三个方程构成的递归系统将采用逐步估计法（equation-by-equation）① 分别进行回归。

4.3.2　CDM 模型所涉变量

4.3.2.1　研发强度方程

研发强度方程估计 R&D 补贴对企业研发支出的影响。相对于倾向评分匹配法（PSM）、双重差分法（DID）②，处理效应模型通过模型化研发补贴过程，对全部样本进行估计，反映的是 R&D 补贴对全部样本研发支出的影响，既有效克服了样本选择偏误，同时又以工具变量法克服了遗漏变量带来的内生性问题。研发强度方程即主方程如下：

$$rd_{it} = \gamma rdsubdum_{it} + \theta X_{it} + \varepsilon_{it} \quad (4-1)$$

式（4－1）中 rd 为结果变量研发强度，即研发支出占营业收入的比重。rd-

① 与逐步估计法相比，系统估计一般来说比更有效，但是它具有很强的外生性假设，即在系统的所有方程中，回归元都应与扰动项不相关。也就是说，该估计方法倾向于估计结果的稳健性而不是估计效率（Chudnovsky et al.，2006）。采用 CDM 模型的一系列论文中，笔者所见仅有 Mairesse 和 Robin（2009）采用系统估计，其余文献都是采用逐步估计法。但只要内生性和选择偏误以合理的方式处理，结果都具有稳健性（Mohnen and Hall，2013）。

② 克服样本自选择性的方法很多，文献中大多采用倾向评分匹配法（PSM）、双重差分法（DID）以及二者相结合的 DID－PSM。基本回归中没有采用 PSM 的原因是，PSM 估计的结果是额外研发支出，而这里希望得到的是预期的全部研发支出。DID 也不适用，是因为中国的 R&D 补贴项目繁多，无论是横向的不同职能部门的补贴项目，还是纵向的中央和地方政府补贴项目，都极为庞杂。加之企业的研发补贴信息披露不详，很难逐个甄别每一家样本企业（上市公司）获得的不同 R&D 补贴项目实施前后的信息。由于这些局限，估计结果更加稳健的 DID－PSM 方法也难以适用。

subdum 为处理变量，即企业是否获得 R&D 补贴的虚拟变量，X 为控制变量，ε_{it} 是误差项。处理变量由以下处理方程决定：

$$rdsubdum_{it} = \mathrm{I}(\delta Z_{it} + \varepsilon_{it}) \qquad (4-2)$$

式（4-2）中 $\mathrm{I}(\cdot)$ 为示性函数。其中，Z 为企业是否获得补贴的影响因素。Z 与 X 可以有重叠的变量，但 Z 中至少应有一个变量如 Z_1 不在 X 中。假定 $Cov(Z_1, \varepsilon)=0$，即 Z_1 影响企业是否获得补贴（*rdsubdum*），但不直接影响研发强度 *rd*，因而可将 Z_1 视为 *rdsubdum* 的工具变量。

X、Z 中相同的变量有两类，一类是厂商特征变量，另一类是外部环境变量，二者与本书 2.3.2 部分的协变量相同，唯一的区别在于规模变量（*size*、$size^2$）在主方程（4-1）中不再出现，是因为主方程的因变量研发强度已经考虑了规模因素的影响。同时，工具变量的选用与 2.5.1 部分相同，这里选用行业研发补贴（*secrdsub*）。

4.3.2.2 知识生产方程

知识生产方程估计预期的研发强度对专利产出的影响。与新产品销售等相比，专利申请在时间上更接近所进行的研发项目（Czarnitzki and Hussinger, 2018）。企业在申请专利时需要支付专利申请费，后者在一定程度上具有创新甄别效应，即只有专利申请可能被批准并有利可图时，专利申请人才愿意发生该项必要的费用支出，因而专利申请量（*patapp*）能较好地刻画创新产出（胡凯等，2012）。专利制度是鼓励创新、促进技术进步和传播的重要方式。与专利申请相比，专利公开（*patopen*）既是对专利质量的社会评价（专利申请只是自身评价），也是具有外溢性的技术传播形式，能够更好地度量创新产出。本文分别使用这两个指标来度量知识生产结果。

借鉴知识生产函数（Griliches，1990）、同时考虑 R&D 补贴的影响（Howell，2017），构造如下知识生产方程：

$$pat_{it} = \varphi rdsubdum_{it} + \lambda rd_{it}^{*} + \delta W_{it} + \varepsilon_{it} \qquad (4-3)$$

（4-3）式中，*pat* 为厂商的专利申请量（公开量）。rd_{it}^{*} 是（4-1）式因变量的预期值①，W 是控制变量，与（4-1）式中的控制变量相同，但不包括政治关联（*pc*）及其与制度环境的交叉项（$pc \times ins$）（Czarnitzki and Delanote，2015；Guo et al.，2016；Czarnitzki and Hussinger，2018）。此外，与（4-1）式不同的

① 本章回归中采用的是 R&D 流量而非存量，原因在于企业的研发信息披露有限，难以获得多年连续研发支出数据计算出 R&D 存量。即便勉强计算出 R&D 存量，其可信度也较差。但研究表明，采用 R&D 流量与 R&D 存量的估计结果没有本质区别（Crépon et al.，1998；Hu，2001）。

是，影响专利产出的制度环境突出表现为地区知识产权保护水平（*ipp*），这里以地区技术交易市场成交额占当地 GDP 的比重来度量（胡凯等，2012）。同时为考察知识产权保护下研发补贴虚拟变量对专利产出的影响，还构造了二者的交叉项（$ipp \times rdsubdum$）。由于因变量专利为非负整数，在估计时采用面板计数模型。

4.3.2.3　生产率方程

生产率方程估计预期的专利产出对全要素生产率的影响，即：

$$tfp_{it} = \varsigma rdsubdum_{it} + \lambda pat_{it}^{*} + \sigma S_{it} + \varepsilon_{it} \tag{4-4}$$

（4-4）式中，*tfp* 为全要素生产率。pat^* 为（4-3）式因变量的预期值。S 为控制变量，与（4-3）式基本相同（张杰等，2011；何光辉和杨咸月，2012；戴觅等，2014；Howell，2017）。不同的是，制度环境（*ins*）以分省企业经营环境指数来反映（王小鲁等，2013），这主要是考虑到影响 *tfp* 的制度环境不仅包括知识产权保护，还包括法治、对契约精神的尊重等反映政府质量维度方面的因素（刘明康和陈永伟，2016），而企业经营环境指数能综合反映这些方面。同时，还构造制度环境与 R&D 补贴虚拟变量的交叉项（$ins \times rdsubdum$）来分析不同制度环境下 R&D 补贴是否对生产率具有差别性影响。

此外，CDM 模型的三阶段估计都控制产业、地区、时间虚拟变量的影响（Czarnitzki and Licht，2006）。考虑时间滞后因素，除企业年龄（*age*）外其他变量都取滞后一期，既能在一定程度上拟合技术创新周期，又能有效减少内生性。

4.3.3　数据来源

研究样本为中国沪深两市制造业上市公司微观数据。样本财务数据来自国泰安数据库（CSMAR），但关键数据通过手工搜集整理得到：研发支出、研发补贴来源于上市公司年报，其识别方法分别见本书 2.3.2.1 和 2.3.2.2 部分；专利申请量（*patapp*）和专利公开量（*patopen*）来源于专业专利网站——佰腾网，通过逐个输入上市公司名称检索得到；全要素生产率通过计算得到。

全要素生产率（*tfp*）的测算方法有两种，分别为 OP 法（Olley and Pakes，1996）和 LP 法（Levinsoh and Petrin，2003）。二者的区别是，在企业受到外生生产率冲击时，调整何种要素投入以保持估计结果的一致性。前者以投资来调整，后者以中间投入来调整，相对而言后者更合理：一是部分企业的投资可以为 0，但中间投入一般会大于 0；二是相对于投资来说，中间投入能够更平滑地对生产率冲击做出反应。因此，本章优先采用 LP 法来计算 *tfp*（*tfp_lp*），并以 OP 法的计算结果（*tfp_op*）来进行稳健性检验。为减少异方差，对二者都取对数。

4.3.4 描述性统计

表4-1报告了变量描述性统计结果。获得R&D补贴与未获得R&D补贴的样本分别有4236个和717个。比较两类样本的均值可以发现，与未获得R&D补贴的企业相比，获得R&D补贴的企业其研发强度（*rd*）更高、专利（*patapp*、*patopen*）产出更多，同时全要素生产率（*tfp*）（以LP法测算）也更高。但由于R&D补贴的自选择性，不能据此就认为补贴能产生显著的生产率提升效应。接下来采用多种能克服样本自选择性的方法进行经验分析。

表4-1　　　　获得与未获得R&D补贴样本的均值差异

变量	获得补贴（*rdsubdum*=1）			未获得补贴（*rdsubdum*=0）			均值差异的显著性
	观察值	均值	标准误	观察值	均值	标准误	
tfp	4182	1.8260	0.0079	708	1.7763	0.0211	-2.3674**
rd	3738	0.0393	0.0006	472	0.0211	0.0010	-10.8790***
patapp	4236	34.8869	1.9769	717	18.0642	2.3555	-3.4317***
patopen	4236	30.3031	1.4583	717	16.80614	2.200536	-3.6891***
fc	4225	0.0341	0.0030	715	0.0270	0.0052	-0.9330
size	3333	7.5397	0.0188	520	7.8163	0.0536	5.3078***
$size^2$	3333	58.0255	0.2941	520	62.5824	0.8448	5.5854***
age	4236	2.4764	0.0065	717	2.5295	0.0142	3.1567***
history	4236	0.8364	0.0057	717	0.5914	0.0184	-15.5610***
capint	4230	12.2953	0.01338	716	12.5455	0.0369	6.9733***
owner	4236	0.3253	0.0072	717	0.4575	0.0186	6.9187***
HHI	4232	0.2123	0.0003	717	0.2090	0.0005	-4.1442***
export	4236	0.7583	0.0066	717	0.5732	0.0185	-10.4503***
pc	4236	0.4155	0.0076	717	0.3849	0.01818	-1.5375
ins	4236	1.1335	0.0006	717	1.1239	0.0014	-6.3277***
pc×*ins*	4236	0.4715	0.0086	717	0.4338	0.0205	-1.6713*
ipp	4236	0.0130	0.0004	717	0.0126	0.0011	-0.3276

注：（1）最后一列中，数值为T统计量，***、**、*分别为1%、5%、10%水平上显著。（2）因部分样本数据缺失，致使获得补贴和未获得补贴样本之和小于5460。

4.4 实证结果与分析

4.4.1 基准分析：CDM 模型估计

采用逐步回归方法，对 CDM 模型的三阶段回归结果见表 4 – 2。与 Griffith 等研究结果（2006）一致，CDM 模型用于分析所有的厂商，而非仅报告了研发支出的厂商。这一假设是基于这样一个事实：所有厂商都会进行某种创新努力，但并非都报告了这种研发努力。事实上，研究的全部样本中，除部分数据缺失外，报告研发支出的样本为 4601 个，占全部样本的比例为 84%。

表 4 – 2 中前两列是第一阶段以处理效应模型来估计 R&D 补贴的研发支出效应。第 1 列为处理方程，工具变量行业研发补贴（*secrdsub*）在 10% 水平上显著影响企业获得 R&D 补贴的概率。第 2 列为主方程，研发补贴虚拟变量（*rdsubdum*）在 1% 水平上显著影响企业的研发强度，即与没有获得补贴的企业相比，获得补贴的企业其研发强度更高，R&D 补贴产生了显著的研发支出激励效应。这与诸多研究结论一致（见 Dimos 和 Pugh（2016）对该领域近期文献的综述）。

控制变量中，既往研发成功的经历（*history*）既有助于企业获得研发补贴，也显著提高企业的研发强度。有出口倾向（*export*）的企业获得补贴概率越高，但并不利于增加研发强度，是因为出口倾向是强研发能力信号，有助于政府甄别补贴申请者。但是，由于中国出口产品增加值低、技术含量低（Koopman et al.，2012），出口倾向并不能带来相应的研发支出增加。制度环境（*ins*）对企业获得 R&D 补贴的概率没有显著影响，但影响企业的研发强度，则是因为制度环境越好的地区，市场配置资源的功能更突出，对研发补贴不甚敏感。而为了在市场竞争中取胜，企业必须开展更多研发活动。政治关联（*pc*）有助于企业获得 R&D 补贴，但降低研发强度，政治关联与制度环境的交叉项（$pc \times ins$）分别对企业获得补贴的概率和研发强度具有正向和负向影响，则证实了政治关联的寻租假说（余明桂等，2010）。对样本内生性的似然比检验拒绝了 R&D 补贴外生的原假设（卡方值对应的 p 值为 0），表明采用两步法是合适的。

第 3、4 列是以专利产出为因变量、采用面板负二项回归[①]的第二阶段估计结果。第 3 列以专利申请为因变量。研发强度以上一阶段回归结果的预期值（rd^*）

① 经 Hausman 检验，适用随机效应模型。

进入方程（5-3），其对专利申请的影响在1%水平上显著为正，系数为5.6956，即研发强度提高1个百分点，将会使专利申请增加5.6956个百分点。核心解释变量R&D补贴虚拟变量（*rdsubdum*）对专利申请的影响也在5%水平上显著为正，即与没有获得补贴的企业相比，获得补贴的企业其专利申请更多。其原因是，知识生产函数认为，研发投入是影响专利产出的主要因素，获得补贴的企业（相对于没有获得补贴的企业）在第一阶段的研发投入更多，相应的，在第二阶段也会形成更多的专利产出（Czarnitzki and Delanote，2015）。知识产权保护与R&D补贴虚拟变量的交叉项（$ipp \times rdsubdum$）尽管为正但不显著，则表明在创新产出上，知识产权保护未能与R&D补贴形成交互加强效应。

控制变量中，公司规模（*size*、$size^2$）对专利申请的影响呈U形，原因在于，企业规模较小亦即企业处于起步阶段时，技术水平较低，通过学习和模仿，创新投入的边际创新产出较高；而当企业规模较大时，创新投入的规模经济效应发挥作用，创新产出呈加速态势，如中国的创新巨人华为、中兴等。相对而言，处于中间规模阶段的创新产出会比较低。企业年龄（*age*）的影响显著为负，意味着随着企业年龄增加其专利申请将会降低。这可能是因为年龄越大，企业会趋于守成，研发动力减缓。企业的研发活动历史（*history*）具有显著的正向影响，证实了创新惯性假说（董雪兵和史晋川，2006）。所有制（*owner*）的影响显著为正，则表明国有企业在专利申请上具有一定优势，这与国有企业的研发能力、国企负责人的绩效考核等有关（余明桂等，2016）。出口倾向（*export*）的影响显著为正，是因为出口企业面临更激励的国际竞争，为占据一席之地，需要不断地创新。似然比检验卡方值对应的p值为0，表明采用随机效应面板负二项回归模型是合适的。

第4列以专利公开为因变量。研发补贴虚拟变量（*rdsubdum*）的影响尽管为正但不显著，这与第3列不同。这是因为专利公开的实质是以技术公开获得一定保护期的独占收益，在公开期内如果专利被侵权，专利权人只能诉诸专利法加以维权。通过权衡公开后专利权受到有效保护的风险，专利权人决定是否公开，此时，公开与否在很大程度上就取决于知识产权保护水平。也就是说，与专利申请相比，专利公开对知识产权保护更为敏感。因而，只有当知识产权保护水平达到一定门槛时，R&D补贴引致的研发支出才会形成专利公开增量。这意味着当前我国的专利保护尚未达到这一水平①。间接支持这一观点的证据是，研发支出预

---

① 支持该观点的证据是，在2017中国知识产权保护高层论坛上，国家知识产权局局长申长雨指出，“当前中国知识产权保护‘取证难、周期长、成本高、赔偿低、效果差’的状况尚未根本好转，需要立足国家经济社会发展的现实和社会公众的期待，进一步加大知识产权保护力度。”见：王康．2017中国知识产权保护高层论坛在京举办，知识产权报，2017-4-20.

期值（rd^*）对专利公开的影响尽管也在 1% 水平上显著为正，但其影响系数与第 3 列相比则要低。这也有助于解释为什么第 3、4 列中知识产权保护与 R&D 补贴虚拟变量的交叉项（$ipp \times rdsubdum$）为正但不显著，即由于知识产权保护水平较低，其不足以改善 R&D 补贴的专利效应。控制变量中具有显著性影响的因素与第 3 列完全相同，不再赘述。

第 5、6 列是以 LP 法估计的 *tfp* 为因变量、分别以第 3、4 列专利申请和专利公开的预期值（pat^*）为自变量的第三阶段回归结果①。第 5 列中，专利预期值（pat^*）对 *tfp* 影响为负但不显著，这一结果比较令人意外。专利预期值（pat^*）未能产生预期的生产率效应，说明专利质量不高或专利转化率低。专利质量不高表现为具有技术新颖性和创新性的发明专利占比低。近年来中国的专利申请量强劲增长，规模以上工业企业专利申请数从 2009 年 265808 件上升到 2013 年 560918 件，年均增长 16.11%。但 2009～2013 年，样本企业发明专利申请占专利申请总数的 38.70%，发明专利公开占专利公开总数的 35.74%，近 2/3 的专利为技术创新程度较低的实用新型和外观设计。专利转化率低表现为有效专利占比低②。《2014 年度中国有效专利年度报告》显示，发明、实用新型和外观设计的平均维持年限分别为 3.8 年、3.5 年、3.2 年，而达到法定维持年限的三类专利占比分别仅为 0.02%、1.1%、0.5%。而从直观反映专利使用率的专利许可实施率来看，2012～2014 年，签订专利许可合同的专利仅占授权专利的 2%。也就是说，绝大多数专利权人放弃了专利保护权，或者说绝大多数专利没有真正投入使用。专利权人之所以放弃专利权或专利没有投入使用，是因为继续维护该专利权得不偿失，或这些专利无助于企业的生产率或竞争力提升。而之所以近年来会出现“专利井喷”③，一方面是因为政策诱导，如名目繁多的科技项目申请、高新技术企业认定等均对专利保有量有硬性规定，以及地方政府对专利奖励侧重于数量而非质量。另一方面则与地方专利竞赛有关。专利是显示地方政府政绩的一个重要指标，在“GDP 政绩观”指引下，地方政府层层分派专利增长任务，并辅以专利申请补贴④，企业与地方政府实现了“双赢”的专利增长目标。但专利质量低、专利转化率低，则使专利奖励沦为一种低效率的公共资金配置。因此，

---

① 经 Hausman 检验，适用随机效应模型。

② 有效专利是指专利申请被授权后，仍处于有效状态的专利。专利处于有效状态的条件一是该专利权还处在法定保护期限内（发明、实用新型和外观设计的有效期分别为 20 年、10 年、10 年），二是专利权人需按逐年缴纳年费。

③ 当然，也不排除部分创新能力突出的企业既有层出不穷的专利申请和授权，同时也实现了生产率的提升，如专利大户华为、中兴、腾讯等企业。这些企业每年在美国专利商标局（USPTO）的专利申请位居全世界前列，但整体而言，在国外申请专利、具有国际认可度的高质量专利大户还非常有限。

④ 袁晓彬．中国专利大跃进：数量井喷质量低劣，http：//view.163.com/，2014－6－24.

如何提高专利质量、促进技术成果转化是改善专利生产率效应所面临的迫切问题。

R&D 补贴虚拟变量（*rdsubdum*）对 *tfp* 的影响为正但也不显著，表明 R&D 补贴也无助于企业生产率提升。结合前两阶段的分析来看，即获得 R&D 补贴的企业在第一阶段有更高的研发强度、在第二阶段有更多的专利申请，但在第三阶段，其生产率与没有获得 R&D 补贴的企业没有显著区别。由于专利预期值（pat^*）对 *tfp* 的影响不显著归于专利质量不高或专利转化率低，可以推测，获得 R&D 补贴的企业在专利质量、专利转化率上，与没有获得 R&D 补贴的企业也没有显著区别。专利转化率低源于技术创新的市场导向机制尚未根本建立，这是所有专利都面临的问题。而 R&D 补贴所形成的专利质量不高则是提高 R&D 补贴的有效性需要针对解决的问题。获得 R&D 补贴的企业其专利质量不高，根源在于 R&D 补贴资金配置出现错位。补贴的经济合理性在于补贴对象的边际社会收益高于边际私人收益。R&D 补贴的初衷是激励企业从事具有重大突破性、强技术外溢性的研发项目。但现实中 R&D 补贴配置并非完全如此。中国的 R&D 补贴项目林林总总，但大多为应用研究，而应用研究的技术外溢性显然低于基础研究、共性研究、前瞻性研究。重大技术创新往往产生于私人回报与社会回报相差较为悬殊的领域，但 R&D 补贴项目并没有设置相应的技术外溢性要求，这就不可避免地会降低 R&D 补贴项目的创新产出质量，如专利技术新颖度不高、发明专利占比低等。与之相关的因素还包括 R&D 补贴分配中存在的事前逆向选择（安同良等，2009）和事后道德风险（张杰等，2011），比如不具备研发能力的企业通过寻租获得补贴、将研发补贴资金挪作他用或作为营业收入的重要来源，这些机会主义行为都会使 R&D 补贴偏离生产率提升方向。支持这一观点的证据是，Howell（2015）对中国的研究发现，较少的政府补贴有助于改善厂商的生产率，而更多的补贴则具有负效应。本章的假说 4－1（a）得到了证实。这表明，中国的 R&D 补贴也面临“欧洲悖论”的困境。所谓“欧洲悖论”是指欧洲创新体系在基础研究、主要由公共 R&D 支出激励的研发支出是有效的，但在创新产出上（无论是技术方面还是商业化方面）是低效的（Hammadou et al.，2014）。追根溯源，改善 R&D 补贴的生产率效应首先需要调整其分配和治理机制。

制度环境（*ins*）及其与研发补贴虚拟变量的交叉项（$ins \times rdsubdum$）对 *tfp* 的影响均不显著。之所以会出现这一结果，可能是因为现行制度环境滞后于生产率提升所要求的水平。全要素生产率进步来源于两个方面，一是资源配置状况的改善，二是技术进步。对正处于工业化阶段的国家来说，产业间资源配置对 *tfp* 提升更为显著。对接近技术前沿的经济体来说，自主研发对 *tfp* 提升更为重要（刘明康和陈永伟，2016）。但当前中国产业间资源配置不合理状况更为突出，集中表现为能源工业部门、基础材料工业部门和成品和半成品部门间的“交叉补贴”循环，实际上是一个严重的资源错配问题，它是和不公平竞争、要素价格扭曲以及各种形式的补贴联系在一起的（伍海鹰，2013）。扭曲的市场、价格和资源配置实际上都是制度环境不佳的体现。而技术进步对生产率提升的贡献小，在当前海量专利申请背景下，则因研发成果转化率低。而研发成果转化率低则源于技术创新的市场导向机制尚未根本建立，如企业的技术创新在研发方向、资源配置和经费使用、项目评审以及成果评价和应用等方面，尚未充分发挥市场的导向作用，因此会出现专利闲置、“僵尸专利”等怪相。显然，技术创新的市场导向机制也从属于制度环境范畴。因此，无论是资源配置状况的改善还是技术进步，在根本上都与地区制度环境休戚相关。同时，在前期（2001～2007 年）生产率已经有较大提升基础上，进一步提升全要素生产率会对地区制度环境改善提出更高的要求。但事实上，2009～2013 年，企业经营环境指数改善极为有限，部分年份的部分指标甚至出现倒退（如 2010 年政府行政管理和企业经营的法制环境出现退步）（王小鲁等，2013）。由于制度环境整体不佳，加之 R&D 补贴的错配，以及二者的叠加影响，使得即便是在制度环境相对较好的地区，R&D 补贴也难以对生产率产生积极影响。

其他控制变量中，融资约束（*fc*）越小，越有利于生产率提升，企业规模（*size*、$size^2$）与生产率之间呈 U 形分布，既往成功研发历史（*history*）能产生创新惯性，提升企业生产率，而所有制（*owner*）则表明非国有控股企业有更高的生产率，这些影响与既往的很多研究结论一致（Hu，2001；张杰等，2011；何光辉和杨咸月，2012）。而出口倾向（*export*）阻碍了生产率提升，则可能反映了出口中大量的加工贸易致使出口企业的生产率低于非出口企业这一现实（戴觅等，2014）。第 6 列回归结果与第 5 列相似，不再赘述。

因此，CDM 模型研究表明，R&D 补贴能激励厂商提高研发强度、进而增加专利产出，但没有带来相应的生产率提升。假说 4－1（a）得到了证实。其原因是获得补贴的企业其专利产出也面临质量不高、转化率低的制约。专利转化率低源自技术创新的市场化导向机制尚未根本建立，而 R&D 补贴引致的专利质量不高则源于补贴资金配置出现错位。因此，提高 R&D 补贴的生产率，除了需要构建技术创新的市场化导向机制以提高专利转化率，更需要从根本上优化 R&D 补贴资金配置，以从根源上为提高专利质量奠定基础。

表 4-2　　R&D 补贴影响企业生产率的 CDM 模型估计结果

变量	Stage 1：研发方程		Stage 2：知识生产方程		Stage 3：效率方程	
	rdsubdum (1)	*rd* (2)	*patapp* (3)	*patopen* (4)	*tfp* (5)	*tfp* (6)
rdsubdum		0.0425 *** (0.0027)	0.1758 ** (0.0751)	0.0857 (0.0714)	0.7392 (1.1262)	0.7445 (1.1263)
rd *			5.6956 *** (1.6025)	4.7782 *** (1.5116)		
pat *					−0.0209 (0.0228)	−0.0097 (0.0140)
ins	−1.4159 (1.2818)	0.0430 ** (0.0199)			1.4264 (0.9940)	1.4368 (0.9939)
ipp			−2.4312 (2.4231)	−2.0003 (2.3719)		
ipp × *rdsubdum*			1.6294 (2.4908)	1.3406 (2.4090)		
ins × *rdsubdum*					−0.6263 (1.0079)	−0.6351 (1.0080)
fc	0.0816 (0.1759)	0.0045 (0.0029)	−0.1070 (0.1313)	−0.1478 (0.1232)	0.2359 ** (0.0955)	0.2352 ** (0.0955)
size	−0.3898 (0.2610)		−0.5222 ** (0.1430)	−0.7419 *** (0.2368)	−0.4955 *** (0.1366)	−0.4899 *** (0.1363)
$size^2$	0.0174 (0.0164)		0.0550 *** (0.0154)	0.0680 *** (0.0150)	0.0345 *** (0.0087)	0.0339 *** (0.0086)
age	−0.0154 (0.0949)	−0.0083 *** (0.0016)	−0.1363 * (0.0792)	−0.0939 (0.0784)	−0.0790 (0.0500)	−0.0757 (0.0497)
history	0.2847 *** (0.0732)	0.0057 *** (0.0016)	1.4749 *** (0.0837)	2.5001 *** (0.0979)	0.0954 ** (0.0379)	0.0929 ** (0.0379)
capint	−0.0348 (0.0405)	−0.0047 *** (0.0007)	−0.0226 (0.0320)	0.0335 (0.0317)	−0.0152 (0.0195)	−0.0147 (0.0194)
owner	0.0842 (0.0805)	−0.0067 *** (0.0014)	0.1533 ** (0.0665)	0.1361 ** (0.0656)	−0.1326 *** (0.0368)	−0.1338 *** (0.0368)

续表

变量	Stage 1：研发方程		Stage 2：知识生产方程		Stage 3：效率方程	
	rdsubdum (1)	*rd* (2)	*patapp* (3)	*patopen* (4)	*tfp* (5)	*tfp* (6)
HHI	2. 9369 (25. 4271)	-0. 0209 (0. 0304)	10. 3241 (15. 1004)	10. 5075 (14. 6423)	7. 1363 (10. 2416)	7. 6984 (10. 2037)
export	0. 2791 *** (0. 0744)	-0. 0029 ** (0. 0014)	0. 1155 * (0. 0619)	0. 1468 ** (0. 0607)	-0. 0944 ** (0. 0371)	-0. 0959 ** (0. 0370)
pc	4. 5532 ** (1. 9905)	-0. 0673 * (0. 0384)				
pc × ins	4. 0531 ** (1. 7660)	-0. 0637 * (0. 0340)				
secrdsub	0. 0982 * (0. 0593)					
行业	控制	控制	控制	控制	控制	控制
地区	控制	控制	控制	控制	控制	控制
年度	控制	控制	控制	控制	控制	控制
Wald chi^2 (*p-value*)		507. 96 (0. 0000)	950. 70 (0. 0000)	1221. 88 (0. 0000)	229. 12 (0. 0000)	228. 79 (0. 0000)
Likelihood - ratio chi^2 (*p-value*)		143. 83 (0. 0000)	1738. 01 (0. 0000)	1688. 04 (0. 0000)		
R - sq					0. 1944	0. 1945
obs	3420	3420	2685	2685	1542	1542

注：*Wald chi*^{2}（*p-value*）是模型总体拟合度的卡方值及对应的 *p* 值。*Likelihood-ratio chi*^{2}(*p-value*）是模型适用性检验的 LR 值及对应的 p 值。回归中除自变量公司年龄（*age*）外其他因素都取滞后一期，导致后两个方程中的观察值依次递减。*** 、** 、* 分别为 1% 、5% 、10% 水平上显著。

4. 4. 2　稳健性检验

4. 4. 2. 1　一步法：PSM 检验

获得 R&D 补贴的样本具有自选择性。处理样本自选择带来的内生性问题，常见的思路是采用反事实框架，在本书中，即比较样本企业获得补贴时的生产率与没有获得补贴时的生产率，得到个体处理效应。运用该框架的基本方法是倾向评分匹配法（PSM）。PSM 估计所涉变量包括三类：处理变量、结果变量和协变量。处理变量为 R&D 补贴虚拟变量（*rdsubdum*），结果变量为企业的全要素生产率（*tfp*），协变量与方程（4－2）中的控制变量相同（Czarnitzkia and Delanoteb，2015；Honorè and Munari，2015；Freitas et al.，2017）。产业、地区和时间虚拟变量设置、变量滞后期的设置等均与 CDM 模型相同。

表 4－3 是以 LP 法测算的全要素生产率为结果变量、采用不同匹配方法得到的 R&D 补贴的生产率效应估计结果。表 4－3 中，不同匹配方法下处理组的平均全要素生产率相同（因为获得 R&D 补贴的样本相同），而控制组的平均全要素生产率略有差异（尽管样本数相同，但不同匹配方法下的控制组样本略有差异），但无论采用哪一种匹配方法，所得到的平均处理效应均不显著。也就是说，获得 R&D 补贴企业的全要素生产率与未获得补贴的企业并没有显著区别，R&D 补贴并没有带来生产率提升效应。

表 4－3　R&D 补贴的生产率效应（*tfp_lp*）PSM 估计结果

匹配方法	处理组		控制组		差异值
	均值	样本数	均值	样本数	
K 近邻匹配（$k=1$）	1.7809	3282	1.7648	512	0.0160（0.0498）
K 近邻匹配（$k=4$）	1.7809	3282	1.7592	512	0.0217（0.0446）
卡尺内近邻匹配	1.7809	3282	1.7590	512	0.0219（0.0447）
半径匹配	1.7809	3282	1.7691	512	0.0119（0.0428）
核匹配	1.7809	3282	1.7866	512	－0.0058（0.0388）

注：最后一列的差异值为处理组和控制组均值之差即平均处理效应，括号内的值为其标准误。下同。

仍然采用 PSM 方法、以 OP 法测算的全要素生产率（*tfp_op*）为结果变量，对 R&D 补贴的生产率效应检验结果见表 4－4。无论采用哪一种匹配方法，处理组的平均全要素生产率相同，控制组的平均全要素生产率也很接近，但二者之差即平均处理效应无一显著，这与表 4－3 的估计结果是一致的。R&D 补贴不具有显著的生产率效应假说再次得到证实。

表 4－4　　R&D 补贴的生产率效应（*tfp_op*）PSM 估计结果

匹配方法	处理组		控制组		差异值
	均值	样本数	均值	样本数	
K 近邻匹配（$k=1$）	0.2367	3253	0.1954	505	0.0413（0.0440）
K 近邻匹配（$k=4$）	0.2367	3253	0.2189	505	0.0178（0.0384）
卡尺内近邻匹配	0.2367	3253	0.2190	505	0.0177（0.0384）
半径匹配	0.2367	3253	0.2191	505	0.0176（0.0357）
核匹配	0.2367	3253	0.2452	505	－0.0085（0.0321）

4.4.2.2　两步法：PSM＋GMM 检验

借鉴 Baghana（2010）进一步采用两步法来揭示 R&D 补贴的生产率效应作用机制。其思路是 R&D 补贴会影响企业的研发支出，进而影响企业的生产率。与 CDM 模型不同的是，两步法将 CDM 模型的后两步合并为一步来分析，意在分析 R&D 补贴引致的研发支出是否对生产率具有提升效应，该方法也能够间接地揭示 R&D 补贴对企业生产率的作用过程。

首先采用 PSM 方法估计 R&D 补贴的研发支出效应，得到 R&D 补贴引诱的额外研发支出效应（*Rdsub*）和反事实效应（*Rdc*），后者是指没有补贴时企业也会发生的研发支出。表 4－5 报告了不同匹配方法下 R&D 补贴的研发支出效应。从表 4－5 来看，不同匹配方法下处理组的研发支出强度相同，控制组的研发支出强度略有差异，但不同匹配方法下的平均处理效应极为接近，介于 0.0097～0.0111（均值为 0.0104），且均在 1% 水平上显著。因而，R&D 补贴能产生显著的研发支出激励效应（*Rdsub*），且该激励效应占企业总研发支出强度的 26.33%①。同时，以每个企业的研发强度（*rd*）减去其研发支出激励效应（*Rd-*

① 0.0104/0.0395＝26.33%。

sub)（当企业没有获得补贴时其激励效应为0），就得到了反事实效应（*Rdc*）①。

表4-5　　R&D补贴激励研发支出的PSM估计结果

匹配方法	处理组		控制组		差异值
	均值	样本数	均值	样本数	
K近邻匹配（$k=1$）	0.0395	3050	0.0287	370	0.0108***（0.0024）
K近邻匹配（$k=4$）	0.0395	3050	0.0298	370	0.0097***（0.0020）
卡尺内近邻匹配	0.0395	3050	0.0298	370	0.0097***（0.0020）
半径匹配	0.0395	3050	0.0288	370	0.0107***（0.0019）
核匹配	0.0395	3050	0.0284	370	0.0111***（0.0018）

注：***为在1%水平上显著。

接下来以R&D补贴对研发支出的激励效应和反事实效应为自变量，分析其对产出的影响。构建如下扩展的C-D函数：

$$Q_{it}=Ae^{\lambda_t}K_{it}^{\alpha}L_{it}^{\beta}Rdsub_{it}^{\gamma'}Rdc_{it}^{\gamma''}e^{\varepsilon_{it}} \tag{4-5}$$

（4-5）式中，Q是不含中间投入的增加值（产出），A是常数项，K是物质资本，L是劳动力，*Rdsub*是R&D补贴引诱的研发支出（包括研发补贴本身），*Rdc*是反事实研发支出，λ是技术变迁比例因子，α、β、γ'、γ''分别是产出对物质资本、劳动力、R&D补贴引诱的研发支出、反事实研发支出的弹性，ε是误差项。由于PSM方法得到的估计结果是研发强度（相对数），还必须对（4-5）式进行必要的变形以与之相一致。对（4-5）式两边取对数、然后同时减去劳动力的对数（ln$l$），并令$\theta=\alpha+\beta-1$，得到：

$$\Delta(q_{it}-l_{it})=\lambda+\alpha\Delta(k_{it}-l_{it})+\theta\Delta l_{it}+\rho'\left(\frac{Rdsub_{it}}{Q_{it}}\right)+\rho''\left(\frac{Rdc_{it}}{Q_{it}}\right)+\upsilon_{it} \tag{4-6}$$

（4-6）式中，$\Delta(q_{it}-l_{it})$为劳动生产率增长率，$\Delta(k_{it}-l_{it})$为人均资本增

① 事实上，这一部分估计结果与表2-4中以总研发支出强度为结果变量的估计结果相同。

长率，Δl_{it} 为劳动力增长率，$Rdsub_{it}/Q_{it}$ 为 R&D 补贴引诱的研发支出占营业收入比重，Rdc_{it}/Q_{it} 为反事实研发支出占营业收入比重。此外，还控制制度环境、融资约束、企业规模、公司年龄、所有制以及出口倾向等因素的影响（张杰等，2011；何光辉和杨咸月，2012；Cappelen 等，2012；戴觅等，2014）。需要说明的是，物质资本（K）以不包含研发投入的资本投入、采用永续盘存法估算，并折算为以 2009 年为基期的现值。劳动力（L）则扣除研发人员数。将两类研发投入分别从资本和劳动力中扣除是为了控制研发投入对增加值的影响。

表 4 -6 报告了（4 -6）式的估计结果。第 1、2 列是采用 OLS、分别不控制与控制行业、地区、年度虚拟变量的回归结果。可以看出，影响生产率增长的主要因素是资本（$\Delta(k-l)$）和劳动力投入（Δl），二者分别具有积极和消极影响，而补贴引诱的研发支出（$Rdsub/Q$）和反事实研发支出（Rdc/Q）则没有对生产率产生显著影响。（4 -6）式中，由于两类研发支出与生产率具有相互决定的内生性，进一步采用能消除变量内生性的 GMM 进行估计。第 3、4 列表明，补贴引诱的研发支出（$Rdsub/Q$）并没有促进生产率提升，制度环境（ins）的影响也不显著。唯一显著的因素是劳动力投入（Δl），且劳动力投入的增加将会降低生产率增长速度。这就表明，劳动生产率的增长仍然属于要素驱动型，技术驱动型增长模式尚未形成。此外，劳动生产率的滞后项（$\Delta(q-l)_{t-1}$）对劳动生产率的影响在 1% 水平上显著为负，表明劳动生产率存在递减的趋势，这一发现与伍海鹰（2013）对中国工业部门全要素生产率的估计结果是一致的。因此，两步法估计也表明，研发补贴没有显著改善企业的生产率。

表 4 -6　　R&D 补贴引诱的研发支出的生产率效应

变量	OLS		GMM	
	(1)	(2)	(3)	(4)
$\Delta(q-l)_{t-1}$			-0.1767*** (0.0539)	-0.1580*** (0.0532)
$Rdsub/Q$	1.1752 (9.5311)	0.5883 (9.6642)	-12.3223 (30.6875)	-30.2347 (63.4189)
Rdc/Q	-1.8908 (15.5541)	-6.8692 (16.0087)	-45.0075 (34.7931)	-83.0095 (101.7432)
ins	0.1259 (0.4550)	-0.3426 (0.5175)	-0.0006 (0.1458)	-2.5203 (3.0216)

续表

变量	OLS		GMM	
	(1)	(2)	(3)	(4)
$(Rdsub/Q)\times ins$	-1.0260 (8.4229)	-0.6456 (8.5321)	9.6066 (27.3929)	25.0073 (56.6534)
$(Rdc/Q)\times ins$	2.2633 (13.7941)	6.4441 (14.1713)	38.6074 (30.9961)	72.1717 (90.4774)
$\Delta(k-l)$	0.0634** (0.0307)	0.0657** (0.0309)	-0.0152 (0.0401)	-0.0093 (0.0403)
Δl	-0.7517*** (0.0411)	-0.7556*** (0.0414)	-0.7605*** (0.0700)	-0.7815*** (0.0694)
age	0.0101 (0.0255)	-0.0097 (0.0262)	0.0577 (0.0585)	-0.0154 (0.0513)
owner	-0.0100 (0.0196)	0.0032 (0.0205)	-0.1787 (0.1408)	-0.0433 (0.1486)
export	-0.0249 (0.0200)	-0.0215 (0.0213)	0.0643 (0.1012)	-0.0190 (0.1042)
行业	不控制	控制	不控制	控制
地区	不控制	控制	不控制	控制
年度	不控制	控制	不控制	控制
$Wald\ chi^2/F$ (*p-value*)	700.01 (0.0000)	747.49 (0.0000)	43.92 (0.0000)	10.84 (0.0000)
$R-sq$	0.2410	0.2559		
AR(1)			0.0000	0.0000
AR(2)			0.4770	0.5620
Sargan test			0.3560	0.3480
obs	2216	2216	2183	2183

注：误差项一阶序列相关和二阶序列相关检验值（AR（1）、AR（2）），以及工具变量的过度识别约束（Sargan test）均报告的是p值。第3、4列回归中被解释变量滞后项的影响系数均介于混合回归和固定效应模型的估计结果之间，方程通过了残差相关性检验（AR（2））和工具变量的过度识别检验（Sargan test，Hansen test），工具变量的个数介于回归元个数和截面数之间，因此，GMM估计结果是有效的。***、**、*分别为1%、5%、10%水平上显著。

4.5

本章小结

创新驱动发展已成为当今中国的优先发展战略。创新驱动发展的标志是全要素生产率提升成为经济增长的核心动力。为推进创新驱动发展战略实施，近年来中国对企业的 R&D 补贴逐年增加，但 R&D 补贴是否产生了预期的生产率效应，在理论上尚未得到正面回答。本章采用上市公司微观数据、运用能揭示 R&D 补贴影响企业生产率作用机制的 CDM 模型，实证检验了这一鲜为关注的重大问题。

运用 CDM 模型研究发现，R&D 补贴能激励企业提高研发强度、进而增加专利产出，但由于 R&D 补贴分配错位以及面临的逆向选择和道德风险问题、技术创新的市场导向机制尚未建立，使 R&D 补贴激励的专利产出也没有逃脱专利质量不高和专利转化率低的窠臼，R&D 补贴并未显著提升企业生产率。进一步采用一步法（PSM）也发现，相对于没有获得补贴的企业而言，R&D 补贴并未产生额外的生产率效应。而采用两步法（PSM + GMM）的稳健检验也发现，尽管 R&D 补贴能激励研发支出，但研发支出并不能显著促进生产率提升。因此，从短期来看，中国的 R&D 补贴对于提升企业生产率乏善可陈，中国的 R&D 补贴面临“欧洲悖论”的困境。

第5章

R&D税收激励与企业研发支出

5.1 引　言

技术创新是经济增长的源动力（Schumpeter，1939），是影响长期经济增长的决定性因素（Romer，1986）。技术创新源自存量 R&D 积累和增量 R&D 投入（Grossman and Helpman，1991）。企业的 R&D 活动具有两个重要特征：一是不确定性，包括技术开发不确定和产业化不确定；二是外溢性，即 R&D 成果以知识或技术形式扩散，致使企业的私人收益率远低于社会收益率（Arrow，1962）。R&D 的不确定性使企业的研发活动面临较大的风险，风险规避型企业家从事高风险研发项目的激励不足；R&D 成果的外溢性导致企业研发投入低于社会最优水平，形成 R&D 市场失灵。社会次优的 R&D 投入需要政府以适当的财税政策加以激励。与投入相关的 R&D 税收激励降低厂商研发的投入品价格和研发活动面临的风险，对从事 R&D 活动的厂商来说更具吸引力（OECD，2010）。

R&D 税收激励也称税收优惠或税式支出，是指政府通过少征税或不征税，将本应上缴财政的部分资金留给企业，来支持企业的创新活动。自 2006 年中国提出建设创新型国家以来，为提高企业技术创新能力，中国在 R&D 税收激励方面制定、修订了一系列政策。根据 2008 年颁布实施的《企业所得税法》，目前我国实施的 R&D 税收激励政策有两类：一是直接税收优惠或税率优惠，包括高新技术企业减按 15% 的税率征收企业所得、小型微利科技企业减按 20% 的税率征收企业所得税、“四技”业务（技术开发、技术转让、技术咨询、技术服务）免征增值税、技术转让减征或免征企业所得税、创投企业投资税收抵免（对中小高新技术企业的投资可按照投资额的 70% 抵扣应税所得额）；二是间接优惠或税基优惠，即通过政策手段影响税基进而减少应纳税所得额，包括研发费用加计扣除、固定资产加速折旧等。除法定税收激励外，近年来为推动创新驱动发展战略实施，专项扶持政策也接踵而至。与大部分国家主要采取研发税收抵免[①]、“专利盒”[②] 低所得税率优惠政策相比，中国的 R&D 税收优惠政策具有覆盖范围广（覆盖研发项目全周期、覆盖研发关键投入如物质资本和人力资本）、优惠力度大（国外很少采用低税率和零税率，且企业可以同时享受多项优惠政策）、政策成体系（包括税基、税额和税率优惠）等特点。

我国尚没有编制税式支出预算，包括 R&D 税收激励在内的税式支出数据并不能从年度财政预算报告中获得。零星披露的数据显示，近年来我国 R&D 税收激励规模逐年递增：2008 ~ 2011 年，高新技术企业累计享受企业所得税优惠 2259 亿元[③]；2014 年规模以上工业企业研发费用加计扣除减免税和高新技术企业减免税分别为 379. 8 亿元和 613. 1 亿元[④]；2015 年高新技术企业减征企业所得税 1000 多亿元，软件和集成电路企业减免企业所得税 300 多亿元，固定资产加速折旧政策减税 100 多亿元，科技成果转化免征增值税 72 亿元，共计减免税 1400 多亿元[⑤]。作为一种特殊形式的财政支出，从公共资金的公共性、稀缺性和使用效率来看，需要回答的问题是，大量的 R&D 税收激励是否产生了预期的研发支出挤入效应？影响该效应的主要因素是什么？

本章以中国上市公司为样本，采用能克服样本自选择性的计量方法来估计 R&D 税收激励的研发支出效应，并进一步分析其影响因素。与既有研究相比，本章的学术贡献有两点。一是研究方法上，采用了能克服样本自选择性的计量方法。国内学者的研究大多没有考虑 R&D 税收激励的样本自选择性，得出的结论值得商榷。本章先后采用能克服样本自选择性的倾向评分匹配法（PSM）和处理效应模型，得出的结论一致且具有稳健性。二是研究视角上，突出了制度因素的影响。R&D 税收激励是否产生研发支出挤入效应、影响该挤入效应的主要因素是什么，都与地区制度环境密切相关。在中国这样一个政令统一但地区制度环境

---

① 欧美国家主要采用税收抵免政策。其中，英国、北爱尔兰、荷兰、丹麦、挪威、意大利采取 R&D 总量抵扣政策，美国、日本（2004 年之前）、法国（2008 年之前）采取 R&D 增量抵扣政策，加拿大、西班牙则采取混合抵扣政策。目前 EU 只有德国和爱沙尼亚没有针对创新的税收激励措施（Jensen，2014）。

② 专利盒（patent box）是指在本国开展研发活动的企业，对其取得的知识产权利润（发明专利、版权、计算机软件等）适用更低的企业所得税税率。实施该政策的出发点是吸引本土和外资企业开展研发活动、以优惠税率平衡保护知识产权所发生的时间成本和注册费用。该政策目前主要在欧盟部分成员国实施，是新一轮 R&D 国别税收竞争的焦点。

③ 喻思娈，赵永新．我国企业研发支出比例较低税收优惠激励加大投入［N］．人民日报，2013 - 02 - 25.

④ 国家统计局．科技创新加力提速创新驱动作用显著——十八大以来我国科技创新状况［EB/OL］. http：//www. stats. gov. cn，2016 - 03 - 09.

⑤ 吴秋余．2015 年小微企业减免税近千亿支持科技创新减免税 1400 多亿［N］．人民日报，2016 - 01 - 29.

差异较大的国家，忽视制度环境对政策实施的调节作用将难以揭示影响政策有效性的关键要素。本章充分考虑了制度因素对产业政策的影响，且研究结论与理论预期相符。

本章的结构安排如下：第二部分是文献回顾与研究假说，第三部分是研究设计，包括计量方法和方程、变量说明、数据来源和描述性统计，第四部分是实证结果及分析，包括基准回归、分组检验、作用机制分析，第五部分是稳健性检验，最后是本章小结。

5.2 文献回顾与研究假说

公共资金的稀缺性、公共性要求对各种形式的 R&D 税收激励有效性进行评估。R&D 税收激励的有效性是指 R&D 税收激励能否实现政策初衷，即降低企业 R&D 投资的边际成本（Hall and van Reenen，2000）。而与之相关的 R&D 补贴则针对社会回报高、实施周期长的特定项目，其目的在于提高 R&D 的边际回报率（David et al.，2000）。R&D 税收激励的有效性很大程度上取决于针对政策目标的税收措施设计。与 R&D 补贴相比，R&D 税收激励有诸多优势：一是体现了充分的市场取向。由企业而非政府决定投资方向，避免了直接补贴过程中可能出现的寻租、腐败等问题，是一种市场友好型的政策工具；二是对企业而言具有可预期性，有利于企业的长期投资决策（Carvalho，2011）；三是降低了政府的行政管理成本和政府挑选出失败者的风险，而政府补贴面临的信息不对称不仅提高了资金管理成本，还使 R&D 补贴分配存在失败的风险，从而造成公共资金的低效率配置。

从企业研发生命周期来看，R&D 税收激励的有效性体现在三个环节：研发阶段是否激励企业增加研发投资、产出阶段是否带来专利和新产品、商业化阶段是否提高了企业的全要素生产率。本章关注的是研发阶段的效应。研发阶段 R&D 税收激励的有效性是指企业是否因享受 R&D 税收激励而发生了额外的研发支出。如果企业研发支出增量超过政府提供的 R&D 税收激励，则认为 R&D 税收激励政策是有效的，或者说 R&D 税收激励挤入了私人研发支出。反之，则意味着 R&D 税收激励挤出了私人研发支出。评价 R&D 税收激励对企业研发支出影响的方法有两种。

一是间接法，运用结构计量模型估计研发支出对 R&D 资本的用户成本弹性（Hall and van Reenen，2000）。用户成本为厂商研发支出的实际成本。该弹性越大，说明研发支出对用户成本越敏感，政策效应越大。用户成本的计算建立在新古典投资模型和税收优惠 B－指数基础之上。Hall 和 Jorgenson（1967）以新古典投资模型对美国早期三个税收政策的投资效应估算，为后来研究税收抵免政策对研发支出的影响奠定了基础。而 B－指数用来衡量税收优惠的强度，是指为弥补一美元研发支出所要求的税前收入的现值（Warda，2002）。前者界定了边际投资成本的基本框架，后者则将税收激励对成本的影响纳入其中。

Hall（1993）、Hall 和 van Reenen（2000）对美国厂商的研究发现，每放弃 1 美元的税收将会带来 2 美元的研发支出，即产生 1 美元的额外研发支出。Hall（1995）指出，尽管既有研究对税收抵免的价格弹性估计均不一致，但有两点是一致的：税收抵免的长期效应大于短期效应、税收抵免的效果与厂商的异质性有关（所在区域、规模大小以及 R&D 项目的性质如是否合作研发等）。Bloom 等人（2002）对 OECD 国家的研究表明，R&D 成本降低 10%，短期和长期分别使研发支出增长 1% 和 10%。Klassen 等（2004）比较分析了美国和加拿大的税收抵免对公司研发支出的影响，发现美国的税收抵免政策激励效应更大。Baghana 和 Mohnen（2009）对加拿大魁北克省制造业数据的研究也得出了类似的结论。

用户成本弹性估计方法的缺陷是没有考虑税收激励的内生性，即申请税收激励的厂商本身就可能具有较强的创新能力，从而可能高估政策效应，因而一些学者开始采用能消除内生性的工具变量法来评估。Lokshin 和 Mohnen（2013）以用户成本变化差值作为工具变量，对荷兰的研究发现，用户成本下降 10%，在短期（1 年后）和长期（15 年后）分别能引致研发支出增加 4% 和 6%。Rao（2015）也采用类似的工具变量对美国的研究发现，R&D 用户成本降低 10%，将会使研发强度上升 10.4%。Mulkay 和 Mairesse（2013）运用 GMM 方法对法国的经验研究发现，长期来看，用户成本降低 10% 将会引诱研发支出增加 2%。

二是直接法，即采用处理效应模型来估计。处理效应估计包括构建反事实样本、工具变量法（IV）、倍差法（DID）、回归间断设计（RDD）等。构建反事实样本通常采用倾向评分匹配法（PSM），即为享受 R&D 税收激励的企业匹配其他特征相似、但没有享受税收激励的企业。Czarnitzki 等（2011）采用匹配法对加拿大制造业的税收抵免效应研究发现，税收抵免能增加厂商层面的研发 R&D 参与度、对企业的 R&D 活动决策具有积极影响以及增加税收抵免接受者的创新产出。Dechezlepretre 等（2016）对英国中小企业 R&D 税收抵免法案的研究发现，与没有得到税收抵免的企业相比，得到税收抵免的企业其研发支出是前者的 2 倍。倍差法比较处理组和参照组厂商采用税收激励前后 R&D 支出的变化来估计税收激励的效应。Cappelen 等（2010）采用 DID 对挪威的研究表明，每 1 克朗税收抵免能带来约 2 克朗额外 R&D 支出，且该激励效应主要来源于之前很少从事创新活动的厂商，这意味着该计划对厂商的边际创新产生了很强的激励效应。

Bøler 等（2015）采用 DID 对挪威的研究还发现，更廉价的 R&D（实施 R&D 税收抵免后）不仅激励了企业的研发支出，而且刺激了中间品进口，并最终提高企业的生产率。研发支出和中间品进口对于增进企业生产率具有互补性，而中间品进口（进口贸易自由化）能放大研发投资对厂商绩效和销售增长的影响。Corchuelo 和 Martinez - Ros（2009）采用带工具变量的 Heckman 两步法对西班牙样本的研究发现，R&D 税收激励极大地改善了大厂商和高科技部门厂商的创新活动，但对中小企业则不太显著。回归间断设计（RDD）比较税收抵免上限对厂商 R&D 支出的影响。Hægeland 和 Møen（2007）运用 RDD 研究发现，挪威 400 万克朗投资上限下每 1 克朗税收抵免能带来 2.68 克朗私人研发支出。上述研究尽管针对的样本不同、估计方法各异，但结论是一致的：R&D 税收激励能产生显著的额外研发支出效应。

国内学者也持相同的观点。如王俊（2011）以行业层面数据检验了 R&D 税收优惠对企业研发投资的影响，发现 R&D 税收优惠能产生显著的激励效应，且在高科技行业中更为明显。娄贺统和徐浩萍（2009）、夏力（2012）、林洲钰等（2013）、柳光强等（2015）等采用上市公司数据，均发现 R&D 税收激励对企业的研发投资能产生显著的挤入效应。但这些研究存在的共同缺陷是没有考虑税收激励的自选择性，降低了研究结论的稳健性。现有文献中，仅有张信东等（2014）采用能克服样本自选择性的倾向评分匹配法（PSM），以被认定为国家级企业技术中心的上市公司为样本，研究 R&D 税收激励对企业创新产出（专利、新产品、科技奖励）的影响，并发现其具有显著的积极效应。根据既有研究结论，据此提出：

假说 5 - 1：总体（平均）而言，R&D 税收激励对研发支出能够产生挤入效应。

Castellacci 和 Lie（2015）通过对 1991 ~ 2013 年间税收激励文献的 meta 回归分析发现，部门因素在税收激励中的影响是重要的。平均而言，中小企业、服务业部门、低技术产业部门企业的激励效应更大，因而 R&D 税收激励机制设计应该考虑特定部门条件，实证研究中要控制部门差异。Köhler 等（2012）给出的建议是，政策设计应根据厂商规模或企业研发支出水平而异。因而 R&D 税收激励的处理效应具有异质性。

该异质性受诸多因素影响。国外学者的研究集中在技术层面。Hottenrott 等（2014）强调了厂商特质对处理效应的影响，该特质主要是指厂商的规模与年龄。Hægeland 和 Møen（2007）、Lokshin 和 Mohnen（2013）认为，由于研发支出主要用于固定支出，与大厂商相比，小厂商的固定支出比例更高。一旦研发活动失败，高固定成本将会使企业濒临困境。为降低失败风险，小厂商会增加研发努力。此外，小厂商保护自身知识产权更困难，因而其 R&D 活动溢出效应更高，对 R&D 税收激励更加敏感。因此，与大厂商相比，对小厂商的税收激励能产生更大的额外研发投资。Czarnitzki 和 Hottenrott（2011）、Cincera 等（2014）也指出，面临更紧融资约束的中小企业、年轻公司，其研发项目面临搁浅的风险，此时一旦有额外补贴，中小年轻厂商将会增加其研发投资，因而，企业规模（size）、年龄（age）会影响处理效应的大小。此外，R&D 税收激励的数量效应也不容忽视。税收激励的慷慨度决定激励计划的成本，而且慷慨度在吸引和保持大的研发参与者方面具有决定性影响。研究表明，越慷慨的计划带来的 R&D 努力程度越高（Köhler et al.，2012）。

国外学者较少关注地区制度环境对研发补贴激励效应的影响，这主要是因为发达国家制度环境较为完善、地区之间制度环境相差无几。但在中国，地区制度环境的影响则不可忽视。政府主导型经济发展模式下，地区制度环境不可避免地会形塑企业的研发决策行为（胡凯等，2012）。税收激励政策对于市场化程度较高地区的企业技术创新活动的促进作用更加明显（林钰洲等，2013）。在制度环境较好的地区，公共资源的竞争性配置程度较高，政府能较好地恪守职能边界，企业根据政府的政策预期去开展研发活动，从而挤入私人研发投资。而在制度环境较差的地区，公共资源的竞争性配置程度较低，政治关联、寻租等非正规性在其中扮演着重要角色，企业获取 R&D 税收激励的动机并不是为降低研发边际成本、分散研发风险，而成为规避税收的“税盾”，投机取巧式的 R&D 税收激励并不能激励研发支出，从而扭曲政策预期效应。因此，不同的制度环境会产生不同的政策效应。据此提出：

假说 5－2：制度环境强化 R&D 税收激励的研发支出挤入效应。制度环境越好的地区，R&D 税收激励对研发支出的挤入效应越大，反之反是。

现有文献中，仅有张信东等（2014）处理了样本自选择性，但该文值得改进的地方也不少：一是样本的代表性。该文以认定为国家级企业技术中心的上市公司为研究样本，本身就存在自选择性。该文克服了享受 R&D 税收激励的样本的自选择性，但没有克服被认定为国家级企业技术中心的上市公司样本的自选择性。因为被认定为国家级企业技术中心的上市公司本身就具有较强的技术创新能力，因而本身就具有自选择性。二是 R&D 税收激励的度量有待改进。该文以企业是否享受税收优惠的虚拟变量作为处理变量，但该度量是以母公司为测算口径，与财务报表采用包含母子公司的合并财务报表口径不一致，从而可能出现变量测量误差。三是倾向评分匹配法的运用有待改进。倾向得分的计算要求应该尽可能考虑所有影响企业获得税收优惠的因素，否则容易导致回归偏误、降低回归结果的可靠性。但该文在 Logistic 回归分析时忽略了一些重要的影响因素，如公司年龄、所有制性质、行业竞争度、政治关联、地区制度环境等。针对这些不足，本章将采用制造业上市公司微观数据，在处理变量选取、控制变量采用、内生性处理等方面加以改进，力图回答以下两个问题：R&D 税收激励是否对研发支出产生了挤入效应、影响 R&D 税收激励挤入效应的主要因素是什么。这两个问题的回答，不仅能为当前处于争议中的产业税收政策有效性提供经验证据，而且能够为 R&D 税收激励效应的改善提供方向性建议。

5.3 研究设计

5.3.1 计量方法：PSM

理论上，任何厂商都有资格享受 R&D 税收激励。但实际上，享受 R&D 税收激励与未享受 R&D 税收激励的企业可能存在系统性差异，如前者过去有成功的研发经历、具有高新技术企业资格、技术创新能力强等。即便没有 R&D 税收激励，这类企业也有更大的研发投资积极性。也就是说，R&D 税收激励以外的因素也可能促进企业加大研发力度。忽略这些因素对企业研发投资的影响，将会高估 R&D 税收激励对企业研发投资的额外效应，产生估计偏差。因此，获得 R&D 税收激励的厂商并非随机分布，而是具有自选择性。

处理样本自选择带来的内生性问题，常见的思路是采用反事实框架（a counterfactual framework），即比较样本企业享受与未享受 R&D 税收激励时的研发支出，得到个体处理效应。假定样本服从独立同分布假设（iid），通过取期望值，就得到了总体平均处理效应（ATT）。如果该效应大于 0，则表明 R&D 税收激励（相对于无 R&D 税收激励）产生了额外的研发支出效应或挤入效应，或 R&D 税收激励与企业研发支出之间具有互补性。反之，则表明 R&D 税收激励对企业研发支出产生了挤出效应，或 R&D 税收激励与企业研发支出之间具有替代性。

运用该框架的基本方法是倾向评分匹配法（PSM）。结合本章研究主题，下面简要阐述其原理和运用步骤。定义一个二元虚拟变量 $D_{it}=\{0, 1\}$，其取值为 1 表示企业 i 在时期 t 为处理组（T，享受 R&D 税收激励）企业，取值为 0 表示企业 i 在时期 t 为对照组（C，没有 R&D 税收激励）企业。定义变量 Y_{it}^1 为企业 i 在时期 t 享受 R&D 税收激励后的研发支出水平，Y_{it}^0 为企业 i 在时期 t 没有享受 R&D 税收激励时的研发支出水平。R&D 税收激励产生的影响表示为：

$$\alpha_{TT}=E(Y^T \mid D=1)-E(Y^C \mid D=1) \qquad (5-1)$$

（5－1）式右边的后一项为处理组厂商没有享受 R&D 税收激励时的研发支出水平。但是，在同一时期，一家企业不可能既享受又不享受 R&D 税收激励，将已经享受 R&D 税收激励的企业视为没有享受 R&D 税收激励的状态即反事实。获得该反事实结果的一个可行办法，是为每一个处理组样本找到一个外生特征类似的对照组样本。除 Y、S 外，还可观察到样本企业 i 的一些外在特征，如规模、年龄、所有制类型、行业等，这些特征被称为共同影响因素或协变量 X。如果个体 i 对 S 的选择完全取决于可观测的 X，根据条件独立性假设（Rosenbaum and Rubin，1983），即给定 X，则 Y^T、Y^C 独立于 S，记为：

$$Y^T,\ Y^C \perp D \mid X = x \tag{5-2}$$

该假设意在解决反事实结果不可观测的问题，即控制了共同影响因素 X 后，企业的研发支出变化或额外研发支出与享受 R&D 税收激励的决定之间是相互独立的。更通俗地说，该假设意味着匹配后处理组企业和对照组企业在匹配变量 X 上不存在显著差异。若二者存在显著差异，则表明匹配样本选取或匹配方法选择是不恰当的。在该假设下可以令：

$$E(Y^C \mid D = 1) = E(Y^C \mid D = 0) \tag{5-3}$$

此外，在匹配过程中还应该施加一个共同支持限制假设，该假设保证了能够为每个处理组样本找到与其配对的参照组样本（Aerts and Schmidt，2008）。

在条件独立性假设和共同支持限制假设下，两个企业间的研发投资差异就可以归因于是否享受 R&D 税收激励。这样，R&D 税收激励对研发支出的平均处理效应为：

$$\alpha_{TT}^{M} = E(Y^T \mid D = 1) - E(Y^C \mid D = 0) \tag{5-4}$$

上面从理论上介绍了匹配法的基本原理，接下来介绍其运用步骤。运用该方法的关键，是为享受 R&D 税收激励的企业匹配其他特征相似、但没有享受 R&D 税收激励的对照组样本企业。

第一步，选择协变量 X、采用 logit 模型估计倾向得分。由于 X 包括多个变量，在高维度空间进行匹配会面临数据稀疏难题，可行的办法是使之从多维变为一维。Rosenbaum 和 Rubin（1983）的研究表明，采用倾向评分即享受 R&D 税收激励的概率，能减少匹配维度的数量，使之转换成一个单一的指数。

令企业享受 R&D 税收激励的概率：

$$p = p(D_{it} = 1) = \mu(X_{it}) \tag{5-5}$$

其中，X_{it} 为匹配变量即共同影响因素。要指出的是，条件独立性隐含着一个很强的假定，即 logit 模型中 X_{it} 应该包含所有的相关变量，不存在任何与解释变量相关的遗漏变量。换句话说，如果 X_{it} 中已包含较丰富的协变量，则可认为 CIA 假设基本得到满足，遗漏变量偏差较小（陈强，2015）。因此，在对（5－5）式进行 logit 回归时，应该尽可能将所有影响企业是否享受 R&D 税收激励的因素都包括在内，否则得到的 R&D 税收激励处理效应有偏，并将影响到其影响因素估计结果的可靠性。

第二步，进行倾向得分匹配。运用 logit 模型对（5-5）式进行估计后，将得到处理组企业 i 享受 R&D 税收激励概率的预测值记为 p_i，对照组企业 j 享受 R&D 税收激励概率的预测值记为 p_j。然后进行倾向得分匹配。匹配方法有多种，常见的是：k 近邻匹配，即寻找倾向得分最近的 k 个不同组个体（k 可取 1 或 4），卡尺匹配，卡尺内最近邻匹配，核匹配等。

第三步，根据匹配后样本计算平均处理效应。其计算公式为：

$$\gamma = \frac{1}{n}\sum_{i\in(T=1)}\left(Y_{it} - \sum_{j\in(T=0)} g(p_i, p_j)Y_{jt+s}\right) \tag{5-6}$$

其中，n 为享受 R&D 税收激励的企业数，函数 $g(\cdot)$ 为当用企业 j 的 Y_{kt}^0 作为企业 i 的 Y_{kt}^0 替代时，对前者所施加的权重，该权重取决于 p_i、p_j 的差异大小。根据该公式，就可以得到匹配后样本享受 R&D 税收激励对额外研发支出的因果效应。

此外，本章还将采用处理效应模型对 R&D 税收激励的研发支出效应进行稳健性检验。而对于 R&D 税收激励研发支出效应的影响因素问题，则采用常规的 OLS 方法来进行估计。

5.3.2 变量说明

5.3.2.1 处理变量（*D*）

处理变量为 R&D 税收激励虚拟变量（*rdtaxdum*）。该虚拟变量可从两个视角来量化。

一是以企业是否获得至少一项 R&D 税收激励（如 R&D 税收抵免、研发费用加计扣除、低税率优惠等）的虚拟变量作为处理变量，国外学者大多采用这种方法，如 Corchuelo 和 Martinez-Ros（2009）、Freitas 等（2017）、Yang 等（2009）①。但该方法用于中国上市公司研究时因受信息披露所限会产生以偏概全的测量误差。

上市公司年度报告中，税收优惠列示于财务报告附注“税项”下的“税收优惠及批文”，包括公司享受的所得税、增值税等税收优惠批文。《企业所得税

① 既有外文文献中，笔者仅发现一篇文献（Huang，2015）是以税收激励金额来度量税收激励。

法》中的税收优惠主要集中在企业所得税，因此大多数研究专注于所得税优惠（娄贺统和徐浩萍，2009）。上市公司大多有子公司（甚至孙公司）。上市公司财务报表包括母公司财务报表和母子公司在内的合并财务报表。合并财务报表能更充分、全面地反映上市公司的经营财务状况，因此，对上市公司的研究一般运用合并财务报表信息。

中国的 R&D 税收优惠政策中，高新技术企业享受的低所得税率优惠因激励强度大而最受青睐。但无论是从母子公司还是从母公司来看，以是否为高新技术企业来度量 R&D 税收激励都是不合理的。（1）从母子公司来看。由于母子公司全部为高新技术企业的情形并不多见，以母公司或（部分）子公司被认定为高新技术企业、享受 15% 的低税率，而认为该公司整体享受高新技术企业低所得税率优惠，与以包含母子公司的合并财务报告的统计口径不完全一致，从而会产生以偏概全的度量偏差。事实上，只有当母子公司全部为高新技术企业、以之与合并财务报表的信息配对使用时，将高新技术企业享受低所得税率视为 R&D 税收激励才是合理的。（2）从母公司来看。以母公司财务报表和母公司是否为高新技术企业在统计口径上具有一致性，这时可根据母公司是否为高新技术企业来判定其是否享受低所得税率优惠。但母公司财务报表无法反映上市公司全貌，同样会出现财务信息上的以偏概全度量误差。可见，以是否为高新技术企业来度量 R&D 税收激励是不合理的。

同样的，以上市公司是否享受固定资产加速折旧①、研发费用加计扣除来表征 R&D 税收激励也存在类似的以偏概全问题。而固定资产加速折旧、研发费用加计扣除等信息披露不充分，也制约了其在 R&D 税收激励测度中的运用。国外文献之所以采用是否享受 R&D 税收激励的虚拟变量作为处理变量，是因为这些文献都是以不包含子公司的单一公司调查获得相关数据，以及国外的 R&D 税收激励政策较为单一，大多仅有税收抵免这一项，因而不存在中国上市公司 R&D 税收激励测度时面临的以偏概全问题。因此，以企业是否享受高新技术企业低税率、固定资产加速折旧、研发费用加计扣除的思路来构造处理变量就不具有可行性。

二是以企业的实际所得税率是否低于法定所得税率来度量。根据企业所得税法，企业的实际税率等于应纳税额除以应纳税所得额。但不能简单地将实际税率低于法定税率（25%）就视同为企业享受了税收优惠，更不能将之视同为 R&D 税收优惠的结果。因为造成实际税率低于法定税率的因素很多，如存在递延所得税事项，弥补前期亏损，环境保护、节能节水、资源综合利用所得减征或免征企

---

① 此外，固定资产加速折旧具有普惠性，并非专门针对研发活动，以之来表征 R&D 税收激励是不准确的。

业所得税、区域性税收优惠等非 R&D 因素。但是，如果企业享受了 R&D 税收优惠如高新技术企业 15% 的低税率、研发设备加速折旧、研发费用加计扣除等，其实际税率一般会低于法定税率。

企业实际所得税率的测算有两种思路，即后视性测算和前瞻性测算。前者依据历史税收数据，以企业纳税额与同期应纳税所得额之比来估算，它反映的是以往税收政策的历史影响。后者以新古典投资理论为基础来估计投资的税收楔子，反映的是税收对企业未来投资的激励作用。二者各有优势：前者计算比较简便，后者更能体现税收的激励效应。本章选用后者。前瞻性测算包括对企业边际有效税率（Marginal Effective Tax Rate，METR）和平均有效税率（Effective Average Tax Rate，EATR）的测算。本书使用的是微观数据，采用后者更合适。借鉴 Devereux 和 Griff（1998）的平均有效税率计算公式和贾俊雪（2014）税收激励的参数选择，本书测算了企业的平均有效税率。比较企业的平均有效税率与法定税率（25%），如前者小于后者，则认为企业获得了税收激励。理论上，税收激励不等同于 R&D 税收激励，因而还需对前者的适用性加以分析。

根据我国《企业所得税法》“税收优惠”部分的条文（第 26 ~ 34 条），与制造业企业所得税优惠相关的重要条款有：符合条件的技术转让所得（第 27 条第 4 款）、高新技术企业适用 15% 的低税率（第 28 条第 2 款）、研发费用加计扣除（第 30 条第 1 款）、固定资产加速折旧（第 32 条）等①。显然，这些条款均与企业的研发活动有关。因此，以平均有效税率低于法定税率作为 R&D 税收激励完全适用于本书的分析。令 *rdtaxdum* 为企业享受研发税收优惠的虚拟变量。如果企业享受了 R&D 税收激励，则 *rdtaxdum* = 1，否则 *rdtaxdum* = 0。

---

① 通过甄别《企业所得税法》第四章“税收优惠”条文，发现制造业企业中，以下业务要么没有，要么占比很小。第 26 条是关于免税收入的规定。第一款是“国债利息收入”，制造业企业一般不会从事跨行业的金融投资业务；第 2 款是“符合条件的居民企业之间的股息、红利等权益性投资收益”，企业母子公司合并会计报表时已将其合并。第 27 条是关于可以免征、减征企业所得税的规定。第 1、2 款分别针对农业和建筑业。第 3 款是“从事符合条件的环境保护、节能节水项目的所得”，但在现实中，许多环境保护、节能节水项目有投入但没有所得（梁桂云等，2010）。第 28 条是关于低税率优惠。其中规定“符合条件的小型微利企业，减按 20% 的税率征收企业所得税”，但上市公司及其子公司一般都不属于小微企业。第 29 条是关于民族自治地区的企业应缴纳的企业所得税中属于地方分享的部分可以决定减征或者免征。上市公司企业所得税纳税地为登记注册地，登记注册地为民族地区的企业很少，大多位于经济（较）发达地区。第 30 条是关于加计扣除的规定。第 2 款“安置残疾人员及国家鼓励安置的其他就业人员所支付的工资”。上市公司以股东利润最大化为目标，不是福利企业，该款也基本不适用。第 31 条是关于创投企业投资额的所得税抵免。本书选取的均为制造业企业，这 1 条也不适用。第 33 条是综合利用资源减计收入的规定。这一条在实践中应用也较为有限（梁桂云等，2010）。第 34 条是购置用于环境保护、节能节水、安全生产等专用设备的投资额可以按一定比例实行税额抵免。购置而非研发此类专用设备不属于技术创新，只能视为技术改造。

5.3.2.2　结果变量（*Y*）

结果变量为研发强度（*rd*），即研发支出占营业收入的比重，与本书 2.3.2.2 相同，不再赘述。

5.3.2.3　协变量（*X*）

影响企业获得 R&D 税收激励的因素除本书 2.3.2.3 部分的协变量外，还包括以下几个：

高新技术企业（*hightech*）。高新技术企业不仅能享受研发费用加计扣除、研发固定资产加速折旧等普惠政策，更能享受 15% 的低所得税率特惠政策。与非高新技术企业相比，高新技术企业获得 R&D 税收激励的概率更高。该变量以上市公司是否为高新技术企业的虚拟变量来反映。高新技术企业资质信息从上市公司年报手工搜集得到。

技术人员占比（*techstaff*）。技术人员占比越高，意味着企业从事技术创新的人力资本越丰富，企业获得 R&D 税收激励的概率也越高。同时，技术人员的工资薪金构成研发成本的重要部分（Corchuelo and Martinez - Ros，2009），通过 R&D 税收激励来降低研发成本也是技术人员占比高的企业的理性选择。该变量以技术人员占雇员的比重来表示。

是否获得 R&D 补贴（*rdsub*）。政府支持企业研发的财税激励政策主要包括 R&D 税收激励和 R&D 补贴。获得 R&D 补贴的企业往往也能意识到 R&D 税收激励的重要性（Corchuelo and Martinez - Ros，2009）。该变量以 R&D 补贴的虚拟变量来反映。

R&D 税收激励外在表现为企业的实际税负低于法定税负，因而影响实际税负的一些财务指标也会影响企业获得 R&D 税收激励的概率。现有文献强调了资产回报率（*roe*）、资产负债率（*lev*）和托宾 *Q* 值（*Tobinq*）的影响（吴文锋等，2009），本书也将之视为协变量。

同时还将引入三个虚拟变量：产业虚拟变量（γ_j）来控制不可观察的行业异质性（行业差异）和技术机会（29 个行业），地区虚拟变量（γ_k）来控制特定地区因素如创新文化的影响（东中西部地区），时间虚拟变量（γ_t）来控制宏观经济冲击和政策变化的影响。

此外，上述变量的使用还需考虑时间滞后因素。根据研究惯例，以及样本时长，对所有协变量（除年龄外）均取滞后一期。

5.3.3 数据来源

研究样本为中国沪深两市制造业上市公司。前述变量中，关键变量即 R&D 税收激励源于测算，测算所需数据来自历年《中国统计年鉴》、国泰安数据库（CSMAR）等；研发支出通过手工整理上市公司年报得到，具体方法见本书 2.3.2.2 部分。其余财务数据来自国泰安数据库（CSMAR）。

我国新企业所得税法于 2008 年实施，为消除过渡期政策实施的影响，以及本文数据搜集时间为 2014 年，因此数据起止时间为 2009～2013 年。剔除 ST、注册地为西藏（主要信息缺失）的公司后，一共获得了 1223 家上市公司数据，共有样本 5460 个（部分上市公司数据少于 5 年）。其中，深市主板 144 家、中小板 502 家、创业板 204 家，沪市主板 373 家。参照已有研究的处理方法（吴文锋等，2009），将实际税率大于 1 或者小于 0、当期所得税小于 0 的样本作为异常值剔除，实际样本 4990 个。

5.3.4 描述性统计

将样本按照享受 R&D 税收激励与否分组，对结果变量、协变量进行描述性统计，并计算均值差异的显著性水平，结果见表 5－1。

表 5－1　享受与未享受 R&D 税收激励样本的均值差异显著性

变量	享受 R&D 税收激励（*rdtaxdum* = 1）			未享受 R&D 税收激励（*rdtaxdum* = 0）			均值差异的显著性
	观察值	均值	标准误	观察值	均值	标准误	
rd	3515	0.0403	0.0006	660	0.0219	0.0008	－13.2263***
hightech	3084	0.7805	0.0075	701	0.4765	0.0189	－16.8518***
fc	3073	0.0596	0.0040	700	0.0257	0.0046	－3.8964***
size	3078	7.5272	0.0201	701	7.9858	0.0419	9.8275***
$size^2$	3078	57.9055	0.3149	701	65.0000	0.6870	9.6282***
age	4056	2.4454	0.0067	836	2.5739	0.0131	8.0235***
techstaff	3028	0.1780	0.0023	677	0.1256	0.0039	－10.2331***
history	3084	0.8226	0.0069	701	0.7375	0.0166	－5.1698***
capint	3077	12.2573	0.0162	701	12.3485	0.0367	2.3909**

续表

变量	享受 R&D 税收激励（*rdtaxdum* = 1）			未享受 R&D 税收激励（*rdtaxdum* = 0）			均值差异的显著性
	观察值	均值	标准误	观察值	均值	标准误	
owner	3084	0.3106	0.0083	701	0.4579	0.0188	7.4948***
rdsub	2697	0.8780	0.0062	818	0.7476	0.0175	-8.4098***
roe	3078	0.0935	0.0014	701	0.0796	0.0032	-4.2321***
lev	3067	0.3522	0.0036	701	0.4554	0.0074	12.3452***
Tobinq	3015	1.8353	0.0204	697	1.8528	0.0476	0.3633
export	3084	0.7331	0.0080	701	0.6990	0.0173	-1.8313*
HHI	3081	0.2125	0.0004	701	0.2115	0.0007	-1.1976
pc	3084	0.4232	0.0089	701	0.4037	0.0185	-0.9415
ins	3084	1.1308	0.0007	701	1.1280	0.0015	-1.8358*
ins × *pc*	3084	0.4795	0.0101	701	0.4545	0.0209	-1.0695

注：因部分样本缺失、变量取滞后项（*age* 除外），致使享受和未享受税收激励样本之和小于 4990。均值差异的显著性一列中，数值为 T 统计量，括号中为对应的显著性水平，***、**、* 分别为 1%、5%、10% 水平上显著。

表 5-1 中，结果变量（*rd*）在两组间存在显著差异，且享受 R&D 税收激励企业的研发支出显著高于未享受者。这似乎表明，R&D 税收激励对企业的研发支出具有正向影响。协变量中，除托宾 q 值（*Tobinq*）、国内市场竞争度（*HHI*）、政治关联（*pc*）及其与制度环境的交叉项（*pc* × *ins*）外，其他变量在两组间均存在显著差异，且大多与理论预期相符。以高新技术企业（*hightech*）为例进行简要分析。享受与未享受 R&D 税收激励的高新技术企业虚拟变量均值分别为 0.7805、0.4765，即高新技术企业获得 R&D 税收激励的概率更高。高新技术企业中，享受与未享受 R&D 税收激励的样本分别有 2407 个、334 个；非高新技术企业中，享受与未享受 R&D 税收激励的样本分别有 677 个、367 个①。这意味着有部分高新技术企业没有获得 R&D 税收激励、部分非高新技术企业获得了 R&D 税收激励。理论上，高新技术企业按照 15% 的低所得税率征税，自然享受 R&D 税收激励，但实则不然。这是因为本书的 R&D 税收激励以平均有效税率（*EATR*）来测算。影响平均有效税率的主要因素是投资回报率、折旧率（如采用

① 数据源自更进一步的描述性统计。即享受 R&D 税收激励的高新技术和非高新技术企业样本分别有 2407 个、677 个，二者之和为 3084；未享受 R&D 税收激励的高新技术和非高新技术企业样本分别有 334 个、367 个，二者之和为 701。

加速折旧法）（Devereux and Griff，1998）。尽管总体上高新技术企业在这两个指标上占据优势，但虚假高新技术企业、R&D 投资失败等因素，也会致使部分高新技术企业的平均有效税率高于法定所得税率，从而不能享受 R&D 税收激励。同样的，非高新技术企业的整体平均有效税率较高，但也会存在例外。对其他变量也可进行类似分析。但要证实 R&D 税收激励对企业的研发投资具有显著的因果效应，还必须考虑 R&D 税收激励的内生性影响。

5.4 实证结果与分析

5.4.1 R&D 税收激励的研发支出效应

如前所述，以 PSM 估计 R&D 税收激励的研发支出效应分三步进行，为节省篇幅，这里仅报告最后一步估计结果。表 5－2 是以研发支出强度作为结果变量、采用不同匹配方法得到的倾向评分匹配结果。

表 5－2 中，不同匹配方法下处理组的研发支出强度相同（因为获得 R&D 税收激励的样本相同），均为 0.0404，而控制组的研发支出强度略有差异（因为采用不同匹配方法得到的控制组样本略有不同）。但不同匹配方法得到的平均处理效应极为接近，介于 0.0043～0.0048（均值为 0.0046），且均在 1% 水平上显著。据此可认为，R&D 税收激励能产生显著的研发支出挤入效应，且该效应占企业研发支出强度的 11.39%①。或者说，享受 R&D 税收激励企业的研发支出中，11.39% 是由税收激励带来的，R&D 税收激励与企业研发支出之间具有互补性。假说 5－1 得到了证实。

表 5－2　　**R&D 税收激励的平均处理效应**

匹配方法	处理组		控制组		平均处理效应
	均值	样本数	均值	样本数	
K 近邻匹配（$k=1$）	0.0404	2376	0.0370	496	0.0044*** （0.0022）

① 0.0046/0.0404＝11.39%。表 5－2 中处理组的研发强度均值（0.0404）之所以不同于表 5－1 中的研发支出强度均值（0.0403），是因为采用 PSM 估计时会损失一些样本，从而使二者不尽一致。

续表

匹配方法	处理组		控制组		平均处理效应
	均值	样本数	均值	样本数	
K 近邻匹配（$k=4$）	0.0404	2376	0.0356	496	0.0048 ***（0.0018）
卡尺内近邻匹配	0.0404	2376	0.0340	487	0.0048 ***（0.0018）
半径匹配	0.0404	2376	0.0361	487	0.0043 ***（0.0016）
核匹配	0.0404	2376	0.0358	496	0.0045 ***（0.0015）

注：最后一列的平均处理效应即处理组和控制组均值之差，括号内的值为其标准误。下同。*** 为 1% 水平上显著。

Castellacci 和 Lie（2015）指出，由于企业所处行业的市场竞争程度、技术机会、技术扩散和溢出效应等不同，这些因素会极大地影响企业组织创新活动的方式，并因此使 R&D 税收激励对研发支出的影响产生系统性的行业差异。因此有必要进行分组检验。

首先，以行业分类进行分组检验。参照鲁桐和党印（2004）的标准，将样本企业划分为劳动密集型、资本密集型和技术密集型三大类。匹配结果表明（表 5－3 的第 1～3 列），三大行业中，仅有资本密集型行业的 R&D 税收激励产生了显著的激励效应。其原因可能在于三大行业面临的研发依赖度（其研发强度分别为 0.0156、0.0256、0.0467）和融资约束不同（现金流占营业收入比重分别为 0.0310、0.0248、0.0373）。劳动密集型企业研发活动有限，对 R&D 税收激励不敏感，因而其难以形成研发支出效应。技术密集型行业研发依赖度高，但现金流最为充裕，研发资金短缺并不严重，因而 R&D 税收激励产生的挤入效应有限。而资本密集型行业的研发强度适中，但该行业面临的融资约束最大，一定的税收激励能产生较大的研发支出引诱效应。可见，并非研发强度越高的行业，R&D 税收激励产生的挤入效应越大。

其次，按照所有制进行分组检验，结果见表 5－3 的第 4～5 列。可以发现，不同匹配方法下，国有控股企业的 R&D 税收激励对额外投资的影响均不显著，而非国有控股企业的 R&D 税收激励则产生了显著的挤入效应。究其原因，可能是因为国有控股企业（样本中大多为大中型国有企业）现金流较为充裕、研发资金较为充足，对 R&D 税收激励不甚敏感，而非国有控股股东企业（样本中多为中小企业）研发资金相对短缺，对 R&D 税收激励较为敏感，此时 R&D 税收激励能够起到“四两拨千斤”的激励功效。从这个意义上来看，调整 R&D 税收激励的所有制分配结构，使之向非国有控股企业倾斜，能改善 R&D 税收激励的挤入效应。

最后按照制度环境进行分组检验，结果见表 5 - 3 的第 6 ~ 7 列。根据企业所处地区制度环境得分，以中位数为界将样本分为两类。匹配结果表明，制度环境好的地区（高于中位数），R&D 税收激励均能产生显著的激励效应，而制度环境差的地区（低于中位数），尽管三种匹配方法下也具有显著的平均处理效应，但显著性水平和处理效应均相应的低于前者。因此，制度环境好的地区，R&D 税收激励产生的研发投资激励效应更大。原因在于，R&D 税收激励是普惠性政策工具，对辖区内所有企业均可适用。制度环境好的地区，企业创新形成的知识产权受到严格保护，企业从 R&D 活动中获得的预期收益更高，因而有更大的动力增加研发投资，从而产生更强的研发投资引诱效应。其政策意蕴是，要提高 R&D 税收激励的投资引诱效应，地方政府应努力改善辖区制度环境。

表 5 - 3　　R&D 税收激励平均处理效应的分组检验

匹配方法	行业			所有制		制度环境	
	劳动密集型 (1)	资本密集型 (2)	技术密集型 (3)	国有 (4)	非国有 (5)	高于中位数 (6)	低于中位数 (7)
K 近邻匹配 (k=1)	0.0017 (0.0025)	0.0076*** (0.0020)	-0.0036 (0.0036)	-0.0018 (0.0034)	0.0044* (0.0028)	0.0065** (0.0029)	0.0025 (0.0032)
K 近邻匹配 (k=4)	0.0010 (0.0021)	0.0088*** (0.0016)	-0.0011 (0.0031)	0.0014 (0.0028)	0.0050** (0.0023)	0.0067*** (0.0025)	0.0049* (0.0026)
卡尺内近邻匹配	0.0006 (0.0020)	0.0086*** (0.0017)	-0.0013 (0.0031)	0.0002 (0.0029)	0.0051** (0.0023)	0.0066*** (0.0025)	0.0039 (0.0024)
半径匹配	0.0007 (0.0020)	0.0086*** (0.0016)	-0.0013 (0.0030)	0.0002 (0.0029)	0.0045** (0.0022)	0.0063*** (0.0024)	0.0041* (0.0024)
核匹配	0.0017 (0.0021)	0.0092*** (0.0016)	0.0007 (0.0027)	0.0029 (0.0027)	0.0068*** (0.0021)	0.0065*** (0.0023)	0.0061*** (0.0023)
obs	320	852	1755	885	2033	1266	1036

注：***、**、*分别为1%、5%、10%水平上显著。

5.4.2　R&D 税收激励研发支出效应的影响因素

前述回归表明，R&D 税收激励能带来显著的激励（挤入）效应。而分组检验则证实该效应因企业所属行业、所有制、制度环境而异。那么接下来的问题是，为什么 R&D 税收激励给企业带来的激励效应不一，或者说哪些因素影响了激励效应的大小?

PSM 估计结果表明，R&D 税收激励能带来显著的研发支出效应，且该效应因企业所属行业、所有制、制度环境而异。需要进一步回答的问题是，为什么 R&D 税收激励对不同样本产生的研发支出效应不一，或者说哪些因素影响了研发支出效应的大小?

影响 R&D 税收激励研发支出效应的因素主要有三个方面（见本书第 5 章 5.2 节）。一是企业特质，以企业规模（*size*）、年龄（*age*）及二者的交叉项（$size \times age$）来衡量。二是 R&D 税收激励水平（*taxpre*），以企业的平均有效税率（*EATR*）与法定税率之差的相对值来表示，即 $taxpre = (25\% - EATR)/EATR$。三是地区制度环境（*ins*）。R&D 税收激励的挤入效应表现为研发投资增加，而影响研发投资的关键制度因素为知识产权保护水平。该变量以中国分省企业经营环境指数中“企业经营法制环境”下的“经营者合法权益保障”来量化。“经营者合法权益保障”包括知识产权、合同执行、人身和财产安全三个细分指标，但该报告仅提供了合成的“经营者合法权益保障”指数，没有提供其中的知识产权指数。鉴于合同执行、人身和财产安全这两项指标都与法治水平相关，而一个地区的法治水平在知识产权、物权、债权、人身权保护方面基本处于同一水平，因此，这里以“经营者合法权益保障”指数来代替知识产权保护水平。该指数 2013 年缺失值也通过简单 OLS 回归递推得到。为检验假说 5－2，还构造了制度环境（知识产权保护）与 R&D 税收激励水平的交叉项（$ins \times taxpre$）。此外，在回归分析中，还控制行业（*industry*）、地区（*area*）、年度（*year*）等虚拟变量的影响。除公司年龄（*age*）外，其他变量均滞后一期以缓解内生性。

回归结果见表 5－4。表 5－4 中的因变量分别为表 5－2 中 5 种不同匹配方法得到的个体处理效应。5 个模型的 Hausman 检验均接受采用随机效应模型的原假设。估计结果表明，R&D 税收激励水平（*taxpre*）对额外研发支出的影响为正但不显著。其主要原因有两个方面。一是高新技术企业认定的影响。高新技术企业因享受 15% 的低所得税率而成为激励强度最大的 R&D 税收激励政策，但高新技术企业认定所要求的研发支出与销售收入增长并非同步，而是呈现出边际递减特征①。企业为获得高新技术企业资质，只要满足研发支出认定标准，而不需要同比例增加研发支出。因此，该政策的影响就存在一个上限。二是多重税收优惠政策的影响。企业能够享受的R&D税收优惠主要包括低所得税率、研发费用加计扣除、固定资产加速折旧等，企业能并行不悖的同时享受多重优惠政策。在研发支出规模一定时，通过税收筹划，企业可以充分利用多重政策叠加的红利，有效控制研发支出的增速。如占比高达78.05%的高新技术企业②，能同时享受这三项政策，制约了研发支出的扩张。

尽管5个回归中制度环境（*ins*）对额外研发支出的影响仅部分显著，但制度环境与R&D税收激励水平的交叉项（*ins×taxpre*）却具有一致的显著性，表明制度环境能够强化R&D税收激励水平的研发支出效应，即制度环境越好的地区，同等R&D税收激励支出产生的挤入效应越大，反之反是。R&D税收优惠的激励效应与地区制度环境密切相关。究其原因，是因为制度环境较好的地区，地方政府倾向于提供普惠性研发公共服务和塑造公平竞争的市场环境。为了在竞争中脱颖而出，企业具有加大研发支出、专注于创新的利益驱动。对于具有较高风险和成本但企业力图开展的研发项目，R&D税收优惠能够有效降低企业的研发边际成本、分散研发风险，从而诱发企业进一步增加研发支出、产生挤入效应。也就是说，制度环境与R&D税收激励水平在影响挤入效应上具有互补性，假说5-2得到了证实。

表5-4　R&D税收激励研发支出效应的影响因素

变量	(1)	(2)	(3)	(4)	(5)
taxpre	0.0015 (0.0050)	0.0037 (0.0034)	0.0037 (0.0034)	0.0037 (0.0027)	0.0016 (0.0025)
ins	-0.0176 (0.0417)	-0.0389 (0.0343)	-0.0390 (0.0343)	0.0512* (0.0306)	0.0604** (0.0290)
ins×taxpre	0.0151*** (0.0042)	0.0079*** (0.0029)	0.0079*** (0.0029)	0.0053*** (0.0023)	0.0051*** (0.0022)

① 根据2008年科技部等发布的《高新技术企业认定管理办法》，研发费用占销售收入的比重规定如下：最近一年销售收入小于5000万元的企业，比例不低于6%；最近一年销售收入在5000万元至20000万元的企业，比例不低于4%；最近一年销售收入在20000万元以上的企业，比例不低于3%。

② 享受R&D税收激励的样本为3084个，其中高新技术企业样本为2407个，占比为78.05%。

续表

变量	(1)	(2)	(3)	(4)	(5)
size	-0.0046 (0.0063)	-0.0086* (0.0051)	-0.0086* (0.0051)	-0.0079* (0.0045)	-0.0060 (0.0043)
age	-0.0081 (0.0188)	-0.0198 (0.0151)	-0.0198 (0.0152)	-0.0193 (0.0133)	-0.0142 (0.0125)
size × *age*	0.0006 (0.0025)	0.0021 (0.0020)	0.0021 (0.0020)	0.0021 (0.0018)	0.0014 (0.0017)
行业	控制	控制	控制	控制	控制
地区	控制	控制	控制	控制	控制
年度	控制	控制	控制	控制	控制
obs	2363	2363	2363	2363	2363
R^2	0.1587	0.1795	0.1795	0.1808	0.1847

注：***、**、*分别为1%、5%、10%水平上显著。

5.5 稳健性检验

5.5.1 R&D 税收激励研发支出效应的检验

事实上，R&D 税收激励的研发支出效应研究面临两方面潜在的内生性。一是前述样本选择偏误带来的内生性，二是可能存在的遗漏变量，该变量既与企业研发支出水平相关，也与企业获得 R&D 税收激励的概率相关。为获得一致估计，还必须考虑内生性，其关键在于是找到合适的工具变量。该工具变量会影响企业获得 R&D 税收激励的概率，但不会影响企业的研发支出水平（只能通过获得 R&D 税收激励间接影响）。参数法处理效应模型能同时关注这两种内生性，接下来运用该模型来加以检验。

处理效应模型由处理方程和主方程组成。第一步处理方程中，协变量除工具变量外，还包括 PSM 估计中的协变量。第二步主方程中，影响企业研发支出强度的因素除了第一步的协变量外（但不包括工具变量和企业规模（*size*），因为以研发支出占营业收入之比的研发支出强度已经包含了营业收入这一规模因素），还包括营业收入增长率、大股东持股比重、董事长与总经理是否同一人等变量（后三个数据来源于 CSMAR）。借鉴 Lokshin 和 Mohnen（2013）、Huang（2015）、Rao（2016）的方法，采用滞后一阶的 R&D 税收激励作为工具变量（*lag_rdtaxdum*）。

为行文简洁，表 5 – 5 仅汇报了两阶段核心变量的估计系数以及工具变量的有效性检验结果。第 1 列是全部样本估计结果。第一步采用 Probit 模型估计企业获得 R&D 税收激励的影响因素，工具变量（*lag_rdtaxdum*）的影响在 1% 水平上显著为正。第二步回归中，R&D 税收激励虚拟变量（*rdtaxdum*）在 1% 水平上显著影响研发强度（*rd*），也就是说，相对于没有获得税收激励的企业而言，税收激励使企业的研发支出强度更高。lambda 值在 1% 水平上显著，表明 R&D 税收激励存在样本选择偏误，采用处理效应模型是适当的。第 2 ~ 4 列是分行业类型的估计结果。三个行业中，仅有资本密集型行业的 R&D 税收激励对研发支出具有显著影响，其余两个行业的影响均不显著。第 5 ~ 6 列是分所有制的估计结果。国有企业的税收激励挤入效应不显著，而非国有企业的激励效应显著。第 7 ~ 8 列是分制度环境的估计结果，制度环境好的地区其激励效应更大。处理效应模型下的估计结果与 PSM 方法下的研究结论一致。

表 5 – 5　R&D 税收激励研发支出效应的处理效应模型检验

变量	全样本	行业			所有制		制度环境	
	(1)	劳动密集型 (2)	资本密集型 (3)	技术密集型 (4)	国有 (5)	非国有 (6)	制度环境好 (7)	制度环境差 (8)
第一步：处理方程，因变量：*rdtaxdum*								
lag_rdtaxdum	0.9216 *** (0.0739)	0.9534 *** (0.1809)	0.8819 *** (0.1284)	0.8325 *** (0.1096)	0.8707 *** (0.12219)	0.9073 *** (0.0964)	0.9617 *** (0.1220)	0.8744 *** (0.0965)
第二步：主方程，因变量：*rd*								
rdtaxdum	0.0252 *** (0.0049)	0.0057 (0.0040)	0.0236 *** (0.0052)	0.0336 (0.0094)	0.0079 (0.0076)	0.0264 *** (0.0064)	0.0258 *** (0.0078)	0.0092 *** (0.0062)
lambda (*p-value*)	−0.0111 *** (0.0028)	−0.0131 *** (0.0024)	−0.0088 *** (0.0030)	−0.0158 *** (0.0051)	−0.0159 *** (0.0044)	−0.0104 *** (0.0036)	−0.0081 ** (0.0045)	−0.0137 *** (0.0035)
obs	3170	350	935	1885	948	2221	1317	1853

注：***、**、* 分别为 1%、5%、10% 水平上显著。

此外，在稳健性检验中还对与处理变量密切相关的实际税率采取其他公式计算①，对协变量中的部分变量加以替代，如融资约束（*fc*）以现金及现金等价物净增加额取对数、出口变量（*export*）以出口占营业收入比重替代出口虚拟变量、政治关联（*pc*）以政治关联得分来量化、所有制（*owner*）以大股东持股比重代替第一大股东性质虚拟变量、地区制度环境（*ins*）以经营环境指数下的法制环境或政府行政管理指标来代替等，得到的结果也是类似的。

5.5.2 R&D 税收激励研发支出效应的影响因素检验

由于制度环境（知识产权保护）调节下 R&D 税收激励水平对额外研发支出的影响至关重要，所以科学衡量知识产权保护水平对于估计结果的稳健性至关重要。借鉴胡凯等（2012）的方法，以地区技术交易市场成交额占当地 GDP 比重来衡量。与其他方法相比较，该方法的优势明显：它是一个客观指标，消除了主观度量指标的因人而异问题；它是一个综合性的指标，包含了与技术交易供求双方偏好、效用评价、地区技术交易市场环境等多方面的信息；它是一个结果性指标，使我们可以不去追溯影响知识产权保护水平的多样化且难以度量的成因，其结果导向性显而易见且便于操作。表 5 -6 中的因变量、估计方法与表 5 -4 相同。

表 5 -6 与表 5 -4 的估计结果较为一致。R&D 税收激励水平（*taxpre*）的影响仍不显著，知识产权保护的影响尽管只有部分显著，但其与 R&D 税收激励水平的交叉项（*ins* × *taxpre*）则均在 1% 水平上显著为正，即知识产权保护对于引导和强化 R&D 税收激励的投资引诱效应具有积极的功效。因此，要提高 R&D 税收激励的挤入效应，不宜再扩大 R&D 税收激励水平，而是应该在制度环境尤其是知识产权保护上下功夫。

表 5 -6　　R&D 税收激励研发支出效应的影响因素检验

变量	(1)	(2)	(3)	(4)	(5)
taxpre	-0.0032 (0.0046)	-0.0019 (0.0033)	-0.0019 (0.0033)	0.0024 (0.0026)	0.0016 (0.0024)
ins	-0.0858 (0.0702)	0.0190 (0.0545)	0.0197 (0.0545)	0.1593*** (0.0475)	0.1848*** (0.0449)

① 参考吴联生、李辰（2007），平均有效税率分别采用以下公式：（1）实际税率 =（所得税费用 - 递延所得税费用）/息税前利润；（2）实际税率 = 所得税费用/息税前利润；（3）实际税率 = 所得税费用/（税前利润 - 递延所得税费用/法定税率）；（4）实际税率 =（所得税费用 - 递延所得税费用）/（税前利润 - 递延所得税费用/法定税率）；（5）实际税率 =（所得税费用 - 递延所得税费用）/经营活动现金净流量。

续表

变量	(1)	(2)	(3)	(4)	(5)
ins × taxpre	0.7291*** (0.1512)	0.4927*** (0.1094)	0.4913*** (0.1095)	0.2118** (0.0878)	0.1408* (0.0809)
size	−0.0074 (0.0055)	−0.0113** (0.0046)	−0.0113** (0.0046)	−0.0065 (0.0041)	−0.0044 (0.0039)
age	−0.0151 (0.0165)	−0.0270** (0.0136)	−0.0267** (0.0136)	−0.0148 (0.0121)	−0.0099 (0.0114)
size × age	0.0017 (0.0022)	0.0032* (0.0018)	0.0031* (0.0018)	0.0016 (0.0016)	0.0009 (0.0015)
行业	控制	控制	控制	控制	控制
地区	控制	控制	控制	控制	控制
年度	控制	控制	控制	控制	控制
obs	2658	2658	2657	2656	2658
R^2	0.1845	0.2037	0.2033	0.2200	0.2205

注：***、**、*分别为1%、5%、10%水平上显著。

5.6 本章小结

普惠型R&D税收激励政策因具市场导向特征，而为市场经济国家广泛采用。在创新型国家建设进程中，中国也适时出台了相关政策，但R&D税收激励的有效性仍是一个缺乏充分实证研究的问题。

本书以前瞻性平均有效税率来度量R&D税收激励，以中国制造业上市公司为样本，采用能克服样本自选择的估计方法，实证检验了R&D税收激励的研发支出效应，发现R&D税收激励显著增加了企业研发投入，现行R&D税收激励政策是有效的。分组检验表明，资本密集型行业、非国有控股企业、制度环境好的地区，R&D税收激励具有显著的挤入效应，R&D税收激励的挤入效应具有异质性。进一步分析R&D税收激励挤入效应的影响因素，发现R&D税收激励水平没有显著影响，但制度环境强化R&D税收激励的挤入效应，即制度环境与R&D税收激励政策对研发支出的影响具有互补性。

第 6 章

R&D 税收激励与企业专利产出

6.1 引　言

R&D 税收激励也称 R&D 税收优惠或 R&D 税式支出，是指政府对从事研发活动的企业少征税或不征税，将本应上缴财政的部分资金留给企业，以支持企业的创新活动。

公共政策的绩效评估是提高政策有效性的重要途径。OECD 国家普遍重视 R&D 税收激励的有效性评估，部分国家甚至将之写进法律和预算文件，并定期开展科学评估。我国目前尚没有编制税式支出预算，我们无法从年度财政预算报告中获得全国或地区 R&D 税收激励规模方面的信息。但零星披露的数据显示，我国每年的 R&D 税式支出规模相当可观。如 2015 年全国高新技术企业减征企业所得税 1000 多亿元，软件和集成电路企业减免企业所得税 300 多亿元，固定资产加速折旧政策减税 100 多亿元，科技成果转化免征增值税 72 亿元，共计减免税 1400 多亿元①。作为一种特殊形式的财政支出，就公共资金的公共性、稀缺性和有效性而言，一个自然而然的问题就是，大量的 R&D 税式支出是否产生了预期的激励效应？从企业研发生命周期来看，R&D 税收激励效应体现在三个环节：研发阶段是否促进企业增加研发支出、产出阶段是否为企业带来创新产出如专利和新产品、商业化阶段是否提高了企业的经济绩效如全要素生产率。目前理论研究主要集中在 R&D 税收激励对厂商研发投资的一阶效应（first-order effects）或数量效应，很大程度上忽略了其对厂商创新产出、经济绩效的二阶效应（second-order effects）或质量效应（Ernst et al.，2014；Castellacci and Lie，2015）。事实上，对企业和社会而言，更关注的是 R&D 税收激励对厂商创新产出、经济绩效

① 吴秋余．2015 年小微企业减免税近千亿支持科技创新减免税 1400 多亿［N］．人民日报，2016－01－29.

的影响。本章关注的是 R&D 税收激励对厂商创新产出的影响。

R&D 税收激励并非随机分布，而是与企业的创新能力密切相关。忽略税收激励以外因素对企业创新的影响，将会高估 R&D 税收激励的创新效应。同时，R&D 税收激励对创新产出的影响并非一蹴而就，而是以研发支出为中介。基于此，首先采用非参数倾向评分匹配法（以下简称 PSM）估计 R&D 税收激励对创新产出的因果效应，然后以研发支出为中介，分析其作用机制。与既有研究相比，本章在以下两个方面对丰富该领域的文献有一定边际贡献。一是在研究方法上，采用了更合理的计量方法。对 R&D 税收激励的专利效应，直接以 PSM 来估计；对 R&D 税收激励专利效应的作用机制，以研发支出为中介，首先采用 PSM 估计 R&D 税收激励的额外研发支出效应，然后以面板计数模型来估计该效应对专利产出的影响。PSM 能克服样本自选择性，面板计数模型能有效处理因变量为非负整数的计量回归问题。二是研究视角上，除关注技术层面因素外，还突出了制度层面因素对研究主题的影响。R&D 税收激励是否激励企业增加研发支出、R&D 税收激励的研发支出效应能否影响企业的创新产出，都与制度环境密切相关。在中国这样一个尚处于制度完备期、地区制度环境存在较大差异的大国，忽略制度因素对政策效应的影响可能难以抓住其关键影响要素。实证研究结果也表明，知识产权保护对研发支出的间接创新产出效应发挥了关键作用。

本章结构安排如下：第二部分是文献回顾与研究假说，第三部分介绍研究设计，包括计量方法与模型变量、数据来源和描述性统计，第四部分是实证结果与分析，第五部分是稳健性检验，最后是本章小结。

6.2

文献回顾与研究假说

公共资金的稀缺性、公共性，要求对各种形式财政支出的有效性进行评估。R&D 税收激励是一种不征收或少征收应纳税额的特殊财政支出或税式支出。R&D 税收激励的有效性是指政府以不征或少征应纳税额来降低企业研发投资的边际成本（Hall and van Reenen，2000），是否促进了企业增加研发支出、提高创新产出（如专利或新产品销售比重）、提高经济绩效（如 *tfp*）。与 R&D 财政补贴相比，R&D 税收激励的优势在于：一是体现了充分的市场取向。由企业而非政府决定投资方向，避免了直接补贴过程中可能出现的寻租、腐败等问题，因而是一种市场友好型的政策工具；二是 R&D 税收激励一般由法律规定，具有可预期性，从而有利于企业的长期投资决策（Carvalho，2011）；三是降低了政府的管理成本、减少了政府挑选失败者（picking-the-loser）的风险。而信息不对称提高了补贴资金的管理成本，由政府主导研发补贴分配存在挑选失败者的风险，可能造成公共资金的低效率配置。因此，在技术创新国际竞争中，R&D 税收激励为许多国家所采用。

既有研究大多集中于 R&D 税收激励对企业研发支出的影响，如 Hall 和 Van Reenen（2000）、Bloom 等（2002）、Baghana 和 Mohnen（2009）、Cappelen 等（2010）、Lokshin 和 Mohnen（2013）等，而对 R&D 税收激励的创新产出效应如专利申请、新产品销售比重等方面的研究不多。究其原因，是因为其估计更为复杂：一是创新产出的内涵宽泛，难以准确界定。绝大多数研究采用专利申请、新产品引入或销售比重来度量。二是与研发支出相比较，形成创新产出需要更长的时间，因而是一个渐进过程。三是 R&D 项目的产出在本质上具有不确定性——预期的创新或商业化可能不会实现。这些复杂性暗含着估计结果存在偏误或不准确的风险（Straathof et al.，2014）。因此，在估计 R&D 税收激励的创新产出效应时，必须谨慎处理创新产出的度量、估计方法的选取、变量滞后要求等。

欧美国家 R&D 税收激励的主要政策工具是税收抵免，因而其实证研究也多以此为对象。既有研究大多采用一步法，即不考虑 R&D 税收激励与创新产出之间可能存在的作用媒介，直接估计税收激励对创新产出的影响。根据 R&D 税收激励的度量方法不同，该领域的研究分为三类。一是以 B－指数①来刻画 R&D 税收激励强度。该方法适用于国别研究。如 Ernst 和 Spengel（2011）使用欧洲 20 个国家的微观数据研究发现，B－指数下降 10 个百分点，专利申请的发生率比将上升 11%，R&D 税收激励对厂商的专利申请有正向影响。Westmore（2013）对 19 个 OECD 成员国的研究发现，B－指数下降 5%（即 R&D 税收激励慷慨度提高 5%），将会使人均专利上升 2.5%。Ernst 等（2014）对欧洲 24 个国家的微观数据研究发现，税收减免、税收抵免、低所得税率都能提高企业的研发投入（数量效应），但仅有低所得税率对专利质量（专利的创新性和产生的增收潜力，即质量效应）有正的影响：专利所得税率降低 10%，将会使专利质量提高 5.6%。二是以用户成本来量化 R&D 税收抵免。用户成本的计算建立在新古典投资模型（Hall and Jorgenson，1967）和 B－指数基础之上，它是研发支出对研发资本的弹性，弹性越大，说明企业研发支出对用户成本越敏感，政策效应越大（Hall and van Reenen，2000）。Moretti 和 Wilson（2014）检验了用户成本对美国生物科技产业集聚州的专利活动影响，发现用户成本下降 10%，将会使这些州的生物科

① B－指数是指为弥补一美元 R&D 支出所要求的税前收入的现值（Warda，2002）。该值越高则税收优惠程度越低，反之反是。

学家专利申请（职务发明）和厂商专利申请增加 27.8%。三是以企业是否享受（至少）一项 R&D 税收激励的虚拟变量来度量。B – 指数或用户成本以国家税制为依据，度量的是国别税收优惠程度，难以刻画微观企业是否受其影响及影响大小。当以微观数据进行研究时，必须注意到企业的 R&D 税收激励具有自选择性，即享受税收激励的厂商本身就可能具有较强的创新能力，不考虑该自选择性将会高估税收激励的政策效应。此时，准实验方法大有可为。Czarnitzki 等（2011）采用能克服样本自选择性的 PSM 方法，对加拿大制造业 R&D 税收抵免的产出效应进行估计发现，与没有享受 R&D 税收抵免的企业相比，无论是否形成新产品（世界首创或加拿大首创新产品）、新产品数量还是新产品销售比重（是否形成新产品、新产品数量表征技术产出，新产品销售比重表征新产品的经济价值），税收抵免都具有显著的积极效应。Dechezlepretre 等（2016）采用回归间断设计（RDD）对英国中小企业 R&D 税收抵免法案的研究发现，与没有得到税收抵免的企业相比，税收抵免会使企业的研发支出增加 1 倍、专利申请提高 60%，并且没有证据表明这些专利具有显著的低市场价值。Cappelen 等（2012）采用工具变量法（IV）对挪威 R&D 税收抵免（以是否参与 SkatteFUNN 计划①的 0 ~ 1 虚拟变量表示）的研究发现，税收抵免仅对外溢性不强的技术创新（厂商新产品即对厂商而言具有新颖性的新产品，以及流程创新）具有显著影响，而对外溢性强的技术创新（市场新产品即对市场而言具有新颖性的新产品，和专利）没有显著影响，税收抵免的激励效应有限。

与国外一样，国内学者对 R&D 税收激励的研究也集中在研发支出效应上，对创新产出效应关注不多。夏力（2012）以实际税率来度量税收优惠，发现所得税税率的降低一定程度上刺激了企业专利数量增加。李林木和郭存芝（2014）研究了省级减免税对高新技术企业研发产出的影响，发现税收减免对科技成果产业化（新产品产值比重）没有明显的正效应，对科技成果形成比例（人均专利量）甚至表现出了负效应。李维安等（2016）研究了所得税优惠对上市民营高新技术企业创新绩效（资本化研发支出）的影响，认为税收优惠在一定程度上提升了企业的创新绩效。张信东等（2014）采用 PSM 方法对被认定为国家级企业技术中心的上市公司研究发现，享受了税收优惠政策的企业有更多的专利、新产品和科

① 挪威企业的研发支出强度低于 OECD 国家的平均水平，为激励企业增加研发投资，2002 年挪威政府实施了以存量 R&D 为基准的税收抵免计划——SkatteFUNN，规定企业（中小企业）研发支出的 18%（20%）可以从企业的收入所得税中抵免。该计划 2002 年适用于中小企业（SMEs），2003 年适用于所有企业。

技奖励①。

尽管大多数研究认为 R&D 税收激励显著增加企业的创新产出，但是，从理论上而言，R&D 税收激励对创新产出存在两种方向相反的影响：一是不论有无税收激励，有利可图的研发项目都会被实施，因而 R&D 税收激励引诱的研发项目有可能低于平均质量。二是由于研发会产生大量的知识外溢性，从事这样的研发项目可能无利可图，此时 R&D 税收激励能够激励那些高于平均知识溢出的项目（Straathof et al.，2014）。因此，R&D 税收激励是否影响企业的创新产出需要通过实证检验才能揭示。据此提出以下对立假设：

假说 6－1（a）：R&D 税收激励能够显著影响企业的专利产出。

假说 6－1（b）：R&D 税收激励不能显著影响企业的专利产出。

一步法的优点是计量过程简便、分析直观，不足之处是将 R&D 税收激励与其他影响创新产出的因素如研发人员投入、知识产权保护等量齐观，没有考虑到 R&D 税收激励对创新产出的影响是以研发投入为中介，然后由研发投入、研发人员、知识产权保护等因素来影响创新产出。事实上，在分析创新产出的专利生产函数中（Griliches 1990），R&D 税收激励并不是其中的自变量。因此，有必要根据 R&D 税收激励的作用过程，将一步法分解为两步来进行估计。两步法下，首先估计 R&D 税收激励对研发支出的影响，然后再以之为自变量来估计其对创新产出的影响。采用两步法的文献甚少，笔者所见仅有 Freitas 等（2017）。Freitas 等（2017）以挪威、意大利、法国三国的微观数据研究发现，R&D 税收抵免对研发支出、研发支出对新产品销售比重都具有显著的正向影响，且该效应与企业所属行业的 R&D 导向（以 R&D 作为开发新技术的主要战略）、产业集中度高度正相关。而将两步法用于 R&D 补贴的创新效应研究较多，如 Czarnitzki 和 Hussinger（2018）、Czarnitzki 和 Licht（2006）、Czarnitzki 和 Delanote（2015）。

---

① 上述文献在关键变量测度、控制变量选用、计量方法选取等方面存在一些不足，从而降低了研究结论的稳健性。如夏力（2012）以实际税率来度量税收优惠，没有揭示税收优惠与非税收优惠的界限，以之来刻画税收优惠是不准确的；不考虑 R&D 税收激励的自选择性，则会产生估计偏误。李林木、郭存芝（2014）将与激励企业创新相关度不高的增值税、营业税减免作为影响创新投入、产出和绩效的自变量，无疑是不准确的。李维安等（2016）以资本化研发支出来度量创新绩效具有新意（研发支出的资本化说明研发工作具备了形成一项新产品或新技术的条件，并被确认为无形资产），但该文也没有考虑 R&D 税收激励的自选择性。张信东等（2014）尽管该文以非参数方法来处理样本自选择性，但值得改进的地方也较多：一是样本的代表性。该文克服了享受 R&D 税收激励样本的自选择性，但没有克服被认定为国家级企业技术中心的上市公司样本的自选择性。二是 R&D 税收激励的度量有待改进。该文以企业是否享受税收优惠的虚拟变量作为处理变量，但该度量以母公司为测算口径，与实证研究中包含母子公司的合并财务报表口径不一致，从而可能出现变量测度误差。三是倾向评分匹配法运用有待改进。适用 PSM 计算倾向得分时，要求尽可能将所有影响企业获得税收优惠的因素纳入在内，否则容易导致回归偏误、降低回归结果的可靠性。但该文在 Logistic 回归分析时忽略了影响 R&D 税收激励一些重要因素，尤其是制度因素的影响。

研究 R&D 税收激励对研发支出的影响的文献几乎都得出了 R&D 税收激励会产生额外研发支出的结论，如 Hall 和 van Reenen（2000）、Bloom 等（2002）、Baghana 和 Mohnen（2009）、Cappelen 等（2010）、Lokshin 和 Mohnen（2013）、娄贺统和徐浩萍（2009）、夏力（2012）、林洲钰等（2013）、柳光强等（2015）等。除额外研发支出外，反事实研发支出同属研发支出，二者是否会对创新产出产生差别性影响？R&D 税收激励的初衷是以税式支出为代价，鼓励企业去从事高社会回报或高溢出性研发项目。作为市场取向性的研发鼓励政策，以及缺乏强制性实施机制如限定企业的技术创新领域，企业会优先投资于高私人回报项目，而非高社会回报项目。而创新往往产生于私人回报与社会回报之间具有较大悬殊的领域（Hall and van Reenen，2000）。因此，R&D 税收激励引诱的额外研发支出就可能偏离能产生具有重大技术突破、具有很强技术外溢性的创新产出，从而不能带来显著的创新产出效应。为在日趋激烈的国内外市场竞争中占据一席之地，无论有无税收激励，企业都会倾向于高私人回报项目，努力将私人研发支出转换为创新产出。而知识产权保护对技术创新的重要性不言而喻（诺斯和托马斯，1999）。在知识产权保护的激励下，私人研发支出能转化为更多的创新产出。据此提出：

假说 6－2：R&D 税收激励引致的研发支出和反事实研发支出不能直接增加创新产出，但在知识产权保护的调节下，两类研发支出能间接增加创新产出，知识产权保护缓解了 R&D 税收激励的政策失灵风险。

6.3 研究设计

6.3.1 计量方法与模型变量

本章依次研究 R&D 税收激励的专利效应及其作用机制。对 R&D 税收激励的专利效应采用 PSM 一步法直接估计。对 R&D 税收激励专利效应的作用机制采用两步法，即首先以 PSM 估计 R&D 税收激励的额外研发投入效应，然后以面板计数模型来估计该效应对创新产出的影响。

6.3.1.1 PSM 及其应用中的变量

R&D 税收激励具有样本自选择性。处理样本自选择带来的内生性问题，常见的思路是采用反事实框架，基本方法是 PSM。运用该方法的关键，是为享受

R&D税收激励的企业匹配其他特征相似、但没有享受R&D税收激励的样本企业。PSM应用中的变量包括处理变量、结果变量和协变量。以PSM分别估计R&D税收激励的额外专利效应和额外研发支出效应时，其处理变量和协变量相同、但结果变量不同。

（1）处理变量为R&D税收激励虚拟变量（*rdtaxdum*）。第5章曾指出，以企业是否获得至少一项R&D税收激励（如R&D税收抵免、加速折旧、低税率优惠等）的虚拟变量来量化中国上市公司是否享受R&D税收激励会产生测量误差，而以企业的实际所得税率是否低于法定所得税率来度量必须谨慎，因为造成实际税率低于法定税率的非R&D税收激励因素很多（见本书5.3.2.1）。与第5章对R&D税收激励采用前瞻性测度不同，本章采用后视性测算，即依据历史税收数据，以企业纳税额与同期应纳税所得额之比来估算，它反映的是以往税收政策的历史影响。

借鉴Wilkie（1998），以1减去平均有效税率与法定税率之比来度量R&D税收激励，其合理性如下：

企业的平均有效税率（average effective tax rates，ETR）是税收负担（tax burden，TB）与税前会计收入（pre-tax economic income，PTI）的比值，即：

$$\mathrm{ETR}=\frac{\mathrm{TB}}{\mathrm{PTI}} \tag{6-1}$$

税收负担等于应税收入（Taxable Income，TI）乘以法定税率（Tax Rate，TR）减去税收抵免（Tax Credits，TC）①，即：

$$ETR=\frac{TI\times TR-TC}{PTI} \tag{6-2}$$

应税收入（TI）为税前会计收入（PTI）与税收优惠（Tax Preference，TP）之差。税收优惠是一些在税法下受到特别处理、引起税前会计收入和应税收入分离的项目，以及与税收抵免相等的税收抵减项和特别税率项目②。这样，（6-2）式可进一步变形为：

$$ETR=\frac{(PTI-TP)\times TR}{PTI}=\left(1-\frac{TP}{PTI}\right)\times TR \tag{6-3}$$

从而有：

$$\frac{TP}{PTI}=1-\frac{ETR}{TR} \tag{6-4}$$

---

① 美国的R&D税收激励政策主要是研发投资税收抵免。

② 在我国，税收优惠主要包括高新技术企业低税率、研发设备加速折旧、研发费用加计扣除等项目。

即税收优惠强度（税收优惠占税前会计收入的比重）等于1减去实际税率除以法定税率的比值。令税收优惠强度为 $taxpre=\frac{TP}{PTI}$，如果 $taxpre>0$，即 $\frac{ETR}{TR}<1$ 或 $ETR<TR$（但要求 $ETR>0$，否则无意义），则认为企业享受了税收优惠；反之，$\frac{ETR}{TR}>1$ 或 $ETR>TR$（但要求 $ETR<1$，否则无意义），则企业没有享受税收优惠。接下来分析该公式对我国R&D税收激励测度的适用性。

根据我国《企业所得税法》"税收优惠"部分的条文（第26~34条），与制造业企业所得税优惠相关的重要条款有：符合条件的技术转让所得（第27条第4款）、高新技术企业适用15%的低税率（第28条第2款）、研发费用加计扣除（第30条第1款）、固定资产加速折旧（第32条）等。显然，这些税收优惠条款均与企业的研发活动有关。因此，公式（6-4）完全适用于本章的分析。令 *rdtaxdum* 为企业享受研发税收优惠的虚拟变量。如果 $taxpre>0$，则 $rdtaxdum=1$；如果 $taxpre<0$ 时，则 $rdtaxdum=0$。尽管本章最终仍以实际税率与法定税率之比这一通俗方式来逆向度量R&D税收激励，但它建立在公式推导和法律条文适用性分析的基础之上，为该度量方法的合理性提供了理论支持。

（6-4）式中关键是得到平均有效税率（ETR）。根据新的企业所得税法及实施条例[①]，并借鉴吴文锋等（2009），采用下式来计算平均有效税率：

$$ETR=\frac{TE-DTE}{PTI+DV-IG+CD+CBI} \tag{6-5}$$

其中：*ETR* 表示实际所得税率，*TE* 表示所得税费用，*DTE* 表示递延所得税费用，*PTI* 为税前会计收益，*DV* 为当期计提的资产减值准备，*IG* 为投资收益，*CD*、*CBI* 分别表示收到的现金股利和债券利息。分子为当期所得税，分母为按照中国实际征税方法进行调整的税前会计收益。

（2）结果变量。运用PSM估计R&D税收激励的创新产出效应时，以专利产出作为结果变量，包括专利申请量（*patapp*）和专利公开量（*patopen*），具体分析见本书3.3.2.1部分。以PSM估计R&D税收激励的研发投入效应时，以研发支出强度（*rd*）即研发支出占营业收入的比重作为结果变量，具体分析见本书2.3.2.2部分。

① 《企业所得税法》第十条第（七）规定：未经核定的准备金支出，在计算应纳税所得额时不得扣除。《中华人民共和国企业所得税法实施条例》第五十五条规定：企业所得税法第十条第（七）项所称未经核定的准备金支出，是指不符合国务院财政、税务主管部门规定的各项资产减值准备、风险准备等准备金支出。因此，影响递延所得税负债的8项减值准备（坏账准备、短期投资跌价准备、存货跌价准备、长期投资减值准备、固定资产减值准备、无形资产减值准备、在建工程减值准备和委托贷款减值准备）均不能在税前列支，在计算所得税应纳税所得额时都必须转回。

（3）协变量。影响企业获得 R&D 税收激励的协变量与本书 5. 3. 2. 3 部分相同。

6. 3. 1. 2　面板计数模型及其应用中的变量

以知识生产函数分析 R&D 税收激励影响专利产出的作用机制时，因变量专利（包括发明、实用新型和外观设计专利）为整数，处理该类数据需要运用计数模型。

（1）因变量。分别以专利申请量（*patapp*）和专利公开量（*patopen*）为因变量，变量分析见本书 3. 3. 2. 1 部分。

（2）自变量和控制变量。

自变量是研发投入。研发投入由两部分构成，即：

$$rd = \alpha^{TT} + rd^{C} \tag{6-6}$$

（6－6）式右边第一项（α^{TT}）是税收激励引致的额外研发投入，当企业没有享受税收激励时该项为 0。第二项（rd^{C}）是反事实研发支出，即没有税收激励时企业也会发生的研发支出。第一项采用 PSM 估计直接得到，第二项等于研发支出减去第一项。

为检验假说 6－2，还构造知识产权保护（*ipp*）与两类研发支出的交叉项（$ipp \times \alpha^{TT}$、$ipp \times rd^{C}$）。知识产权保护水平以中国分省企业经营环境指数中“企业经营法制环境”下的“经营者合法权益保障”来量化。“经营者合法权益保障”包括知识产权、合同执行、人身和财产安全三个细分指标，但该报告仅提供了合成的“经营者合法权益保障”指数，没有提供其中的知识产权指数。鉴于合同执行、人身和财产安全这两项指标都与法治水平相关，而一个地区的法治水平在知识产权、物权、债权、人身权保护方面应该是处于同一水平的，因此，本章将以“经营者合法权益保障”指数来代替知识产权保护水平。该指数 2013 年缺失值也通过简单 OLS 回归递推得到。

控制变量与 PSM 估计中的协变量基本相同（Czarnitzki and Hussinger，2004；Czarnitzki and Licht，2006；Czarnitzki and Delanote，2015；Guo et al.，2016），区别在于没有包括后者中的政治关联、制度环境与政治关联的交叉项，而制度环境以知识产权保护来替代。

前述诸因素中，除公司年龄（*age*）外，其他因素都取滞后一期值，以尽量控制变量间的相关性。此外，根据 Czarnitzki 和 Licht（2006）的建议，还进一步控制产业、地区、时间等虚拟变量的影响。

6.3.2 数据来源

研究样本为中国沪深两市制造业上市公司。前述变量中，关键变量即 R&D 税收激励源于测算，测算所需数据来自国泰安数据库（CSMAR）；研发支出通过手工整理上市公司年报得到，具体说明见本书 2.3.2.2 部分；专利数据通过专业专利网站——佰腾网，逐一输入上市公司名称检索得到。其余财务数据来自于国泰安数据库（CSMAR）。

我国新企业所得税法于 2008 年实施，为消除过渡期政策实施的影响，以及本文数据搜集时间为 2014 年，因此数据起止时间为 2009 ~ 2013 年。剔除 ST、注册地为西藏（主要信息缺失）的公司后，一共获得了 1223 家上市公司数据，共有样本 5460 个（部分上市公司数据少于 5 年）。其中，深市主板 144 家、中小板 502 家、创业板 204 家，沪市主板 373 家。参照已有研究的处理方法（吴文锋等，2009），将实际税率大于 1 或者小于 0、当期所得税小于 0 的样本作为异常值剔除，实际样本 4990 个。

6.3.3 描述性统计

根据税收优惠强度计算公式 $taxpre = \frac{TP}{PTI}$，如果 $taxpre > 0$，即企业享受了 R&D 税收优惠，从而 $rdtaxdum = 1$，否则 $rdtaxdum = 0$。测算税收优惠强度（*taxpre*）的关键是计算出实际税负（*ETR*）。计算表明，全样本的实际税负均值为 0.1858，低于和高于法定税负（25%）的样本分别有 4085 个和 836 个，二者的均值分别为 0.1484 和 0.3683；全样本的税收优惠强度均值为 0.2568，享受与未享受 R&D 税收激励的样本税收优惠强度均值分别为 0.4062、-0.4733。因而，享受与未享受 R&D 税收激励的样本分别有 4085 个和 836 个，二者分别占观察值的 83% 和 17%。也就是说，大部分样本在研究期内享受了税收激励。

将全体样本按照享受 R&D 税收激励与否分组，对 R&D 税收激励的专利效应估计中所涉变量进行描述性统计，并计算均值差异的显著性水平，结果见表 6-1。表 6-1 中，结果变量（*patapp*、*patopen*）在两组间不存在显著差异。这似乎表明，R&D 税收激励对企业的创新产出不存在显著影响。其他变量中，除托宾 *q* 值（Tobinq）、市场集中度指数（HHI）、制度环境（ins）外，其他变量在两组间均存在显著差异。但要证实 R&D 税收激励对企业的创新产出效应，还必须考虑税收激励内生性的影响。

表 6－1　　享受与未享受 R&D 税收激励样本的均值差异显著性

变量	享受 R&D 税收激励（*rdtaxdum* = 1）			未享受 R&D 税收激励（*rdtaxdum* = 0）			均值差异的显著性
	观察值	均值	标准误	观察值	均值	标准误	
patapp	4085	37.9158	122.9855	836	36.9265	178.7323	－0.1995
patopen	4085	32.8054	98.2508	836	31.8545	135.6593	－0.2469
hightech	4085	0.7900	0.0064	836	0.4725	0.0173	－19.7945 ***
fc	4073	0.0420	0.0032	836	0.0097	0.0034	－4.5217 ***
size	4079	7.5594	0.0174	836	8.0384	0.0384	11.3532 ***
$size^2$	4079	57.9763	0.3155	836	65.0502	0.6655	9.8340 ***
age	4085	2.4463	0.0067	836	2.5740	0.0132	7.9861 ***
history	4085	0.8296	0.0059	836	0.7476	0.0150	－5.5886 ***
capint	4078	12.3136	0.0139	836	12.4186	0.0329	3.0784 ***
owner	4085	0.3013	0.0072	836	0.4593	0.0172	8.9332 ***
roe	4078	0.0925	0.0011	836	0.0742	0.0028	－6.7972 ***
lev	4062	0.3532	0.0031	836	0.4698	0.0066	15.6254 ***
Tobinq	4014	1.8094	0.0178	834	1.7603	0.0385	－1.1459
export	4085	0.7425	0.0068	836	0.7022	0.0158	－2.4094 **
HHI	4081	0.2125	0.0030	836	0.2117	0.0006	－1.0241
pc	4085	0.4257	0.0077	836	0.3923	0.0169	－1.7807 *
ins	4085	1.1332	0.0006	836	1.1322	0.0014	－0.6704
$ins \times pc$	4085	0.4833	0.0088	836	0.4436	0.0191	－1.8689 *

注：各变量因部分样本缺失，致使享受税收激励和未享受税收激励样本之和小于 4990。均值差异的显著性水平一列中，数值为 T 统计量。***、**、* 分别为 1%、5%、10% 水平上显著。

6.4 实证结果和分析

6.4.1　R&D 税收激励的专利产出效应

首先检验假说 6－1。由于影响企业获得 R&D 税收激励的协变量较多且样本量较大，根据 Zhao（2004）的建议，没有采用协变量较少（低于 8 个）、样本较少的马氏距离匹配方法，而是采用倾向评分来匹配。匹配方法包括 K 近邻匹配（$k=1$，4）、卡尺内近邻匹配、半径匹配、核匹配等。按照 PSM 的估计步骤，应依次估计企业获得 R&D 税收激励的概率并得到每一样本的倾向得分、对匹配样本的平衡性加以检验、计算不同匹配方法下的倾向评分匹配结果。为节省篇幅，表 6－2 仅报告了最后一步估计结果。

前 4 列以专利申请为结果变量的估计表明，无论采用哪一种匹配方法、对哪一类专利而言，都没有发现 R&D 税收激励对企业的专利申请具有显著的影响。也就是说，与没有获得 R&D 税收激励的企业相比，得到 R&D 税收激励的企业，其平均（总体）专利申请并不会更多，因而，R&D 税收激励没有对企业的专利申请产生额外影响。后 4 列以专利公开为结果变量，结果也是一样的。因此，对创新产出而言，R&D 税收激励没有产生显著的额外影响。R&D 税收激励之所以未能产生显著的额外专利效应，则需要分析其作用机制。

表 6－2　　R&D 税收激励的专利效应

匹配方法	专利申请				专利公开			
	专利总数（1）	发明（2）	实用新型（3）	外观设计（4）	专利总数（5）	发明（6）	实用新型（7）	外观设计（8）
K 近邻匹配（$k=1$）	5.3087 (16.4655)	1.4011 (7.4124)	3.9430 (7.5294)	－0.0354 (2.5793)	13.0206 (12.0303)	3.6492 (3.2859)	6.3904 (6.1437)	0.3445 (2.8662)
K 近邻匹配（$k=4$）	0.5508 (12.6393)	－0.2787 (5.5736)	1.4925 (5.9338)	－0.6630 (2.0925)	9.4189 (9.5285)	4.5157 (3.1534)	4.2213 (5.0291)	－0.3925 (2.3654)
卡尺内近邻匹配	0.5522 (12.6393)	－0.2782 (5.5736)	1.4929 (5.9338)	－0.6625 (2.0925)	9.4203 (9.5286)	4.5148 (3.1519)	4.2215 (5.0291)	－0.3918 (2.3654)
半径匹配	3.6002 (11.6520)	0.9247 (5.1376)	2.7655 (5.4703)	－0.0900 (1.8715)	8.5776 (8.7900)	4.2716 (2.9758)	3.7083 (4.6372)	－0.0746 (2.1836)
核匹配	2.4880 (11.2545)	0.2022 (4.9624)	2.3515 (5.2836)	－0.0657 (1.9350)	7.9992 (8.4921)	4.0717 (2.8497)	3.4133 (4.4792)	－0.0229 (2.1105)
obs	3689	3689	3689	3689	3689	3689	3689	3689

注：平均处理效应的显著性根据其 T 统计量来判定，1%、5%、10% 显著性水平对应的 T 值分别为 2.58、1.96、1.65。表 6－2 中各平均处理效应的 T 统计量均小于 10% 显著性水平的临界值 1.65。表 6－3 中平均处理效应的显著性水平也据此判断。

6.4.2　R&D 税收激励影响专利产出的作用机制

6.4.2.1　R&D 税收激励的研发投入效应

表 6－3 是以研发支出为结果变量、采用不同匹配方法得到的匹配结果。从表 6－3 来看，不同匹配方法下处理组的研发支出强度相同（因为获得 R&D 税收激励的样本相同），均为 0.0406，而控制组的研发支出强度略有差异（因为不同匹配方法下的控制组样本略有不同）。不同匹配方法得到的匹配结果极为接近，介于 0.0058～0.0068（均值为 0.0064），且均在 1% 水平上显著（1%、5%、10% 显著性水平对应的 T 统计量临界值分别为 2.58、1.96、1.65）。这表明，R&D 税收激励产生了显著的额外研发支出效应，且该效应占企业研发支出强度的 15.76%（＝0.0064/0.0406）。即享受 R&D 税收激励企业的研发支出中，15.76% 是由税收激励引诱而来的，84.24% 为反事实研发支出（没有税收激励企业也会发生的研发支出）R&D 税收激励的直接效应或数量效应得到了证实①。

表 6－3　　R&D 税收激励的研发投入效应

匹配方法	处理组	控制组	差异值	标准差	T 统计量
K 近邻匹配（$k=1$）	0.0406	0.0349	0.0058	0.0020	2.83***
K 近邻匹配（$k=4$）	0.0406	0.0340	0.0066	0.0016	4.02***
卡尺内近邻匹配	0.0406	0.0340	0.0066	0.0016	4.83***
半径匹配	0.0406	0.0342	0.0064	0.0016	4.13***
核匹配	0.0406	0.0338	0.0068	0.0015	4.57***

注：*** 为在 1% 水平上显著。

6.4.2.2　额外研发投入对创新产出的影响

接下来以面板计数模型分析 R&D 税收激励的额外研发投入对专利产出的影响。模型适用上，经过面板泊松回归（随机效应和固定效应）、负二项面板回归（随机效应和固定效应）以及 Hausman 检验，表 6－4 中的 8 个模型均一致适用随机效应面板负二项回归。第 1～4 列是以专利申请为因变量、以 K 近邻匹配（$k=1$）得到 R&D 税收激励的额外研发投入效应、反事实效应及其与知识产权保护的

① 表 6－3 的估计结果与表 5－2 的估计结果略有差异，是因为二者对 R&D 税收激励的测度方法不同所致，但整体上均表现为积极影响。

交叉项为核心解释变量、报告发生率比的回归结果。发生率比是指假定其他变量不变，自变量增加1个单位，因变量是原来的多少倍。如果该系数小于1，则说明该变量对因变量的影响为负。只有当该系数大于1时，其对因变量才具有正向影响。

第1列以专利申请总数为因变量。R&D税收激励的额外研发投入（α^{TT}）、反事实研发投入（rd^{C}）对专利申请的发生率的比值为正但均不显著，表明这两类研发支出对企业的专利申请没有产生显著的直接影响。与表6-3结合起来看，可以发现，尽管中国的R&D税收激励产生了显著的额外研发支出效应，但该效应并没有促成相应的专利产出，中国的R&D税收激励在将知识投资转化为技术产出方面成效不彰，中国情景下的R&D税收激励面临类似的“欧洲悖论”困境。所谓“欧洲悖论”是指欧洲创新体系在基础研究、主要由公共R&D支出激励的研发支出是有效的，但在创新产出上（无论是技术方面还是商业化方面）是低效的（Hammadou et al.，2014）。换句话说，公共支持在激励创新投入（R&D）和创新产出之间有断裂（OECD，2012）。R&D税收激励引致的研发支出之所以未能影响专利产出，主要原因有两个方面。

一是市场取向型的产业研发政策无法强制企业从事社会回报率高的项目。R&D税收激励是市场取向型的产业研发政策，由企业而非政府决定研发投资方向。不论有无税收激励，有利可图的研发项目都会被实施，私人回报率最高的项目会被优先实施。尽管R&D税收激励鼓励企业开展具有高社会回报率的研发项目，但由于缺乏强制实施机制，出于自利动机，企业仍会优先选择私人回报率高的项目。而创新往往产生于私人回报与社会回报之间具有较大悬殊的领域（Hall and van Reenen，2000）。R&D税收政策激励的研发支出和反事实研发支出偏离社会回报率高的研发项目，制约了创新产出的形成。R&D税收激励因政策特质（市场取向型、缺乏强制实施机制）而不利于产生更多的创新产出。

二是技术创新成果的新颖性要求缺失制约了企业的创新努力。R&D税收激励政策没有对企业的技术创新成果提出新颖性要求，如国际前沿或国家前沿或行业前沿等，也会弱化其专利效应。距离技术前沿的距离远近，在很大程度上决定了企业采取何种技术开发策略，即技术引进还是自主创新。距离技术前沿较远的企业，其理性选择是技术模仿而非技术创新，企业缺乏动力和技术基础去从事突破性研发活动，从而难以形成专利。而距离技术前沿较近的企业，没有技术模仿空间，从长期来看，技术创新是其理性选择，但现行R&D税收激励政策并没有设置创新成果的新颖性要求。同时，对处于技术前沿的厂商而言，技术创新面临的重大风险是创新成果能否得到有效的知识产权保护，否则，各种显性或隐性侵权行为无法得到有效救济将使这一要求无从实施。而当前我国的知识产权保护水平还难以担此重任（胡凯等，2012）。因此，企业的理性选择仍是从事技术进步、技术改造等缺乏突破性的边际研发活动，从而无助于专利产出增加。它凸显了知识产权保护对于实现政策效应的重要性，或者说制度建设与政策完善具有互补性。与世界上大部分国家相比，中国的 R&D 税收激励非常慷慨，它有效降低了距离技术前沿较远企业研发的税收成本，为创新型国家建设进程中的技术模仿提供了动力，并助推我国部分行业通过技术引进消化吸收再创新，逐步接近世界技术前沿。从这个意义上来看，不设置技术要求的 R&D 税收激励政策具有阶段性，它对于我国过去多年来的技术模仿具有促进作用，但为实现创新型国家建设目标，为促进更多行业在技术上接近并引领世界前沿，慷慨的 R&D 税收激励应逐步设置创新成果要求，尤其是国际领先的技术要求，并辅以逐步完善的知识产权执法来保护创新收益。

知识产权保护（*ipp*）对专利申请的影响也不显著，但知识产权保护与二者的交叉项（$ipp \times \alpha^{TT}$、$ipp \times rd^{C}$）则在 5% 水平上均显著为正，其发生率比分别为 8.1709、12.5131，即知识产权保护与 R&D 税收激励的挤入效应（反事实效应）的交叉项增加 1 单位，企业的专利申请将增加 7.1709（11.5131）个单位，前者为后者的 62.28%，即后者对专利产出的影响更大。前者的 1 单位是知识产权保护水平分别与挤入效应、反事实效应的乘积。两个变量的均值分别为 0.0038、0.0410，其增加 1 个单位是指二者分别从 0.0038 增加到 1.0038、从 0.0410 增加到 1.0410。显然，这两个变量增加 1 个单位意味着知识产权保护水平和/或挤入效应（反事实效应）要有极大的增加才能实现。这意味着，尽管 R&D 税收激励的挤入效应和反事实效应无助于直接增加企业的专利申请，但是在知识产权保护水平能够越高的地区，预期创新产出能得到更有效的保护和独占创新收益，企业有更大地激励增加两类研发支出，从而能够间接地增加企业的专利申请。在这个意义上，知识产权保护在一定程度上缓解了 R&D 税收激励缺乏直接专利效应的政策失灵风险，提高知识产权保护水平对于改善 R&D 税收激励的创新产出效应极具意义。假说 6-2 得到了证实。

第 2 列是以发明专利为因变量的回归结果。与第 1 列相同，具有显著性的影响因素也是两个交叉项（$ipp \times \alpha^{TT}$、$ipp \times rd^{C}$），且相应的系数更大，即知识产权保护下 R&D 税收激励引致的研发支出和反事实研发支出对发明专利的影响更大。原因在于，发明专利的技术新颖度最高，对知识产权保护的要求和敏感度最高，知识产权保护水平的微小改进，将会使发明专利增量更大。

第 3 列中，两类研发支出（α^{TT}、rd^{C}）及其与知识产权保护的交叉项（$ipp \times \alpha^{TT}$、$ipp \times rd^{C}$）对实用新型申请的影响均不显著。尽管实用新型的创造性和技术水平较发明专利低，但其实用性强，在中国大量企业仍处于从技术模仿向技术创新跨越阶段，实用新型对于企业的生存和发展仍至关重要（样本企业的实用新型平均申请量 16.8982 件，高于发明和外观设计的平均申请量，后者分别为 14.4623 件和 6.0062 件）。实用新型的创造性和新颖性低于发明，企业无须投入过多的研发经费且研发风险较小，而主要依赖研发人员的研发经验，因而对研发资金投入不甚敏感。在知识产权保护上，由于现代技术进步加速，技术周期普遍降低，实用新型的技术周期普遍低于其法定保护期，因而其对知识产权保护也不敏感。由于实用新型对知识产权保护的敏感度不高，即便是知识产权保护水平提高，也难以激励企业通过增加研发支出来形成更多的实用新型专利，因此，知识产权保护对研发支出的实用新型专利申请调节作用就难以发生。第 4 列中，R&D 税收激励的挤入效应（α^{TT}）、反事实研发支出（rd^{C}）、知识产权保护（*ipp*）对外观设计具有显著影响，但其系数分别仅为 0.0039、0.0004、0.001，远小于 1，说明在其他因素不变的情况下，这三个因素将会使企业的外观设计申请量显著下降。其原因在于，R&D 税收激励引致的研发支出、反事实研发支出越多，或知识产权保护越严格，企业更倾向于从事技术新颖度高、能带来更大法定垄断利润的专利如发明和实用新型，从而减少对技术新颖度低的外观设计的投入，造成外观设计申请下降。

控制变量中，高新技术企业虚拟变量（*hightech*）在四个方程中均具有显著性，表明越是高新技术企业，其专利申请越多。这既是企业创新能力的体现，也是因为企业要在下一期继续享受高新技术企业税收优惠，也必须保持创新的持续性。同时，该变量对三类专利申请的影响呈递减之势，说明越是高新技术企业，对技术新颖度越高的发明专利越重视。此外，企业的研发活动历史（*history*）也具有显著的正向影响，这证实了创新惯性假说（董雪兵和史晋川，2006）。企业规模的平方（$size^2$）在前两列为正，说明企业规模对创新产出的影响呈 U 形，可能的原因在于，随着对外开放，企业规模较小亦即企业处于起步阶段，技术水平较低，通过学习和模仿，此时创新投入的边际创新产出较高；而当企业规模较大时，创新投入的规模经济效应发挥作用，如中国的创新巨人华为、中兴等。相对而言，处于中间规模阶段的创新产出会比较低。而所有制（*owner*）在第 1、3 列为正，则表明国有企业在专利申请上具有一定优势，这与国有企业的研发能力、国企负责人的绩效考核等有关（余明桂等，2016）。第 3 列中企业年龄（*age*）的影响尽管显著为正，但其系数小于 1，意味着企业年龄增加 1 倍，将会使专利申请降低 0.1585（1 - 0.8415）。这可能是因为年龄越大企业会趋于守成，研发动力减缓。而初创企业或年轻企业因缺乏抵押品或良好的信贷记录，面临的研发融资难题更大。研发进入障碍导致行业整体竞争水平降低，在位厂商的创新压力更小。而年轻公司的加入能降低这些障碍和刺激竞争（Straathof et al.，2014）。因此，并非年龄越大的公司其创新能力越强。第 4 列中资本密集度（*capint*）降低外观设计申请量，则是源于外观设计是一种人力资本密集型活动，对物资资本投入的依赖度很低。而出口（*export*）对外观设计申请具有显著的正向影响，可能是因为中国尚处于从模仿创新向自主创新跨越阶段，出口企业在产品外观设计上下功夫更利于发挥其比较优势，因而，出口倾向有助于增加外观设计申请量。

表 6－4 第 5～8 列是以专利公开为因变量的回归结果。后四列中具有显著性的解释变量与前四列几乎一致（除第 4 列略有不同外），其区别在于解释变量的系数大幅上升。这是因为，专利公开的实质是以技术公开获得一定保护期的独占收益，在公开期内如果专利被侵权，专利权人只能诉诸专利法等加以维权。通过权衡专利公开的风险与收益，专利权人决定是否公开，此时，公开与否在很大程度上就取决于知识产权保护的效力。因此，与专利申请相比，专利公开对知识产权保护水平更加敏感，知识产权保护越严格，研发支出（额外研发支出和反事实研发支出）对专利公开的影响就越大。这也再次表明知识产权保护对于技术创新产出尤其是专利公开的重要性。控制变量上，具有显著性的影响因素与前 4 列基本相同。

以公开促保护是专利法的立法宗旨之一。根据专利法，发明和实用新型专利申请人应将其专利申请按照技术公开和可复制原则提交专利管理机关，由后者予以公布。相关技术需求者通过向专利权人支付专利许可使用费获得使用权，从而有利于知识扩散，推动社会技术进步，并避免重复投资。R&D 税收激励不能带来相应专利产出的后果，使公共资金的配置效益局限于个体而非社会，在一定程度上背离公共资金的公共受益初衷，并产生了收入再分配效应。因而，作为一项普惠性的公共政策，为提高 R&D 税收激励的专利产出效应、走出“欧洲悖论”，一是要进一步强化知识产权保护对研发支出的调节效应，二是要设置技术要求来引导创新产出。

表 6－4　　R&D 税收激励的研发投入效应对专利产出的影响

变量	专利申请				专利公开			
	专利总数	发明	实用新型	外观设计	专利总数	发明	实用新型	外观设计
	(1)	(2)	(3)	(4)	(5)	(6)	(7)	(8)
α^{TT}	0.4865 (0.5953)	1.1936 (1.5315)	0.6045 (0.8939)	0.0039* (0.0133)	0.8058 (0.9572)	1.3003 (1.6587)	0.9192 (1.4386)	13.8536 (44.0595)
rd^C	0.2233 (0.3101)	0.6668 (0.9717)	0.1577 (0.2621)	0.0004** (0.0016)	0.7223 (0.9703)	0.6010 (0.8945)	0.5768 (0.9989)	0.5574 (1.9506)

续表

变量	专利申请				专利公开			
	专利总数	发明	实用新型	外观设计	专利总数	发明	实用新型	外观设计
	(1)	(2)	(3)	(4)	(5)	(6)	(7)	(8)
ipp	0.1927 (0.2530)	4.3516 (6.5934)	0.0314 (0.0502)	0.0001 *** (0.0002)	0.3023 (0.3911)	2.8587 (4.3347)	0.0775 (0.1223)	0.0012 ** (0.0038)
$ipp \times \alpha^{TT}$	8.1709 ** (8.6026)	13.6385 ** (15.7167)	0.9429 (1.2315)	34.7866 (99.3842)	16.1598 *** (17.2733)	81.5211 *** (98.8069)	1.4622 (1.9747)	0.1946 (0.5508)
$ipp \times rd^{C}$	12.5131 ** (15.0920)	33.3448 *** (43.4100)	0.9601 (1.4085)	36.5085 (116.3963)	16.4788 ** (19.8366)	85.6928 *** (118.1589)	1.0366 (1.5606)	0.0376 (0.1174)
hightech	2.0042 *** (0.1571)	2.0373 *** (0.1887)	1.9078 *** (0.1788)	1.5436 ** (0.2662)	1.5828 *** (0.1193)	1.8627 *** (0.1721)	1.4310 *** (0.1295)	1.2808 (0.2261)
fc	1.0011 (0.1660)	1.2508 (0.2308)	1.1323 (0.2199)	0.8486 (0.2591)	0.8392 (0.1349)	0.7475 (0.1515)	1.0743 (0.1978)	0.4018 *** (0.1246)
size	0.7959 (0.2243)	0.6372 (0.2058)	0.8828 (0.3043)	0.9928 (0.5744)	0.6783 (0.1897)	0.4900 (0.1586)	0.7921 (0.2634)	2.0100 (1.2821)
$size^2$	1.0371 ** (0.0184)	1.0530 ** (0.0215)	1.0335 (0.0222)	1.0284 (0.0366)	1.0476 *** (0.0184)	1.0699 *** (0.0217)	1.0384 * (0.0216)	0.9903 (0.0389)
age	0.9204 (0.0760)	0.8625 (0.0864)	0.8415 * (0.0824)	1.0989 (0.1935)	0.9506 (0.0781)	0.8820 (0.0855)	0.9237 (0.0899)	1.1502 (0.2250)
history	4.6392 *** (0.4466)	4.1315 *** (0.4872)	5.3885 *** (0.6950)	3.3577 *** (0.7495)	11.9228 *** (1.3801)	8.0367 *** (1.0820)	15.4771 *** (2.4755)	12.2992 *** (3.7916)
capint	0.9531 (0.0326)	0.9945 (0.0395)	0.9858 (0.0392)	0.8103 *** (0.0594)	1.0273 (0.0347)	1.0949 ** (0.0439)	1.0037 (0.0394)	0.8307 ** (0.0648)
owner	1.3385 *** (0.0948)	1.6290 (0.1388)	1.2488 *** (0.1053)	0.9857 (0.1516)	1.2969 *** (0.0904)	1.4470 *** (0.1173)	1.2558 *** (0.1040)	0.9001 (0.1499)
HHI	3.5647 (7.0491)	1.8598 (4.7621)	2.4916 (5.7215)	2.3436 (7.3107)	0.3279 (6.2343)	3.4010 (8.1111)	3.5923 (8.1422)	2.2205 (70.4366)

续表

变量	专利申请				专利公开			
	专利总数	发明	实用新型	外观设计	专利总数	发明	实用新型	外观设计
	(1)	(2)	(3)	(4)	(5)	(6)	(7)	(8)
export	1. 0478 (0. 0711)	1. 0807 (0. 0855)	0. 9453 (0. 0778)	1. 2846* (0. 2008)	1. 1461** (0. 0765)	1. 1786** (0. 0922)	1. 0020 (0. 0801)	1. 4398** (0. 2462)
行业	控制	控制	控制	控制	控制	控制	控制	控制
地区	控制	控制	控制	控制	控制	控制	控制	控制
年度	控制	控制	控制	控制	控制	控制	控制	控制
obs	2050	2050	2050	2050	2050	2050	2050	2050
Wald chi^2 (*p-value*)	806. 54 (0. 0000)	602. 57 (0. 0000)	991. 76 (0. 0000)	302. 66 (0. 0000)	953. 89 (0. 0000)	671. 23 (0. 0000)	1047. 80 (0. 0000)	327. 12 (0. 0000)

注：***、**、*分别为1%、5%、10%水平上显著。

6. 4. 3 分组检验

Castellacci 和 Lie（2015）指出，企业所处行业的市场竞争程度、技术机会、技术扩散和溢出效应等不同，这些因素会极大地影响企业组织创新活动的方式，并因此使 R&D 税收激励对研发支出的影响产生系统性的行业差异。为检验 R&D 税收激励的专利产出效应是否具有异质性，接下来依次按照企业的行业分类、第一大控股股东类型和企业所处地区的制度环境，对总体样本进行分组检验。采用的分析方法与之前相同，也是两步法。

6. 4. 3. 1 行业分类

参照鲁桐和党印（2004）的行业分类标准，将样本企业划分为劳动密集型、资本密集型和技术密集型三大类。首先对三大行业 R&D 税收激励的额外研发支出效应进行评估。匹配结果（表 6 – 5）表明，三大行业中，仅有资本密集型行业的 R&D 税收激励产生了显著的激励效应。其原因可能在于三大行业面临的研发依赖度（其研发强度分别为 0. 0156、0. 0256、0. 0467）和融资约束不同（现金流占营业收入比重分别为 0. 0310、0. 0248、0. 0373）。劳动密集型企业研发活动非常有限，对 R&D 税收激励不敏感，因而其难以形成研发支出效应。技术密集型行业研发依赖度高，但现金流最为充裕，研发资金短缺并不严重，因而 R&D 税收激励带来的挤入效应也有限。而资本密集型行业的研发强度适中，但该行业面临的融资约束最大，一定的税收激励能产生较大的研发支出引诱效应。可见，并非研发强度越高的行业，R&D 税收激励产生的挤入效应越大，而是研发强度适中的行业挤入效应最大。这与 Castellacci 和 Lie（2015）的发现一致。

表 6 – 5　　　　分行业倾向评分匹配结果

匹配方法	劳动密集型	资本密集型	技术密集型
K 近邻匹配 （$k=1$）	–0.0003 （0.0021）	0.0088 *** （0.0017）	0.0045 （0.0032）
K 近邻匹配 （$k=4$）	–0.0001 （0.0018）	0.0093 *** （0.0016）	0.0027 （0.0028）
卡尺内近邻匹配	–0.0001 （0.0018）	0.0092 *** （0.0015）	0.0027 （0.0028）
半径匹配	–0.0002 （0.0020）	0.0093 *** （0.0015）	0.0026 （0.0027）
核匹配	–0.0002 （0.0019）	0.0097 *** （0.0015）	0.0041 （0.0025）
obs	364	985	1943

注：*** 为在 1% 水平上显著。

随后，分行业检验 R&D 税收激励的挤入效应等因素对企业专利申请和专利公开的影响。表 6 – 6、表 6 – 7 表明，R&D 税收激励引诱的额外研发支出（α^{TT}）和反事实研发支出（rd^C）对三类行业的专利申请和专利公开均没有显著影响，这与全样本回归结果一致。知识产权与两类研发支出的交叉项（$ipp \times \alpha^{TT}$、$ipp \times rd^C$）仅对技术密集型行业的专利总量和发明专利具有显著的积极影响。原因在于，行业将创新投入转化为创新产出的能力与研发强度、技术前沿距离相关（Freitas et al.，2017）。相对而言，技术密集型行业的研发强度高、与技术前沿距离近，在知识产权保护的调节下，技术密集型行业的研发支出转化为创新产出的能力更强，因此，知识产权保护与其两类研发支出的交叉项能带来专利产出。控制变量对三类行业的专利申请、专利公开的影响与表 6 – 4 基本相同，不再赘述。

表6-6　　不同行业 R&D 税收激励挤入效应对专利申请的影响

变量	劳动密集型				资本密集型				技术密集型			
	专利总数	发明	实用新型	外观设计	专利总数	发明	实用新型	外观设计	专利总数	发明	实用新型	外观设计
	(1)	(2)	(3)	(4)	(5)	(6)	(7)	(8)	(9)	(10)	(11)	(12)
α^{TT}	1.0990 (13.3755)	61.7447 (805.210)	2.2508 (35.5953)	28.1346 (63.4572)	15.9721 (46.7351)	52.9776 (163.667)	1.0826 (5.3192)	26.0461 (337.203)	0.1888 (0.2710)	0.6090 (0.9184)	0.2920 (04730)	0.0015* (0.0056)
rd^{C}	0.0002 (0.0021)	0.0010 (0.0132)	0.6108 (10.1573)	11.9521 (28.2295)	1.8657 (6.1639)	14.5829 (51.5393)	0.1275 (0.6732)	0.1527 (2.1315)	0.1246 (0.2012)	0.3851 (0.6543)	0.1056 (0.1924)	0.0003** (0.0010)
ipp	0.0188 (0.0888)	0.5674 (3.6084)	995.6269 (661.621)	0.0002 (0.0001)	0.0768 (0.1849)	1.4152 (4.0502)	0.0010 (0.0028)	2.5877 (24.8613)	0.1886 (0.3177)	7.7908 (14.6196)	0.0810 (0.1630)	2.1006 (7.3606)
$ipp \times \alpha^{TT}$	2198.713 (19748.44)	25.3681 (249.896)	5.4208 (6.7509)	0.0029 (0.0051)	0.2989 (0.7152)	13.4254 (32.5716)	0.0001 (0.0003)	0.7667 (7.6587)	16.5358** (20.3768)	22.2866** (30.2127)	2.1120 (3.0333)	92.6306 (284.399)
$ipp \times rd^{C}$	203.8206 (1999.84)	16.6119 (179.602)	4.2482 (5.6484)	0.0095 (0.0019)	0.7783 (2.0240)	35.5467 (92.7200)	0.0001 (0.0010)	0.9151 (9.6522)	21.5630** (30.8972)	55.3525** (86.4158)	1.7236 (2.8146)	73.2239 (253.598)
$hightech$	1.2008 (0.2502)	1.8301** (0.5413)	1.3125 (0.3291)	0.5534 (0.2512)	0.0768 (0.1849)	2.2893*** (0.3623)	2.3327*** (0.4062)	1.8043 (0.8085)	1.9887*** (0.2202)	2.0281*** (0.2632)	1.9595*** (0.2564)	1.4171 (0.3135)
fc	1.3428 (0.7225)	1.1826 (0.7880)	2.8523 (1.8458)	0.6935 (0.6285)	0.8173 (0.2555)	1.0217 (0.3266)	1.0032 (0.4302)	0.4401 (0.2375)	1.0047 (0.2125)	1.2469 (0.3067)	1.0932 (0.2567)	0.7220 (0.2996)
$size$	0.3317 (0.2890)	0.2006 (0.2383)	0.0785** (0.0886)	0.1440 (0.2383)	0.3169** (0.1784)	0.4005 (0.2600)	0.2569* (0.1832)	12.7002 (28.2377)	1.1968 (0.4547)	0.7801 (0.3327)	1.5145 (0.6825)	0.4769 (0.3307)
$size^{2}$	1.0950 (0.0562)	1.1292* (0.0787)	1.1937*** (0.0784)	1.1543 (0.1060)	1.1040*** (0.0400)	1.0845* (0.0453)	1.1267*** (0.0511)	0.8696 (0.1228)	1.0110 (0.0242)	1.0431 (0.0281)	0.9965 (0.0281)	1.0828* (0.0465)

续表

变量	劳动密集型				资本密集型				技术密集型			
	专利总数	发明	实用新型	外观设计	专利总数	发明	实用新型	外观设计	专利总数	发明	实用新型	外观设计
	(1)	(2)	(3)	(4)	(5)	(6)	(7)	(8)	(9)	(10)	(11)	(12)
age	0.5160 * (0.1755)	0.5205 (0.2394)	0.3325 ** (0.1490)	0.4831 (0.3047)	1.0594 (0.1799)	1.3818 (0.2981)	0.7094 * (0.1458)	1.4593 (0.8086)	0.8818 (0.0893)	0.7642 (0.0910)	0.8676 (0.1028)	1.2671 (0.2535)
history	14.8948 *** (5.4559)	21.3709 *** (12.4183)	17.7761 *** (10.3013)	5.6627 *** (2.8745)	3.4916 *** (0.5390)	2.8510 *** (0.5285)	4.0702 *** (0.8124)	2.2670 (1.2091)	5.1006 *** (0.6952)	4.4445 *** (0.7400)	5.4407 *** (0.9696)	4.8170 *** (1.4809)
capint	1.1735 (0.1403)	1.3020 * (0.1987)	0.8442 (0.1228)	1.2409 (0.3312)	0.9303 (0.0607)	0.9505 (0.0734)	0.9689 (0.0794)	0.8490 (0.1809)	0.9452 (0.0426)	1.0118 (0.0526)	0.9645 (0.0482)	0.8404 ** (0.0733)
owner	1.4054 (0.3250)	1.8649 * (0.6182)	1.0499 (0.3252)	1.1798 (0.6530)	1.2921 * (0.1783)	1.7849 *** (0.3100)	1.1013 (0.1829)	0.5054 (0.2556)	1.2798 *** (0.1166)	1.4586 *** (0.1526)	1.2884 ** (0.1383)	0.9435 (0.1689)
HHI	0.0002 (0.0032)	8.0311 (2.0913)	2.3214 (5.5413)	0.0345 (0.0136)	9.3225 *** (1.3427)	6.6824 *** (1.2326)	2.3341 *** (3.9642)	3.5942 *** (1.5544)	4.2792 (8.6976)	2.8673 (7.2370)	1.6316 (3.8315)	3.4709 (1.0711)
export	1.3012 (0.2696)	1.5125 * (0.4680)	1.9213 ** (0.5422)	0.9106 (0.4049)	1.2027 (0.1447)	1.1655 (0.1623)	1.0375 (0.1488)	4.1589 *** (2.1784)	0.9643 (0.0860)	0.9934 (0.1014)	0.8640 (0.0928)	1.0458 (0.1900)
行业	控制	控制	控制	控制	控制	控制	控制	控制	控制	控制	控制	控制
地区	控制	控制	控制	控制	控制	控制	控制	控制	控制	控制	控制	控制
年度	控制	控制	控制	控制	控制	控制	控制	控制	控制	控制	控制	控制
obs	222	222	222	222	605	605	605	605	1223	1223	1223	1223
Wald chi^2 (*p-value*)	99.82 (0.0000)	79.15 (0.0000)	83.23 (0.0000)	34.98 (0.0000)	266.28 (0.0000)	192.15 (0.0000)	287.73 (0.0000)	75.80 (0.0000)	415.36 (0.0000)	321.26 (0.0000)	511.37 (0.0000)	171.18 (0.0000)

注：***、**、*分别为1%、5%、10%水平上显著。

表 6－7 不同行业 R&D 税收激励挤入效应对专利公开的影响

变量	劳动密集型				资本密集型				技术密集型			
	专利总数	发明	实用新型	外观设计	专利总数	发明	实用新型	外观设计	专利总数	发明	实用新型	外观设计
	(1)	(2)	(3)	(4)	(5)	(6)	(7)	(8)	(9)	(10)	(11)	(12)
α^{TT}	1. 0990 (13. 3755)	61. 7447 (80. 5209)	2. 2508 (35. 5953)	28. 1346 (63. 4572)	39. 6075 (12. 2840)	331. 67 * (112. 600)	38. 1983 (168. 126)	0. 0053 (0. 0753)	0. 4902 (0. 6723)	0. 6271 (0. 9338)	0. 5747 (0. 9959)	16. 4476 (53. 6998)
rd^{C}	0. 0002 (0. 0021)	0. 0010 (0. 0132)	0. 6108 (10. 1573)	11. 9521 (28. 2295)	23. 2024 (77. 8420)	111. 3719 (416. 565)	32. 6305 (156. 157)	0. 1447 (0. 2160)	0. 8490 (1. 3191)	0. 6040 (1. 0474)	0. 4513 (0. 8703)	0. 9303 (3. 3298)
ipp	0. 0187 (0. 0888)	0. 5673 (3. 6084)	995. 6269 (6618. 62)	0. 0015 (0. 0001)	0. 3119 (0. 7071)	42. 2305 (116. 514)	0. 0050 (0. 0144)	0. 1173 (1. 0934)	0. 2861 (0. 4822)	1. 8025 (3. 4766)	0. 1580 (0. 3150)	0. 0036 (0. 0127)
$ipp \times \alpha^{TT}$	2198. 713 (1974. 44)	25. 3681 (249. 896)	5. 4208 (6. 7509)	2. 9309 (5. 1108)	2. 1291 (5. 1447)	3. 3409 (8. 6856)	0. 0812 (0. 2959)	3. 3211 (38. 1007)	17. 7342 ** (22. 2362)	139. 0217 *** (195. 958)	1. 7078 (2. 5749)	0. 2709 (0. 7972)
$ipp \times rd^{C}$	203. 8206 (1999. 84)	16. 6119 (179. 602)	4. 2482 (5. 6484)	9. 5513 (1. 9511)	2. 4750 (6. 4279)	6. 7819 (19. 1064)	0. 0707 (0. 2707)	0. 4529 (5. 5324)	25. 3717 ** (36. 3635)	196. 8411 *** (322. 939)	1. 4501 (2. 4670)	0. 0933 (0. 3065)
$hightech$	1. 2008 (0. 2502)	1. 8301 ** (0. 5412)	1. 3125 (0. 3291)	0. 5534 (0. 2512)	1. 8855 *** (0. 2430)	1. 8425 *** (0. 2806)	1. 6963 *** (0. 2940)	1. 7112 (0. 7398)	1. 5537 *** (0. 1666)	2. 0205 *** (0. 2646)	1. 3370 ** (0. 1652)	1. 3730 (0. 3054)
fc	1. 3428 (0. 7225)	1. 1826 (0. 7880)	2. 8523 * (1. 8458)	0. 6935 (0. 6285)	0. 7356 (0. 1999)	0. 6584 (0. 2313)	1. 1051 (0. 3477)	0. 4143 * (0. 2215)	0. 8382 (0. 1804)	0. 7362 (0. 1973)	0. 9419 (0. 2264)	0. 3792 ** (0. 1754)
$size$	0. 3317 (0. 2890)	0. 2006 (0. 2383)	0. 0785 ** (0. 0886)	0. 1440 (0. 2383)	0. 4589 (0. 2491)	0. 5769 (0. 3685)	0. 3503 (0. 2552)	204. 2861 ** (506. 281)	0. 9839 (0. 3711)	0. 5093 (0. 2153)	1. 5421 (0. 6609)	1. 3555 (1. 0840)
$size^{2}$	1. 0950 * (0. 0561)	1. 1292 * (0. 0787)	1. 1937 *** (0. 0784)	1. 1543 (0. 1060)	1. 0783 ** (0. 0376)	1. 0566 (0. 0432)	1. 1015 ** (0. 0514)	0. 7180 ** (0. 1119)	1. 0221 (0. 0242)	1. 0702 ** (0. 0284)	0. 9933 (0. 0268)	1. 0221 (0. 0511)

续表

变量	劳动密集型				资本密集型				技术密集型			
	专利总数	发明	实用新型	外观设计	专利总数	发明	实用新型	外观设计	专利总数	发明	实用新型	外观设计
	(1)	(2)	(3)	(4)	(5)	(6)	(7)	(8)	(9)	(10)	(11)	(12)
age	0.5160 * (0.1755)	0.5205 (0.2394)	0.3325 ** (0.1490)	0.4831 (0.3047)	1.2140 (0.2013)	1.7216 *** (0.3491)	0.7929 (0.1742)	2.0687 (1.1792)	0.9177 (0.0925)	0.7602 ** (0.0862)	1.0159 (0.1184)	1.2541 (0.2810)
history	14.8948 *** (5.4559)	21.3709 *** (12.4183)	17.7761 *** (10.3013)	5.6627 *** (2.8745)	9.8583 *** (1.8102)	5.9670 *** (1.2098)	14.4789 *** (3.9812)	12.3200 *** (10.1530)	13.2955 *** (2.1926)	8.8805 *** (1.7013)	16.5624 *** (3.5483)	29.5429 *** (16.0089)
capint	1.1735 (0.1403)	1.3020 * (0.1987)	0.8442 (0.1228)	1.2409 (0.3312)	1.0044 (0.0629)	0.9971 (0.0743)	1.0954 (0.0921)	0.7290 (0.1654)	1.0330 (0.0456)	1.1124 ** (0.0581)	0.9799 (0.0479)	0.8564 * (0.0789)
owner	1.4054 (0.3250)	1.8649 * (0.6132)	1.0499 (0.3252)	1.1798 (0.6530)	1.2273 (0.1650)	1.5391 *** (0.2530)	1.1249 (0.2005)	0.5691 (0.2780)	1.2623 *** (0.1119)	1.3479 *** (0.1322)	1.2647 ** (0.1302)	0.8839 (0.1722)
HHI	0.0002 (0.0032)	8.0311 (2.0913)	2.3214 (5.5413)	3.4523 (1.3621)	6.6825 *** (9，1526)	2.4118 ** (4.1019)	5.2148 ** (9.4349)	3.9844 ** (1.7246)	2.7305 (53.4994)	3.9109 (9.1110)	1.9623 (0.4522)	53.9567 (1707.56)
export	1.3012 (0.2696)	1.6125 * (0.4680)	1.9213 ** (0.5422)	0.9106 (0.4050)	1.2518 ** (0.1432)	1.3133 ** (0.1824)	0.8834 (0.1242)	5.0391 *** (2.8701)	1.0380 (0.0916)	1.0065 (0.1009)	0.9798 (0.1010)	1.1785 (0.2330)
行业	控制	控制	控制	控制	控制	控制	控制	控制	控制	控制	控制	控制
地区	控制	控制	控制	控制	控制	控制	控制	控制	控制	控制	控制	控制
年度	控制	控制	控制	控制	控制	控制	控制	控制	控制	控制	控制	控制
obs	222	222	222	222	605	605	605	605	1223	1223	1223	1223
Wald chi^2 (*p-value*)	99.82 (0.0000)	79.15 (0.0000)	83.23 (0.0000)	34.98 (0.0000)	354.38 (0.0000)	229.85 (0.0000)	290.93 (0.0000)	95.26 (0.0000)	484.18 (0.0000)	379.44 (0.0000)	573.57 (0.0000)	164.46 (0.0000)

注：***、**、* 分别为1%、5%、10%水平上显著。

6.4.3.2　所有制分类

按照所有制进行分组检验也是研究惯例。表 6－8 首先报告了根据企业的所有制性质（第一大股东股权属性）对 R&D 税收激励的研发支出效应进行分组检验的结果。对国有控股企业而言，5 种匹配方法中，有 3 种匹配方法认为 R&D 税收激励带来的额外研发支出在 10% 水平上显著，而 2 种方法认为不显著。但对非国有控股企业而言，5 种匹配方法得到的结果均在 1% 水平上显著，且处理效应高度接近。因此，可以说，与国有控股企业相比，非国有控股企业的 R&D 税收激励能产生更显著、更大的投资激励效应。原因可能是国有控股企业（样本中大多为大中型国有企业）现金流充裕、研发资金充足，对 R&D 税收激励不甚敏感，而非国有控股股东企业（样本中多为中小企业）研发资金短缺，对研发税收激励较为敏感，此时 R&D 税收激励能在一定程度上产生撬动企业研发投资的功效。从这个意义上来看，改变 R&D 税收激励的所有制分配结构，使之向非国有控股企业倾斜，能提高全社会 R&D 税收激励的挤入效应。同时，这一结论也与邓可斌、丁重（2010）的发现是一致的：减少对大规模企业的政策与制度倾斜，加强对中小企业的扶持，是解决我国创造性破坏缺乏问题的关键。

表 6－8　　分所有制倾向评分匹配结果

匹配方法	国有	非国有
K 近邻匹配 （$k=1$）	0.0043 （0.0029）	0.0070*** （0.0025）
K 近邻匹配 （$k=4$）	0.0046* （0.0025）	0.0070*** （0.0020）
卡尺内近邻匹配	0.0042* （0.0025）	0.0070*** （0.0020）
半径匹配	0.0037 （0.0025）	0.0070*** （0.0020）
核匹配	0.0044* （0.0024）	0.0076*** （0.0019）
obs	1008	2275

注：***、**、* 分别为 1%、5%、10% 水平上显著。

表 6－9 是不同所有制下 R&D 税收激励挤入效应对专利申请影响的回归结

果。不同所有制下影响专利申请的因素有所不同。对国有控股企业而言，知识产权保护与研发支出的交叉项（$ipp\times\alpha^{TT}$、$ipp\times rd^{C}$）仅影响发明和外观设计申请，也就是说，仅影响技术新颖度高和低的专利申请，而不影响技术新颖度居中的实用新型，这可能是因为国有控股企业要么处于行业技术领先地位，在知识产权保护的激励下，增加研发支出能产生更多高水平发明专利；要么处于行业跟随地位，技术水平一般，为满足技术绩效考核等要求，即便是外观设计等技术新颖度较低的专利，也乐于申请。R&D 税收激励引诱的研发支出（α^{TT}）和反事实研发支出（rd^{C}）、知识产权保护（ipp）对实用新型申请实际上具有负向影响，即降低实用新型申请，这可能是因为在该领域的研发投入偏离了企业的技术比较优势，得不偿失。对非国有控股企业而言，知识产权保护与研发支出的交叉项（$ipp\times\alpha^{TT}$、$ipp\times rd^{C}$）仅影响专利总数和发明专利申请。也就是说，非国有企业更青睐于将稀缺的研发资金投入具有高技术含量的发明专利活动，企业的创新活动具有效率导向特征，对研发效率的关注胜于对创新产出较易实现但技术水平不高的实用新型和外观设计的关注。

表 6-9　　不同所有制下 R&D 税收激励挤入效应对专利申请的影响

变量	国有控股				非国有控股			
	专利总数	发明	实用新型	外观设计	专利总数	发明	实用新型	外观设计
	(1)	(2)	(3)	(4)	(5)	(6)	(7)	(8)
α^{TT}	0.0164 (0.0430)	1.9239 (5.2702)	0.0013* (0.0045)	0.0043 (0.0003)	1.0086 (1.3868)	2.1887 (3.2032)	2.1208 (3.4725)	0.0394 (0.1440)
rd^{C}	0.0097 (0.0270)	2.2009 (6.5157)	0.0002** (0.0008)	0.0020 (0.0002)	0.3671 (0.5973)	0.6448 (1.1245)	0.8191 (1.5907)	0.0025 (0.0101)
ipp	0.0869 (0.1806)	0.5867 (1.3838)	0.0018*** (0.0044)	0.0100 (0.0475)	0.4959 (0.8656)	4.2592 (8.4000)	1.8773 (4.1576)	0.0001 (0.0001)
$ipp\times\alpha^{TT}$	6.2558 (13.1738)	77.1531** (154.949)	2.0758 (5.3178)	17.8088* (11.8066)	8.3296* (10.1337)	14.6439* (20.5780)	0.7124 (1.0740)	13.0229 (41.7731)
$ipp\times rd^{C}$	0.0869 (0.1806)	105.6499** (223.528)	4.5169 (12.231)	10.4822** (7.1458)	12.0889* (17.8838)	57.1894** (95.9800)	0.5222 (0.9202)	10.2901 (38.8482)
$hightech$	2.2015*** (0.2864)	2.1053*** (0.3146)	2.3266*** (0.3694)	1.5263* (0.3890)	1.9052*** (0.1897)	1.9925*** (0.2332)	1.6966*** (0.2055)	1.3927 (0.3224)

续表

变量	国有控股				非国有控股			
	专利总数	发明	实用新型	外观设计	专利总数	发明	实用新型	外观设计
	(1)	(2)	(3)	(4)	(5)	(6)	(7)	(8)
fc	1.4968 (0.5858)	1.1146 (0.4532)	1.9737 (0.9084)	2.2822 (2.2126)	0.9396 (0.1756)	1.2285 (0.2584)	1.0294 (0.2244)	0.7083 (0.2328)
size	0.6911 (0.4647)	0.6502 (0.4824)	0.3638 (0.2785)	1.6191 (2.5129)	0.5639 * (0.1780)	0.4413 ** (0.1576)	0.8703 (0.3597)	0.7693 (0.5038)
$size^2$	1.0372 (0.0424)	1.0466 (0.0469)	1.0888 * (0.0500)	1.0001 (0.0920)	1.0645 *** (0.0214)	1.0843 *** (0.0248)	1.0345 (0.0272)	1.0450 (0.0426)
age	0.7616 (01482)	0.7232 (0.1720)	0.7072 (0.1552)	2.4213 ** (1.0264)	0.9526 (0.0890)	0.9207 (0.1016)	0.9468 (0.1093)	0.8213 (0.1661)
history	4.3862 *** (0.7945)	3.9029 *** (0.8601)	5.5138 *** (1.3833)	3.7816 *** (1.6969)	4.2990 *** (0.4954)	3.9894 *** (0.5678)	4.9036 *** (0.7469)	3.3763 *** (0.8926)
capint	1.1032 (0.0772)	1.1329 * (0.0829)	1.2287 *** (0.0941)	0.8235 (0.1209)	0.8938 *** (0.0355)	0.9374 (0.0438)	0.8943 ** (0.0426)	0.7330 *** (0.0633)
owner	0.6551 (0.2731)	0.5930 (0.3336)	0.5890 (0.2541)	1.3450 (1.9163)	1.3605 (0.5153)	2.0177 (0.8858)	1.3944 (0.6419)	0.6593 (0.8061)
HHI	1.3980 *** (8.3581)	0.0202 (0.0861)	2.0216 (1.6218)	239.2086 (1606.65)	8.2407 (1.6400)	19.7109 (4.8392)	4.1321 (9.6720)	20.7498 (6.7179)
export	0.9888 (0.1252)	1.2557 (0.1863)	0.7509 ** (0.0986)	1.1504 (0.3148)	1.0018 (0.0820)	1.0332 (0.0978)	0.9683 (0.1013)	1.1368 (0.2287)
行业	控制	控制	控制	控制	控制	控制	控制	控制
地区	控制	控制	控制	控制	控制	控制	控制	控制
年度	控制	控制	控制	控制	控制	控制	控制	控制
obs	633	633	633	633	1417	1417	1417	1417
Wald chi^2 (*p-value*)	331.80 (0.0000)	165.18 (0.0000)	414.29 (0.0000)	57.25 (0.0000)	560.43 (0.0000)	442.72 (0.0000)	618.76 (0.0000)	219.49 (0.0000)

注：***、**、*分别为1%、5%、10%水平上显著。

表6－10是不同所有制分组下R&D税收激励的挤入效应对专利公开的影响。知识产权保护与研发支出的交叉项（$ipp \times \alpha^{TT}$、$ipp \times rd^C$）仅影响非国有控股企业

的专利总数和发明专利公开，与表6－9类似。

表6－10　　不同所有制下R&D税收激励挤入效应对专利公开的影响

变量	国有控股				非国有控股			
	专利总数	发明	实用新型	外观设计	专利总数	发明	实用新型	外观设计
	(1)	(2)	(3)	(4)	(5)	(6)	(7)	(8)
α^{TT}	4.8010 (12.0346)	86.8141 (260.259)	0.0997 (0.3347)	0.3479 (2.4971)	1.0088 (1.3743)	0.9936 (1.4757)	2.3382 (4.0612)	78.5679 (278.231)
rd^{C}	6.3421 (17.1307)	26.0287 (83.6306)	0.0654 (0.2278)	0.0322 (0.2430)	0.8068 (1.2892)	0.5963 (1.0655)	1.6534 (3.3418)	3.5457 (14.3489)
ipp	0.0445 (0.0940)	0.5940 (1.3788)	0.0186 (0.0448)	2.3778 (10.2249)	1.0140 (1.7198)	4.2261 (8.1791)	0.5425 (1.1593)	0.0001 (0.0001)
$ipp \times \alpha^{TT}$	2.5484 (5.2391)	23.3818 (56.5617)	2.0146 (5.3365)	9.2885 (55.9299)	17.2643** (21.5299)	104.265*** (149.25)	1.2664 (1.9865)	0.2027 (0.6580)
$ipp \times rd^{C}$	3.7921 (8.1230)	17.2456 (44.1087)	3.7481 (10.457)	12.5619 (79.6438)	13.7398* (20.3954)	117.5823*** (203.955)	0.4603 (0.8387)	0.0090 (0.0334)
hightech	1.6508*** (0.2092)	1.7818*** (0.2524)	1.4279** (0.2228)	1.6598* (0.4332)	1.5210*** (0.1429)	1.8047*** (0.2119)	1.3600*** (0.1521)	0.9947 (0.2391)
fc	0.6354 (0.2276)	0.4305* (0.1938)	0.8343 (0.3680)	0.3618 (0.3425)	0.9336 (0.1679)	0.8051 (0.1812)	1.2147 (0.2447)	0.3727*** (0.1213)
size	0.5444 (0.3557)	0.3644 (0.2612)	0.5560 (0.4270)	0.7458 (1.1699)	0.5778* (0.1867)	0.4040** (0.1548)	0.8169 (0.3244)	2.0325 (1.5139)
$size^{2}$	1.0565 (0.0416)	1.0879** (0.0467)	1.0647 (0.0489)	1.0484 (0.0971)	1.0610*** (0.0219)	1.0876*** (0.0266)	1.0356 (0.0264)	0.9912 (0.0461)
age	1.3615 (0.2662)	1.1229 (0.2447)	1.2860 (0.2870)	3.3382*** (1.3710)	0.8833 (0.0809)	0.8550 (0.0929)	0.8483 (0.0922)	0.7878 (0.1826)
history	15.3517*** (3.3927)	11.4893*** (2.8250)	21.6585*** (6.7607)	8.7265*** (4.5200)	10.1783*** (1.4044)	6.5972*** (1.0666)	12.9702*** (2.4147)	15.3451*** (6.0753)
capint	1.1063 (0.0772)	1.2176*** (0.0889)	1.1651** (0.0882)	0.7541* (0.1142)	0.9853 (0.0390)	1.0465 (0.0497)	0.9578 (0.0448)	0.7604*** (0.0707)

续表

变量	国有控股				非国有控股			
	专利总数	发明	实用新型	外观设计	专利总数	发明	实用新型	外观设计
	(1)	(2)	(3)	(4)	(5)	(6)	(7)	(8)
owner	0.8862 (0.3784)	0.8578 (0.4736)	0.8090 (0.3822)	1.5114 (2.1285)	1.5952 (0.5881)	2.5189** (1.0623)	1.5541 (0.6984)	0.4648 (0.6454)
HHI	50.3786 (2.8107)	0.3717 (1.5185)	2.1118 (1.3320)	311.9153 (221.808)	0.0016 (0.0315)	5.8913 (1.3815)	1.0927 (2.4826)	0.0384 (1.3099)
export	1.2167 (0.1477)	1.2933* (0.1826)	0.9253 (0.1211)	1.3639 (0.3804)	1.1037 (0.0880)	1.1450 (0.1079)	1.0418 (0.1025)	1.2884 (0.2829)
行业	控制	控制	控制	控制	控制	控制	控制	控制
地区	控制	控制	控制	控制	控制	控制	控制	控制
年度	控制	控制	控制	控制	控制	控制	控制	控制
obs	633	633	633	633	1417	1417	1417	1417
Wald chi^2 (*p-value*)	390.03 (0.0000)	216.70 (0.0000)	445.29 (0.0000)	69.31 (0.0000)	646.97 (0.0000)	469.09 (0.0000)	676.68 (0.0000)	233.14 (0.0000)

注：***、**、*分别为1%、5%、10%水平上显著。

6.4.3.3　制度环境分类

最后，按照制度环境进行分组检验。根据企业所处地区的制度环境得分，以中位数为界将样本分为两类：高于和低于制度环境分值中位数。R&D 税收激励的额外研发支出效应分组估计结果见表6－11。结果表明，两类样本的 R&D 税收激励均能产生显著的激励效应，且高于中位数地区的样本能产生更高的激励效应（二者均值分别为 0.0075、0.0057）。究其原因，是因为 R&D 税收激励是普惠性政策工具，对辖区内所有企业均可适用。在制度环境好的地区，企业创新形成的知识产权能受到严格保护，企业从 R&D 活动中获得的预期收益更高，因而有更大的动力增加研发投资，从而产生更强的研发投资引诱效应。这也意味着，要提高 R&D 税收激励的投资引诱效应，地方政府应该努力改善地区制度环境，以此来激励企业增加研发投资。

表 6 - 11　　分制度环境倾向评分匹配结果

匹配方法	高于中位数	低于中位数
K 近邻匹配 ($k=1$)	0.0098 *** (0.0027)	0.0047 * (0.0026)
K 近邻匹配 ($k=4$)	0.0074 *** (0.0026)	0.0059 *** (0.0020)
卡尺内 K 近邻匹配	0.0074 *** (0.0026)	0.0059 *** (0.0020)
半径匹配	0.0066 *** (0.0025)	0.0060 *** (0.0020)
核匹配	0.0061 ** (0.0024)	0.0062 *** (0.0019)
obs	1355	1861

注：***、**、* 分别为 1%、5%、10% 水平上显著。

表 6 - 12 是不同制度环境下 R&D 税收激励挤入效应对专利申请影响的回归结果。高于制度环境中位数的地区，知识产权保护水平（*ipp*）越高，专利申请总数、发明和实用新型申请越多。而低于制度环境中位数的地区，知识产权保护（*ipp*）对专利申请则没有显著影响。这就是说，只有在制度环境较好的地区，知识产权保护才对专利申请有显著影响。而在制度环境较差的地区，知识产权保护并不能直接影响专利申请。知识产权保护不等于制度环境，这一发现意味着除知识产权外，还有其他制度因素如企业家产权保护、技术交易契约实施等制度因素，与知识产权保护形成互补，来共同促进地区专利产出。因此，其政策意蕴是，为提高地区专利产出，除加强知识产权保护外，还应加强与创新相关的其他制度环境建设。同时，在制度环境较好的地区，知识产权保护与反事实研发支出的交叉项（$ipp \times rd^C$）显著影响专利总数，但交叉项知识产权保护与 R&D 税收激励引诱的研发支出（$ipp \times \alpha^{TT}$）对专利总数没有显著影响，它反映出获得税收激励的企业可能没有将引诱研发支出用于具有新颖性的创新活动，这仍然是 R&D 税收激励政策缺乏导向性所致。此外，知识产权保护与两类研发支出（$ipp \times \alpha^{TT}$、$ipp \times rd^C$）对发明专利具有积极影响，但对实用新型和外观设计没有显著影响，它反映出企业具有优先从事新颖性创新活动的偏好。而在低于制度环境中位数的地区，交叉项（$ipp \times \alpha^{TT}$、$ipp \times rd^C$）对专利申请均没有显著影响，知识产权保护的调节作用无以发挥，这再次表明制度环境的重要性。

表 6－12　　不同制度环境下 R&D 税收激励挤入效应对专利申请的影响

变量	高于中位数				低于中位数			
	专利总数	发明	实用新型	外观设计	专利总数	发明	实用新型	外观设计
	(1)	(2)	(3)	(4)	(5)	(6)	(7)	(8)
α^{TT}	0.0809 (0.1857)	0.0182 (0.0460)	5.3566 (13.0843)	0.0274 (0.1656)	0.7032 (1.4371)	32.1045 (78.9872)	0.2496 (0.6238)	1.8173 (12.1015)
rd^C	0.0726 (0.1774)	0.0153 (0.0405)	2.9000 (7.7115)	0.4024 (2.5033)	0.2023 (0.4924)	21.6808 (62.0772)	0.0381 (0.1118)	0.0047 (0.0356)
ipp	136.1085* (393.5096)	585.4510** (1716.029)	558.2499* (2117.112)	0.2653 (1.8527)	0.1030 (0.1874)	1.0171 (2.1577)	0.0525 (0.1169)	0.0155 (0.0697)
$ipp \times \alpha^{TT}$	14.0269 (26.7135)	90.2872** (183.3932)	0.0280 (0.0652)	1.1729 (6.3530)	1.3022 (2.4281)	2.2045 (4.7926)	0.2540 (0.5895)	0.0724 (0.4253)
$ipp \times rd^C$	59.2066* (127.0931)	567.0270** (1310.006)	0.0944 (0.2366)	6.7908 (41.4525)	1.0498 (2.1278)	1.6520 (3.6636)	0.3386 (0.8592)	0.0038 (0.0236)
hightech	2.0229*** (0.2787)	2.3010*** (0.3368)	2.3646*** (0.4064)	1.1500 (0.3727)	2.1235*** (0.2630)	1.9507*** (0.2787)	1.9981*** (0.3024)	3.0611*** (0.9677)
fc	0.8822 (0.2243)	0.9542 (0.2832)	1.0069 (0.3103)	1.7506 (0.9588)	1.0263 (0.3453)	0.7477 (0.2715)	1.2786 (0.4984)	0.6188 (0.5278)
size	1.6310 (0.6736)	0.9486 (0.4321)	2.9293** (1.5760)	1.5803 (1.4811)	0.2471*** (0.1163)	0.1840*** (0.0945)	0.1057*** (0.0600)	0.4965 (0.5224)
$size^2$	0.9889 (0.0256)	1.0237 (0.0293)	0.9553 (0.0320)	0.9965 (0.0577)	1.1256*** (0.0330)	1.1542*** (0.0367)	1.1942*** (0.0415)	1.0842 (0.0684)
age	0.8851 (0.1099)	0.9111 (0.1266)	0.8424 (0.1263)	0.9111 (0.2383)	0.8801 (0.1411)	1.0446 (0.2121)	0.7045* (0.1346)	1.3475 (0.5639)
history	6.7279*** (1.0897)	5.7943*** (1.1178)	6.5796*** (1.3663)	6.2794*** (2.3976)	3.9020*** (0.5981)	3.8961*** (0.7525)	3.9607*** (0.8001)	3.0211*** (1.1752)
capint	0.9703 (0.0582)	1.0087 (0.0657)	0.8748* (0.0611)	1.0405 (0.1363)	1.0275 (0.0600)	1.0517 (0.0720)	1.1702** (0.0787)	0.7847* (0.1146)
owner	1.1785 (0.1381)	1.3709* (0.1782)	1.0995 (0.1580)	1.4388 (0.4148)	1.5288*** (0.1757)	1.6739*** (0.2364)	1.5761*** (0.2164)	1.2802 (0.3422)

续表

变量	高于中位数				低于中位数			
	专利总数	发明	实用新型	外观设计	专利总数	发明	实用新型	外观设计
	(1)	(2)	(3)	(4)	(5)	(6)	(7)	(8)
HHI	0. 1324 (3. 4878)	7. 2017 (2. 1915)	2. 6111 (8. 5310)	8. 9207 (4. 6309)	7. 1011 (3. 1113)	9. 0349 (5. 2151)	3. 8412 (1. 8310)	8. 1007 (6. 8300)
export	0. 8659 (0. 0959)	0. 8967 (0. 1109)	0. 7826 * (0. 1111)	0. 9361 (0. 2462)	0. 9639 (0. 1043)	1. 0188 (0. 1289)	0. 7858 ** (0. 0968)	1. 2947 (0. 3589)
行业	控制	控制	控制	控制	控制	控制	控制	控制
地区	控制	控制	控制	控制	控制	控制	控制	控制
年度	控制	控制	控制	控制	控制	控制	控制	控制
obs	926	926	926	926	710	710	710	710
Wald chi^2 (*p-value*)	362. 24 (0. 0000)	274. 41 (0. 0000)	482. 36 (0. 0000)	145. 86 (0. 0000)	407. 01 (0. 0000)	377. 03 (0. 0000)	478. 12 (0. 0000)	134. 26 (0. 0000)

注：***、**、*分别为1%、5%、10%水平上显著。

表6－13是不同制度环境下R&D税收激励挤入效应对专利公开影响的回归结果。在制度环境较好地区，交叉项（$ipp \times \alpha^{TT}$、$ipp \times rd^{C}$）仅影响发明专利公开，也就是说，在制度环境较好地区，知识产权保护对两类研发支出的调节作用只体现在创造性最高的发明专利上，它反映出发明专利对知识产权保护的依赖度和敏感性。

表6－13　　不同制度环境下R&D税收激励挤入效应对专利公开的影响

变量	高于中位数				低于中位数			
	专利总数	发明	实用新型	外观设计	专利总数	发明	实用新型	外观设计
	(1)	(2)	(3)	(4)	(5)	(6)	(7)	(8)
α^{TT}	0. 7619 (1. 4944)	0. 2515 (0. 5341)	4. 6342 (11. 4163)	312. 1646 (1465. 774)	0. 5344 (1. 1865)	44. 7430 (111. 1357)	0. 0834 (0. 2384)	0. 4285 (2. 8906)
rd^{C}	0. 7126 (1. 5273)	0. 0881 (0. 2062)	10. 5968 (28. 1518)	4. 0967 (20. 9153)	1. 5648 (4. 0108)	269. 8899 (774. 814)	0. 0157 (0. 0518)	1. 4230 (10. 2667)
ipp	11. 1069 (32. 4026)	5. 3293 (16. 3492)	223. 2923 (858. 905)	0. 5597 (3. 9900)	0. 4157 (0. 7376)	1. 8966 (4. 0957)	0. 0997 (0. 2130)	37. 5520 (176. 5514)

续表

变量	高于中位数				低于中位数			
	专利总数	发明	实用新型	外观设计	专利总数	发明	实用新型	外观设计
	(1)	(2)	(3)	(4)	(5)	(6)	(7)	(8)
$ipp \times \alpha^{TT}$	2. 7099 (4. 9933)	30. 7582 * (60. 1296)	0. 0426 (0. 0970)	0. 0002 (0. 0012)	30. 0911 (58. 6880)	29. 8656 (67. 9174)	41. 2891 (103. 7109)	0. 0114 (0. 0686)
$ipp \times rd^{C}$	7. 4453 (15. 5190)	164. 9917 ** (373. 5095)	0. 0691 (0. 1734)	0. 0002 (0. 0012)	15. 0393 (30. 8726)	8. 6084 (20. 4968)	17. 8706 (48. 4809)	0. 0009 (0. 0055)
hightech	1. 5123 *** (0. 1930)	8. 9564 *** (1. 8841)	1. 5741 *** (0. 2470)	1. 0504 (0. 3481)	1. 6616 *** (0. 1911)	1. 7520 *** (0. 2420)	1. 4336 ** (0. 2013)	1. 7320 * (0. 5618)
fc	0. 9845 (0. 2625)	0. 7942 (0. 2419)	0. 8789 (0. 2856)	1. 1546 (0. 7934)	0. 7889 (0. 2484)	0. 4314 ** (0. 1700)	1. 9248 * (0. 7393)	0. 1704 ** (0. 1408)
size	1. 1209 (0. 4356)	1. 0315 (0. 4471)	1. 5783 (0. 7541)	1. 7069 (1. 8246)	0. 3058 *** (0. 1385)	0. 2319 *** (0. 1134)	0. 1750 *** (0. 0996)	2. 1489 (2. 4903)
$size^2$	1. 0117 (0. 0247)	1. 0169 (0. 0277)	0. 9898 (0. 0296)	0. 9990 (0. 0659)	1. 1090 *** (0. 0310)	1. 1348 *** (0. 0341)	1. 1517 *** (0. 0403)	1. 0069 (0. 0691)
age	0. 8012 * (0. 0954)	0. 8359 (0. 1099)	0. 7839 * (0. 1121)	0. 5864 * (0. 1711)	1. 2885 (0. 2061)	1. 2268 (0. 2335)	1. 1598 (0. 2161)	1. 4860 (0. 7101)
history	12. 5694 *** (2. 2624)	8. 9564 *** (1. 8841)	13. 8866 *** (3. 2324)	19. 4041 (9. 0310)	13. 7233 *** (2. 6209)	8. 4078 *** (1. 7897)	21. 1974 *** (6. 1459)	8. 2210 *** (4. 2587)
capint	1. 0534 (0. 0601)	1. 1097 (0. 0722)	0. 9788 (0. 0638)	0. 8902 (0. 1211)	1. 0235 (0. 0586)	1. 0416 (0. 0689)	1. 0847 (0. 0751)	1. 1007 (0. 1838)
owner	1. 1199 (0. 1242)	1. 1644 (0. 1428)	1. 1457 (0. 1542)	1. 4710 (0. 4276)	1. 3822 *** (0. 1536)	1. 3531 *** (0. 1748)	1. 3110 ** (0. 1742)	0. 8836 (0. 2643)
HHI	0. 0927 (2. 2192)	9. 0312 (2. 4710)	7. 1808 (2. 1506)	69. 2051 (0. 3481)	1. 6309 (6. 9210)	1. 2734 (6. 1835)	5. 0624 (2. 2822)	2. 2311 (1. 9409)
export	0. 9584 (0. 1013)	0. 9740 (0. 1160)	0. 8360 (0. 1076)	1. 3004 (0. 3683)	1. 0547 (0. 1064)	1. 2385 * (0. 1461)	0. 8855 (0. 1054)	1. 2181 (0. 3624)
行业	控制	控制	控制	控制	控制	控制	控制	控制
地区	控制	控制	控制	控制	控制	控制	控制	控制
年度	控制	控制	控制	控制	控制	控制	控制	控制
obs	926	926	926	926	710	710	710	710
Wald chi^2 (*p value*)	386. 07 (0. 0000)	275. 72 (0. 0000)	469. 24 (0. 0000)	160. 51 (0. 0000)	471. 08 (0. 0000)	386. 66 (0. 0000)	453. 16 (0. 0000)	148. 19 (0. 0000)

注：***、**、* 分别为 1%、5%、10% 水平上显著。

6.5 稳健性检验

针对 R&D 税收激励的专利效应及其作用机制两个问题，其稳健性检验分别从计量方法和关键变量替换两个方面来进行。

6.5.1 R&D 税收激励专利效应的处理效应模型估计

事实上，R&D 税收激励的专利效应研究面临两方面潜在的内生性，一是前述样本选择偏误带来的内生性，二是可能存在的遗漏变量，该变量既与企业的专利产出相关、也与企业获得 R&D 税收激励的概率相关。为获得一致估计，还必须考虑后一内生性，其关键在于找到合适的工具变量。该工具变量会影响企业获得 R&D 税收激励的概率，但不会影响企业的创新产出（只能通过获得 R&D 税收激励间接影响）。处理效应模型（treatment effect model）能同时关注这两种内生性。

借鉴 Lokshin 和 Mohnen（2013）、Huang（2015）的方法，采用滞后一阶的 R&D 税收激励作为工具变量（*lag_rdtaxdum*）。为节省篇幅，表 6 - 14 仅汇报了两阶段核心变量的估计系数以及工具变量的有效性检验结果。前 4 列是以专利申请为因变量的估计结果。第一步采用 Probit 模型估计企业获得 R&D 税收激励的概率，工具变量（*lag_rdtaxdum*）的影响在 1% 水平上显著为正。第二步回归中，R&D 税收激励虚拟变量（*rdtaxdum*）对专利申请总量没有显著影响。似然比检验值在 10% 水平上显著为正，表明采用处理效应模型是适当的。第 2 ~ 4 列结论是类似的。后 4 列是以专利公开为因变量得回归结果，也没有发现 R&D 税收激励对专利公开具有显著影响。这一结论与采用 PSM 的估计是一致的。

表 6 - 14　R&D 税收激励影响专利产出的检验

变量	专利申请				专利公开			
	专利总数 (1)	发明 (2)	实用新型 (3)	外观设计 (4)	专利总数 (5)	发明 (6)	实用新型 (7)	外观设计 (8)
第一步：处理方程，因变量：*rdtaxdum*								
lag_rdtaxdum	0.8542 *** (0.0677)	0.8536 *** (0.0677)	0.8543 *** (0.0677)	0.8544 *** (0.0676)	0.8570 *** (0.0676)	0.8564 *** (0.0676)	0.8543 *** (0.0677)	0.8579 *** (0.0676)

续表

变量	专利申请				专利公开			
	专利总数（1）	发明（2）	实用新型（3）	外观设计（4）	专利总数（5）	发明（6）	实用新型（7）	外观设计（8）
第二步：主方程，因变量：*patapp*								
rdtaxdum	11.5490（10.4508）	3.2320（4.4552）	5.0954（5.0728）	3.4666（2.1541）	18.1417（8.7225）	7.2405（3.2851）	6.1326（4.4073）	3.1472（2.1629）
obs	3526	3526	3526	3526	3526	3526	3526	3526
Likelihood－ratio chi^2（*p-value*）	3.31（0.0689）	3.48（0.0621）	4.79（0.0286）	3.25（0.0715）	4.14（0.0419）	2.89（0.0894）	3.79（0.0516）	3.96（0.0466）

注：*** 为在 1% 水平上显著。

以虚拟变量来度量 R&D 税收激励无法反映税收优惠的强度对专利产出的影响，近年来发展起来的广义倾向评分匹配法（GPS）能弥补这一不足。GPS 与 PSM 的思想一致，均基于反事实框架，不同之处在于前者将处理变量视为一个连续变量，并以剂量反应函数（Dose Response Function）来反映处理变量对结果变量的因果效应。运用该方法，本章中的连续型处理变量为 R&D 税收激励强度（*taxpre*），其估计分为三步：模型化处理变量（*taxpre*）的条件概率分布，计算各样本的广义倾向得分值（*pscore*）；以处理变量和广义倾向得分值为基础，估计结果变量即专利产出（*patapp*、*patopen*）的条件预期值；根据上一步得到的处理变量、广义倾向得分值等变量的回归系数，估计不同处理变量水平上结果变量的期望值。将处理变量的取值范围划分为若干子区间，在每个子区间估计 R&D 税收优惠强度对专利产出的因果效应，将不同取值范围下的因果效应线连起来，就得到了在处理变量全部取值区间内 R&D 税收激励强度对专利产出的因果效应，即剂量反应函数。为节省篇幅，这里仅报告最后一步估计结果。图 6－1 和图 6－2 分别为 R&D 税收激励强度对专利申请和专利公开的剂量反应函数。可以发现，R&D 税收激励强度越大，无论是专利申请量还是专利公开量（除外观设计外）都将进一步下降，R&D 税收激励强度对专利产生了弱化效应。

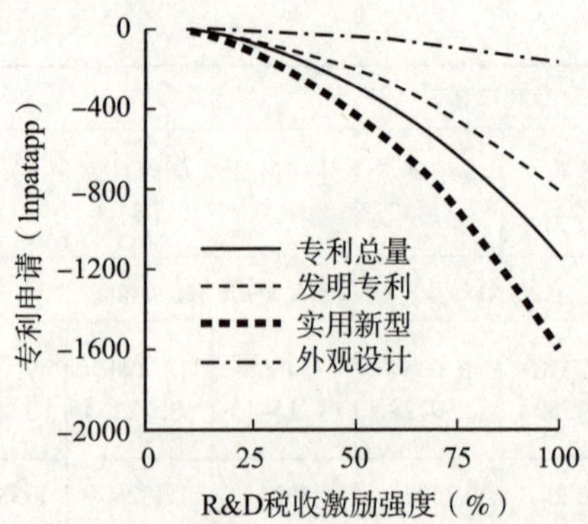

图 6-1　R&D 税收激励强度对专利申请的影响

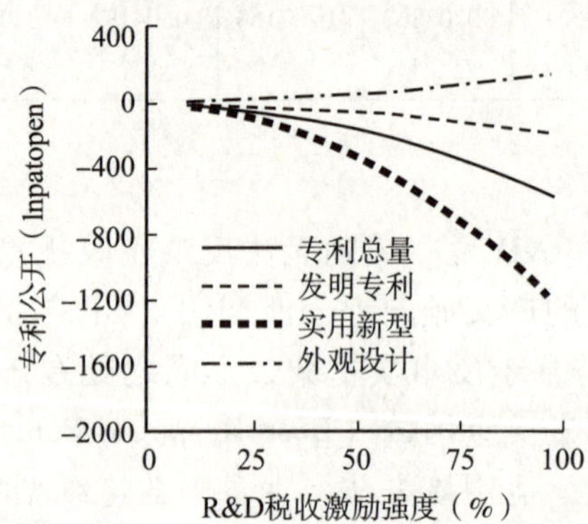

图 6-2　R&D 税收激励强度对专利公开的影响

但剂量反应函数上的各点只是反映不同税收激励强度下对应的专利产出因果效应大小，其显著性无从判断。进一步采用自举法得到这些因果效应的标准差，并选取不同的 R&D 税收激励强度取值，将这些取值下的因果效应及其标准差列于表 6-15。可以发现，除实用新型外，R&D 税收激励强度对其他专利的因果效应均不显著，这与基准回归的结论几乎一致。

表 6-15　不同 R&D 税收激励强度对专利申请的因果效应估计

taxpre	专利总数	发明	实用新型	外观设计	专利总数	发明	实用新型	外观设计
0.1	-8.8895 (8.8595)	-6.0669 (7.1677)	-15.9026** (8.0607)	-1.0782 (5.8323)	-3.3141 (7.8516)	0.1650 (7.0182)	-12.2584 (8.0161)	3.0635 (6.4585)
0.2	-42.9816 (32.9086)	-30.1873 (26.8855)	-65.3947** (30.0104)	-6.0883 (22.1975)	-20.0645 (29.3554)	-4.9512 (26.2283)	-49.5741 (30.1472)	8.9796 (24.5368)

续表

taxpre	专利总数	发明	实用新型	外观设计	专利总数	发明	实用新型	外观设计
0.3	-99.9661 (72.1781)	-70.7672 (59.1845)	-146.9240** (65.8753)	-14.5910 (49.0807)	-48.1177 (64.5632)	-13.9400 (57.6660)	-110.5050* (66.4161)	18.2202 (54.2294)
0.4	-179.8430 (126.6667)	-127.8060 (104.0620)	-260.4920** (115.6533)	-26.5865 (86.4798)	-87.4710 (113.4722)	-26.8014 (101.3293)	-195.0770* (116.8204)	30.7854 (95.5339)
0.5	-282.6120 (196.3742)	-201.3050 (161.5174)	-406.0960** (179.3441)	-42.0748 (134.3944)	-138.1250 (176.0821)	-43.5356 (157.2178)	-303.2920* (181.3596)	46.6752 (148.4497)
0.6	-408.2740 (281.3004)	-291.2630 (231.5506)	-583.7390** (256.9476)	-61.0558 (192.8245)	-200.0810 (252.3928)	-64.1424 (225.3314)	-435.1480* (260.0334)	65.8896 (212.9768)
0.7	-556.8280 (381.4452)	-397.6800 (314.1616)	-793.4190** (348.4638)	-83.5296 (261.7699)	-273.3370 (342.4041)	-88.6218 (305.6700)	-590.6460* (352.8419)	88.4285 (289.1150)
0.8	-728.2740 (496.8088)	-520.5560 (409.3502)	-1035.1400** (453.8927)	-109.4960 (341.2307)	-357.8940 (446.1160)	-116.9740 (398.2337)	-769.7860* (459.7850)	114.2921 (376.8644)
0.9	-922.613 (627.391)	-659.8920 (517.1165)	-1308.8900** (573.2342)	-138.9550 (431.2068)	-453.7530 (563.5285)	-149.1990 (503.0224)	-972.5680* (580.8627)	143.4801 (476.2249)
1.0	-1139.84 (773.1919)	-815.6870 (637.4604)	-1614.6800** (706.4883)	-171.9070 (531.6982)	-560.9120 (694.6417)	-185.2960 (620.0361)	-1198.9900* (716.0750)	175.9928 (587.1965)

注：标准误通过 Bootstrap 重复 100 次计算得到。***、**、* 分别为 1%、5%、10% 水平上显著。

6.5.2　R&D 税收激励影响专利产出的作用机制检验

面板计数模型估计结果表明，知识产权保护在 R&D 税收激励影响专利产出中扮演着重要角色。为检验该变量影响的稳健性，这里以另一种度量知识产权保护的方法，即地区技术交易成交额占当地 GDP 的比重来度量（胡凯等，2012），回归结果见表 6-16。该结果与表 6-4 非常一致，即 R&D 税收激励引致的额外研发支出没有显著影响企业的专利产出，具有显著性的仍是知识产权保护与两类研发支出的交叉项，且仅影响专利总数和发明专利。因此，基本回归结论是稳健的、可信的。

表 6-16　　R&D 税收激励影响专利产出的作用机制检验

变量	专利申请				专利公开			
	专利总数	发明	实用新型	外观设计	专利总数	发明	实用新型	外观设计
	(1)	(2)	(3)	(4)	(5)	(6)	(7)	(8)
α^{TT}	0.5328 (0.6512)	1.2347 (1.5828)	0.6823 (1.0072)	0.0054 (0.0182)	0.8810 (1.0453)	1.3904 (1.7732)	1.0912 (1.7085)	15.0933 (47.9293)
rd^C	0.2462 (0.3413)	0.6666 (0.9701)	0.1815 (0.3011)	0.0006** (0.0022)	0.7871 (1.0546)	0.6301 (0.9367)	0.6856 (1.1860)	0.6607 (2.3080)
ipp	0.7324 (0.6907)	5.0573 (5.3026)	0.1694 (0.1966)	0.0081** (0.0171)	1.8118 (1.6591)	2.8223 (2.9767)	0.9494 (1.0875)	0.1363 (0.2961)
$ipp \times \alpha^{TT}$	8.9333* (10.2993)	16.7165** (21.0673)	0.8296 (1.1879)	37.1043 (116.0330)	18.6995** (21.8599)	111.5920*** (147.6088)	1.2590 (1.8630)	0.1516 (0.4711)
$ipp \times rd^C$	14.6653** (19.3932)	44.5391*** (63.5539)	0.8913 (1.4331)	40.5547 (141.8455)	20.3927** (26.8957)	119.9542*** (181.1008)	0.9567 (1.5784)	0.0276 (0.0948)
hightech	2.0072*** (0.1576)	2.0352*** (0.1886)	1.9096*** (0.1799)	1.5200** (0.2641)	1.5795*** (0.1193)	1.8667*** (0.1724)	1.4221*** (0.1290)	1.2755 (0.2251)
fc	1.0003 (0.1659)	1.2505 (0.2309)	1.1349 (0.2202)	0.8258 (0.2545)	0.8416 (0.1354)	0.7477 (0.1517)	1.0737 (0.1980)	0.3939*** (0.1232)
size	0.8130 (0.2291)	0.6405 (0.2075)	0.9020 (0.3109)	1.0567 (0.6109)	0.6989 (0.1958)	0.4990** (0.1620)	0.8188 (0.2727)	2.0785 (1.3240)
$size^2$	1.0357** (0.0183)	1.0528** (0.0215)	1.0319 (0.0222)	1.0243 (0.0364)	1.0457 (0.0184)	1.0687*** (0.0217)	1.0362 (0.0216)	0.9882 (0.0387)
age	0.9204 (0.0761)	0.8595 (0.0860)	0.8429* (0.0827)	1.0808 (0.1905)	0.9456 (0.0778)	0.8794 (0.0852)	0.9198 (0.0898)	1.1347 (0.2215)
history	4.6409*** (0.4471)	4.1344*** (0.4880)	5.3675*** (0.6923)	3.3192 (0.7432)	11.9631*** (1.3856)	8.0274*** (1.0805)	15.5341*** (2.4872)	12.1858*** (3.7550)
capint	0.9516 (0.0326)	0.9922 (0.0394)	0.9855 (0.0393)	0.8080*** (0.0594)	1.0244 (0.0346)	1.0936** (0.0438)	0.9988 (0.0392)	0.8280** (0.0646)
owner	1.3400*** (0.0949)	1.6312*** (0.1389)	1.2526*** (0.1058)	0.9777 (0.1507)	1.3007*** (0.0906)	1.4473*** (0.1172)	1.2631*** (0.1047)	0.9034 (0.1503)

续表

变量	专利申请				专利公开			
	专利总数	发明	实用新型	外观设计	专利总数	发明	实用新型	外观设计
	(1)	(2)	(3)	(4)	(5)	(6)	(7)	(8)
HHI	272.1309 (5392.541)	5909.585 (151666.2)	0.0004 (0.0001)	28.4366 (88.4451)	0.2111 (4.0199)	1.0610 (2.5311)	0.0266 (0.0607)	0.4047 (12.8152)
export	1.0441 (0.0708)	1.0809 (0.0854)	0.9427 (0.0778)	1.2706 (0.1988)	1.1408** (0.0762)	1.1772** (0.0920)	0.9993 (0.0801)	1.4329 (0.2445)
行业	控制	控制	控制	控制	控制	控制	控制	控制
地区	控制	控制	控制	控制	控制	控制	控制	控制
年度	控制	控制	控制	控制	控制	控制	控制	控制
obs	2050	2050	2050	2050	2050	2050	2050	2050
Wald chi^2 (*p-value*)	804.82 (0.0000)	603.82 (0.0000)	989.90 (0.0000)	297.84 (0.0000)	952.51 (0.0000)	670.85 (0.0000)	1044.32 (0.0000)	323.73 (0.0000)

注：***、**、*分别为1%、5%、10%水平上显著。

此外，本章还采用不同匹配方法，如 K 近邻匹配（$K=4$）、卡尺匹配、卡尺内最近邻匹配、核匹配等，得到 R&D 税收激励对研发支出的影响效应，然后以之为核心解释变量分析其对专利活动的影响，得出的结论也是类似的。对与处理变量密切相关的实际税率采取其他公式计算，得到的结果也是类似的。

6.6 本章小结

为建设创新型国家，近年来我国的 R&D 税收激励规模不可谓不大，但巨额税收激励是否产生了预期的创新产出效应一直缺乏系统、科学的经验分析。本章以中国上市公司微观数据为样本，估计了 R&D 税收激励的创新产出因果效应并分析其作用机制。由于 R&D 税收激励具有自选择性，本章采用 PSM 来估计 R&D 税收激励的专利效应。由于专利产出为非负整数，以 PSM 估计出 R&D 税收激励的额外研发支出效应后，再以面板计数模型估计该效应对专利产出的影响。

研究发现，R&D 税收激励没有显著的专利效应。虽然 R&D 税收激励产生了显著的研发支出效应，但该效应并未直接影响企业的专利产出，中国的 R&D 税收激励面临类似的“欧洲悖论”困境。尽管 R&D 税收激励的挤入效应不能直接影响专利产出，但在知识产权保护的调节下，R&D 税收激励引致的额外研发支出和反事实研发支出能间接促进专利产出增加，知识产权保护在一定程度上缓解了 R&D 税收激励的直接专利效应失灵风险。为改善我国 R&D 税收激励的创新效应、走出“欧洲悖论”困境，需要在 R&D 税收激励的政策设计和相关制度建设上下功夫。

第 7 章

R&D 税收激励与企业生产率

7.1 引　言

全要素生产率是经济可持续增长的源泉，是提高经济增长质量的钥匙。在物质资本、劳动力大规模投入难以为继的背景下，通过科技创新来提高全要素生产率，是突破要素驱动型增长瓶颈、进而实现创新驱动型发展模式的不二选择。具有外溢性的科技创新的私人回报低于社会回报形成的市场失灵，以及国家研发竞赛，都需要政府对技术创新给予适当支持。R&D 税收激励正是这样一个全球广泛施行的研发激励工具。

自 2006 年中国提出建设创新型国家、实施创新驱动发展战略以来，为提高企业的技术创新能力，中国在 R&D 税收激励方面制定、修订了一系列政策。根据 2008 年颁布实施的《企业所得税法》，目前我国实施的 R&D 税收激励政策有两类：一是直接税收优惠或税率优惠，包括高新技术企业减按 15% 的税率征收企业所得、小型微利科技企业减按 20% 的税率征收企业所得税、“四技”业务（技术开发、技术转让、技术咨询、技术服务）免征增值税、技术转让减征或免征企业所得税、创投企业投资税收抵免（对中小高新技术企业的投资可按照投资额的 70% 抵扣应税所得额）；二是间接优惠或税基优惠，即通过政策手段影响税基进而减少应纳税所得额，包括研发费用加计扣除、固定资产加速折旧等。与大部分国家主要采取研发税收抵免、“专利盒”低所得税率优惠政策相比，中国的 R&D 税收优惠政策具有覆盖范围广（覆盖研发项目全周期、覆盖研发关键要素如物质资本和人力资本）、优惠力度大（国外很少采用低税率和零税率，且企业可以同时享受多项优惠政策）、政策成体系（包括税基、税额和税率优惠）等特点。

由于我国尚没有编制税式支出预算，因而包括 R&D 税收激励在内的税式支出数据并不能从年度财政预算报告中获得。零星披露的数据显示，近年来我国

R&D 税收激励规模逐年递增：2008 ~ 2011 年，高新技术企业累计享受企业所得税优惠 2259 亿元[①]；2014 年规模以上工业企业研发费用加计扣除减免税和高新技术企业减免税分别为 379.8 亿元和 613.1 亿元[②]；2015 年高新技术企业减征企业所得税 1000 多亿元，软件和集成电路企业减免企业所得税 300 多亿元，固定资产加速折旧政策减税 100 多亿元，科技成果转化免征增值税 72 亿元，共计减免税 1400 多亿元[③]。作为一种特殊形式的财政支出，从公共资金的公共性、稀缺性和使用效率来看，一个引人关注的问题是，大量的 R&D 税收激励是否促进了企业生产率提升？但理论界对此知之甚少。从创新链来看，R&D 税收激励影响生产率是渐次以创新投入、创新产出为中介，但遗憾的是，甚少有学者从 R&D 税收激励影响研发支出、研发支出影响创新产出如专利、专利最终影响生产率这一逻辑链条来揭示 R&D 税收激励影响生产率的全貌。同时，从政策实践来看，为完善 R&D 税收激励政策，也有必要系统评估 R&D 税收激励的经济绩效，为针对性的政策调整奠定理论基础。

本章采用中国沪深两市制造业上市公司微观数据，采用能揭示 R&D 税收激励影响生产率的逻辑框架的 CDM 模型，研究中国 R&D 税收激励的企业生产率效应。本章的边际贡献主要有两点。一是研究方法上，采用能完整揭示 R&D 税收激励影响企业生产率作用过程和机制的 CDM 模型。与直接估计 R&D 税收激励的生产率效应方法相比，CDM 模型打开了创新过程黑箱，捕捉了 R&D 税收激励影响企业生产率的关键环节。二是研究视角上，充分考虑了制度环境对 CDM 模型三阶段的影响，相对于纯技术角度分析，能深刻揭示影响技术创新关键环节的制度和体制机制因素。此外，本章在一定程度上丰富了该领域的研究文献。从创新链来看，R&D 税收激励的有效性包括其对企业创新投入、创新产出和创新绩效的影响，既有研究主要集中在前两个方面尤其是第一个方面，对第三个方面的关注有限，本章的研究对此做出了一定的贡献。

本章的结构安排如下：第二部分是文献回顾和理论假说，第三部分是研究设计，包括估计方法介绍、模型与变量说明、数据来源和描述性统计，第四部分是实证分析结果与分析，包括基准回归、分组检验和稳健性检验，最后是结论和政策建议。

---

① 喻思娈，赵永新．我国企业研发支出比例较低税收优惠激励加大投入［N］．人民日报，2013 - 02 - 25.

② 国家统计局．科技创新加力提速创新驱动作用显著——十八大以来我国科技创新状况［EB/OL］．http：//www.stats.gov.cn，2016 - 03 - 09.

③ 吴秋余．2015 年小微企业减免税近千亿支持科技创新减免税 1400 多亿［N］．人民日报，2016 - 01 - 29.

7.2

文献回顾与理论假说

7.2.1 R&D税收激励的生产率效应

全要素生产率是指生产函数中各类要素（如资本、劳动力）投入贡献所不能解释的产出，通常被用来反映要素的使用效率。影响TFP的因素主要包括两个方面，一是资源配置状况的改善，二是技术进步。产业之间、产业内部、企业内部的资源配置状况改善，能实现既定技术和投入下的产出提高。资源配置状况与一国市场化水平密切相关。市场不完善国家往往存在严重的资源误置（Banerjee and Duflo，2005）。Hsieh和Klenow（2009）从在位厂商的资本和劳动力再配置、聂辉华和贾瑞雪（2011）从所有制、Brandt等（2012）从厂商的进入和退出等不同方面，证实了中国工业企业的资源误置严重制约TFP提升。技术进步的途径包括技术引进和自主研发。企业到底采用哪种方式与技术前沿的距离相关。一般来说，与技术前沿距离较远，企业倾向于技术引进；与技术前沿距离较近，企业则倾向于自主研发。无论技术引进还是自主研发，研发支出都是基本的创新投入。研发投资对企业生产率的决定作用得到了大量实证研究的支持（Lichtenberg and Siegel，1991；Hall and Mairesse，1995；van Leeuwen and Klomp，2006；Parisi et al.，2006；Doraszelski and Jaumandreu，2013）。R&D税收激励对企业生产率的影响显然与R&D税收激励引诱的研发支出有关。既有文献对此持三种观点。

第一种观点认为R&D税收激励能显著促进企业生产率提高。Venturini和Minniiti（2017）对美国制造业的研究发现，R&D税收抵免增加10%，将会使年均劳动生产率增长率达到0.4%，R&D税收抵免提高了长期生产率增长率。Bøler等（2015）以虚拟变量来度量税收激励，对挪威R&D税收激励计划（SkatteFUNN）的研究发现，更廉价的R&D（实施R&D税收抵免后）不仅激励了企业的研发支出，而且刺激了中间品进口，并最终提高企业的生产率。研发支出和中间品进口对于增进企业生产率具有互补性，而中间品进口（进口贸易自由化）能放大研发投资对厂商劳动生产率的影响。R&D税收抵免激励R&D进而直接降低R&D边际成本，R&D通过对均衡进口产生间接影响进而也降低R&D边际成本。其政策含义是研发政策产生了超越创新的影响，国际贸易可以扩大这些政策对业绩和增长的良性影响。Harris等（2009）以用户成本来度量税收抵免，以北爱尔兰地区的样本研究发现，R&D正向影响生产率，研发税收抵免的确会增加生产率，但总体影响很小。因此要使生产率有较大的提高，应该提高税收抵免的强度。当然，这也意味着较高的成本。Huang（2015）以源于公司年度财务报告的税收抵免额对中国台湾制造业研究发现，台湾地区的R&D税收抵免对生产率带来了正的、显著的效应。

第二种观点认为，R&D税收激励对生产率没有显著影响。Cappelen等（2007）以人均税收抵免额来度量税收激励，对挪威R&D税收激励计划（Skatte-FUNN）的研究表明，研发支出显著提高了厂商的生产率，但税收抵免对企业生产率的影响则不显著。原因在于税收抵免增加研发支出，税收抵免的效应被R&D支出所捕捉，税收抵免融资的R&D项目与其他R&D项目的生产率并没有不同。厂商优先投资于高回报的R&D项目，剩下资金如税收抵免引诱的投资才会去从事回报较低的项目，在边际生产率递减假设下，从而其回报率较低。Caiumi（2011）以是否收到税收抵免的虚拟变量来刻画，发现意大利的税收激励并没有从整体上提高厂商的全要素生产率。但是，该影响具有异质性，对生产率分布下限的企业即低生产率企业的影响更大，而生产率居于领导地位的企业只有细微改进。

第三种观点则认为R&D税收激励对生产率有负向影响。Ientile和Mairesse（2009）指出，在从事不太有前途的项目之前，厂商优先追求最有利可图的项目。在边际生产率递减的假设下，R&D税收抵免产生的额外研发支出将会有更低的生产率，甚至低于厂商平均水平。Bravo-Biosca等（2013）以10个OECD国家为样本，以1-B指数来度量R&D税收激励，以MFP增长率来衡量生产率，发现更慷慨的R&D税收激励与更低的MFP增长率相关，原因在于现行R&D税收激励政策有利于在位厂商而不利于年轻/小型企业。可见，对于R&D税收激励的生产率效应理论界存在很大的分歧。这些研究之所以会有如此大的分歧，与所采用的计量方法、R&D税收激励的度量、样本层级（国别、企业）、样本时长等均有关。

影响TFP的主要因素是技术进步和资源配置状况的改善。R&D税收激励对生产率的影响主要通过技术进步来实现。技术进步源自源源不断的创新投入。在创新产出如专利、新产品等具有正外部性的情境下，为弥补私人回报率和社会回报率之间的落差，政府对企业的创新活动予以产业政策支持如税收优惠具有经济合理性。R&D税收激励的初衷是通过税式支出来降低研发边际成本，增加厂商投资于技术创新的激励（Hall and van Reenan，2000）。与大部分国家主要采取研发税收抵免、“专利盒”低所得税率（近年才引入）相比，中国的R&D税收激励政策工具多（包括税基、税额和税率优惠）、优惠力度大（国外较少采用低税率和零税率，且企业可以同时享受多项优惠政策）。按照CDM模型的三阶段逻辑

(Crépon et al., 1998)，近年来中国非常慷慨的R&D税收激励应能激励企业增加研发支出（林洲钰等，2013）、进而增加专利产出（余明桂等，2016），然后由增加的专利产出来提升全要素生产率（Boeing，2016）。因此，在其他条件相同的情况下，与没有获得R&D税收激励的企业相比，获得R&D税收激励的企业理应具有更高的生产率。

但是，从R&D税收激励到全要素生产率提升的三个关键环节所面临的机会主义行为和体制机制束缚的影响不容小觑。一是研发支出。中国的R&D税收激励政策颇多，但企业最青睐的是高新技术企业认定，该政策激励强度大（15%的低所得税率），且一旦认定就适用三年，当违法违规成本低时，企业有很强的动机通过操控相关条件尤其是研发支出来满足认定标准。实践中，高新技术企业认定的准确性受制于两个方面的困扰。第一，甄别高新技术企业面临的技术难题（研发费用的会计确认等）、部门协调（该认定由省科技厅联合省财政、税务部门共同实施，涉及部门协调）、甄别人力有限（申报企业多、专职从事该工作的人员有限）等，制约了认定的准确性。Chen等（2017）发现，通过"错误"划分管理费用科目，高新技术企业虚报了大约52%的研发支出。第二，政治压力降低认定的准确性。辖区高新技术企业数量是地方政府的显性政绩之一，地方政府可能会对认定机构施加影响，增加高新技术企业认定以次充好的概率，甚至会出现虚假认定。有研究表明，高新技术企业所得税优惠政策在很大程度上成为这些企业规避税收的"税盾"（李维安等，2016）。二是专利产出。地区竞争是理解"中国奇迹"的密匙。在创新驱动发展战略的指引下，专利数也是地方政府的显性政绩之一，专利竞赛不可避免，为此，近年来各地加大了对专利申请和授权的财税支持力度，企业申请专利的积极性前所未有。对企业而言，专利也是其申报各类支持项目的必备条件、获批银行信贷的信号机制（王刚刚等，2017），因此，企业也有很强的迎合动机去申请。对国企而言，专利还是企业负责人的业绩考核指标之一。正是在这一背景下，近年来中国的专利申请和授权数量急剧攀升。但专利质量有高低之分，根据《中国统计年鉴》，近年来中国发明专利占专利申请和授权总数的比例分别稳定在40%和20%左右，大量专利为新颖性、创造性和适用性较低的实用新型和外观设计。显然，这些非发明专利将难以对生产率提升产生实质性影响。三是专利技术的商品化。这方面主要面临体制机制掣肘。从作为需求方的企业角度来看，普遍存在与科研机构合作不顺畅、市场竞争难以把握以及面临国外跨国公司的技术竞争和压制等方面的重大风险。从供给方的科研机构或企业来看，知识产权界定机制的缺位以及知识产权执法力度的不完善和专利制度的自身弊端，导致重大技术的商品化在供需双方对接和转化的激励机制上出现严重缺位（张杰等，2017）。研发支出乃至高新技术企业的真实性，专利质量隐忧和专利技术商品化不畅，都可能抑制 R&D 税收激励的生产率效应。因而，中国的 R&D 税收激励是否促进了企业生产率提升是一个有待实证检验的问题，据此提出以下对立假设：

假说 7-1（a）：R&D 税收激励对企业生产率具有显著的正向影响。

假说 7-1（b）：R&D 税收激励对企业生产率没有显著影响甚至有负向影响。

7.2.2 制度环境调节下 R&D 税收激励的生产率效应

资源配置状况的改善比如研发资源从回报率低的企业、产业和地区向回报率高的企业、产业和地区流动会提升企业生产率。在统一开放、竞争有序的市场体系中，影响资源配置状况的关键因素是地区制度环境。良好的制度环境如产权保护、契约实施等，能为企业家的投资、交易提供稳定预期，降低企业的制度交易成本，提高交易效率。余林微等（2013）利用世界银行中国企业调查数据研究发现，产权保护制度对企业生产率有显著的正向影响，非正式契约保护即社会网络对民营企业生产率有显著影响。良好的制度环境如公平竞争的市场环境能发挥价格和信号激励机制的功效，引导资源向配置能力更强的企业、产业和地区流动，企业家的创新能力能得到充分彰显。张杰等（2011）研究发现，市场化程度更完善地区的企业，其生产率更高，而处于市场分割程度更高地区的企业，其生产率更低。Aghion 等（2015）对中国产业政策的研究表明，施加于更具竞争性产业的财政补贴和税收优惠，其经济绩效越突出。因此，尽管 R&D 税收激励政策具有普惠性，但地区制度环境应能对其产生适度的调节效应。

作为一个单一制国家，中国的 R&D 税收激励政策无差别通行于全国。但地区制度环境的差异显而易见，如产权保护和契约实施水平、市场竞争度、公共服务供给水平等均存在差异，不同的制度环境对相同的 R&D 税收激励政策会施加不同的影响。制度环境好的地区，其市场化水平高，在盈利动机驱使和竞争压力下，享受 R&D 税收激励的企业能够自觉减缓研发支出机会主义行为，为创新而研发，并以源源不断地研发投入来形成高质量专利。地方政府以“看得见的手”对高新技术企业认定的干预也会受到法治的有效约束，地方政府完善技术交易平台和机制的公共服务意愿和能力较强，地方知识产权保护水平也较高，企业技术创新的优良外部环境和可及的公共服务便利了辖区专利技术的商品化，使生产率提升水到渠成。而在制度环境差的地区，企业虚报研发支出、高新技术企业认定造假得不到有效遏制，研发资源配置的逆向选择机制盛行。而决定生产率的关键因素是创新产出如专利、新产品（Crépon et al.，1998），即便企业在短期内有亮丽的研发支出、专利产出数据，但因高质量专利的梗阻，使慷慨的 R&D 税收激励最终也难以从根本上提升企业生产率。同时，制度环境差的地区还伴随着地方科技公共服务供给不足、辖区知识产权保护水平不高，这些因素也将制约创新产出的成功商品化，从而也阻碍生产率提升。据此提出：

假说7-2：制度环境与R&D税收激励政策对生产率的影响具有互补性。

从方法论而言，上述文献均可概括为一步法，即直接估计R&D税收激励的生产率效应。但R&D税收激励对企业生产率的影响并非一蹴而就，而是有其特殊的中间作用过程。根据创新链，R&D税收激励首先影响企业的研发支出，其次由研发支出影响创新产出如专利，最后是创新产出影响生产率。将这一作用机制系统呈现出来的就是CDM模型（Crépon et al.，1998）。CDM模型认为，企业生产率提升源自创新产出而非创新投入。CDM模型不仅打开了创新“黑箱”，而且能有效解决联立方程系统面临的同时性和选择偏误问题，因而广为后续研究所采用，如研究R&D支出对TFP的影响（Griffith et al.，2006；Mairesse and Robin，2009；Aw et al.，2011；Crespi and Zuniga，2012；Baumann and Kritikos，2016），研究R&D支出对TFP的影响（Halpern and Muraközy，2010；Howell，2016）。但遗憾的是，尚未发现有文献用该模型来研究R&D税收激励的生产率效应问题。本章正是采用该方法的有益尝试。

7.3 研究设计

7.3.1 估计方法：CDM模型

R&D税收激励对企业生产率的影响并非一蹴而就，它渐次以创新投入、创新产出为中介，最终作用于企业生产率。CDM模型通过分析创新过程的不同阶段，代替直接估计研发支出和生产率之间的关系，打开了创新过程“黑箱”，捕捉了创新链的关键环节（Baumann and Kritikos，2016），而广为应用（如Griffith et al.，2006；Jefferson et al.，2006；Mairesse and Robin，2009）。标准的CDM模型分析的是研发决策与研发投入、研发投入与创新产出、研发产出与企业生产率之间的递进关系。本章借鉴该模型框架，但与之又略有不同的是，首先分析R&D税收激励对企业研发投入的影响[①]，然后分析预期的研发支出对创新产出的

① 本章忽略了R&D税收激励与研发决策之间的关系，是因为R&D税收激励这一事实已经隐含了研发决策。

影响、预期的创新产出对生产率的影响。具体来说，本章采用的修正 CDM 模型由三个联立方程构成：与 R&D 税收激励决策相关的研发强度方程、基于研发强度的知识（专利）生产方程和基于专利的生产率方程。

联立方程估计面临的主要问题是选择偏误和联立性偏误（Crépon et al.，1998）。在本章中，前者是指在研发强度方程中，获得 R&D 税收激励的企业样本并非随机分布，而是受制于企业特质如是否为高新技术企业、企业规模等，以及地区制度环境等因素。将研究样本仅局限于获得 R&D 税收激励的厂商会产生样本选择偏误，从而导致估计有偏。后者是指前一方程的因变量是后一方程的回归元，前后两个方程中的不可观察因素可能是相关的，以及后两个方程中的核心解释变量与因变量之间具有反向因果关系、后两个方程中的遗漏变量既影响因变量也影响自变量等导致的内生性。对样本选择问题将采用针对所有样本而非仅获得 R&D 税收激励样本的处理效应模型，来估计 R&D 税收激励对厂商研发强度的影响。对内生性问题将以前一方程因变量的预期值作为工具变量（IV）进入下一个方程来解决。三个方程的具体估计方法是：研发强度方程采用处理效应模型来估计；知识（专利）生产方程中由于因变量即专利为非负整数，将采用计数模型（count date model）来估计；生产率方程将采用 OLS 来估计。三个方程构成的递归方程系统将采用逐步估计法（equation-by-equation）分别进行回归。

此外，在稳健性检验，还将采用两步法来估计。其估计步骤是，首先采用倾向评分匹配法（PSM）估计研发补贴对企业研发支出的激励效应和反事实效应，然后再以之作为自变量，估计其对企业生产率的影响。

7.3.2 CDM 模型的三个方程

7.3.2.1 研发强度方程

研发强度方程估计 R&D 税收激励对企业研发支出的影响。R&D 税收激励可能激励企业增加研发支出，也可能挤出企业原本拟发生的研发支出，到底会产生何种效应取决于企业内部特质如是否为高新技术企业、面临的融资约束、规模、年龄、所属行业等，以及外部环境如行业市场集中度、地区制度环境等。同时，企业获得 R&D 税收激励的概率也非随机分布，也与企业特质和所处地区外部环境有关。估计 R&D 税收激励对企业研发强度的影响必须考虑到 R&D 税收激励所具有的自选择性，对此采用处理效应模型来进行估计。相对于同样能克服样本自选择性的倾向评分匹配法、双重差分法，处理效应模型的优势是通过模型化 R&D 税收激励过程，对全部样本进行估计，反映的是 R&D 税收激励对全部样本研发支出的影响①，有效克服了样本选择偏误，同时在估计中还采用工具变量，能克服遗漏变量带来的内生性问题。在研发强度方程中，该遗漏变量可能既与企业的研发支出水平相关、也与企业获得 R&D 税收激励的概率相关。研发强度方程如下：

$$rd_{it} = \gamma rdtaxdum_{it} + \theta X_{it} + \kappa_{it} \tag{7-1}$$

式（7-1）中 rd 是研发支出强度，为结果变量，$rdtaxdum$ 是企业获得 R&D 税收激励的虚拟变量，为处理变量，X 为控制变量。处理变量 $rdtaxdum$ 由下式决定：

$$rdtaxdum_{it} = \mathrm{I}(\delta Z_{it} + \mu_{it}) \tag{7-2}$$

式（7-2）中 $\mathrm{I}(\cdot)$ 为示性函数。其中，Z 为企业获得 R&D 税收激励的影响因素。Z 与 X 可以有重叠的变量，但 Z 中至少有一个变量如 Z_1 不在 X 中。假定 $Cov(Z_1, \kappa)=0$，即 Z_1 影响企业是否享受 R&D 税收激励，但不直接影响结果变量 rd，因而可将 Z_1 视为 $rdtaxdum$ 的工具变量。对（7-1）式、（7-2）式采用类似于 heckit 两步法来估计。第一步是采用 Probit 或极大似然法（MLE）来估计处理方程即企业获得 R&D 税收激励的概率，得到逆米尔利斯比率，然后将之带入第二步主方程，即 R&D 税收激励对研发支出的影响，通过 OLS 回归，得到各变量参数估计值。

X、Z 中相同的变量有两类，分别是厂商特征变量和外部环境变量，与本书 5.3.2.3 部分相同，但规模变量（$size$、$size^2$）在主方程中不再出现，是因为主方程的因变量即研发强度已经考虑了规模因素的影响（Griffit et al.，2006），即假定企业规模只影响厂商获得 R&D 税收激励的概率，但独立于厂商的研发强度。

借鉴已有研究（张杰等，2015），以滞后一阶的省级财政收入增长率（*lag_finance*）作为 R&D 税收激励的工具变量。其理由是：税收激励作为一种特殊形式的财政支出，其规模大小与地方财力密切相关，但与企业的创新投入则没有直接的联系，将其滞后一期以降低内生性。

7.3.2.2 知识生产方程

知识生产方程估计预期的研发支出对创新产出的影响。创新产出有多种形式，如专利申请量、专利公开量、新产品销售比重、高新技术产品出口比重等。与新产品销售等创新产出相比，专利申请在时间上更接近所进行的研发项目

① 这里暗含的一个假设是，所有厂商都从事了研发活动，但并非都报告了研发支出。对本章的样本而言，该假设是合理的，因为研发支出是潜在投资者、证券机构、利益相关者等评价上市公司业绩和前景的重要参考指标。但由于研发支出会计核算以及相关信息披露不足，导致研究样本中部分上市公司的研发信息不可获取。5460 个样本中，不能获得研发支出信息的样本为 859 个，占样本总数的 15.73%。

(Czarnitzki and Hussinger, 2018)。专利是一个被广泛接受的技术绩效指标，以专利来测算创新产出的优势是易获得、可比较、高度标准化。企业或个人在申请专利时，需要支付专利申请费，专利申请费支出在一定程度上具有创新甄别效应，即只当专利申请有可能被批准并有利可图时，专利申请人才愿意发生该项必要的费用支出，因而专利申请量（*patapp*）能较好地刻画创新产出（胡凯等，2012）。专利制度是鼓励创新、促进技术进步和传播的重要方式。与专利申请相比，专利公开（*patopen*）既是对专利质量的社会评价（专利申请只是自身评价），也是具有外溢性的技术传播形式，因而能够更好地度量创新产出。因此本章分别以专利申请（*patapp*）和专利公开（*patopen*）来度量知识生产结果。

借鉴 Griliches（1973）、Pakes 和 Griliches（1980）的知识生产函数，以及分析研发补贴对企业生产率影响的 CDM 模型（Howell，2017），构造的知识生产方程为：

$$pat_{it} = \varphi rdtaxdum_{it} + \lambda rd_{it}^{*} + \delta W_{it} + \upsilon_{it} \quad (7-3)$$

（7-3）式中，*pat* 为厂商的专利申请量（公开量）。rd_{it}^{*} 是研发方程因变量的预期值[①]，*W* 是控制变量，与（7-2）式中的协变量 *Z* 基本相同（Czarnitzki and Licht，2006；Czarnitzki and Delanote，2015；Guo et al.，2016；Czarnitzki and Hussinger，2018），但不包括不影响专利生产的工具变量（*lag_finance*）、政治关联（*pc*）、地区制度环境与政治关联的交叉项（$ins \times pc$）。与方程（7-1）、（7-2）不同的是，影响专利产出的制度环境突出表现为地区知识产权保护水平，因此这里以知识产权保护（*ipp*）来代替泛指的制度环境。具体来说，以地区技术交易市场成交额占当地 GDP 的比重来度量（胡凯等，2012）。此外，为考察地区知识产权保护下 R&D 税收激励对专利产出的影响，还构造了二者的交叉项（$ipp \times rdtaxdum$）。

7.3.2.3 生产率方程

生产率方程估计预期的创新产出对全要素生产率的影响，即：

$$tfp_{it} = \varsigma rdtaxdum_{it} + \lambda pat_{it}^{*} + \sigma S_{it} + \nu_{it} \quad (7-4)$$

（7-4）式中，*tfp* 为全要素生产率。pat^{*} 为（7-3）式因变量的预期值。S 为控制变量，与（7-3）式基本相同（Howell，2016；张杰等，2011；余淼杰，2011；何光辉、杨咸月，2012；杨勇、袁卓，2014）。与（7-3）式略有不同的

① 这里采用的是 R&D 流量而非存量，原因在于企业的研发信息披露有限，难以获得多年连续研发支出数据计算出 R&D 存量。即便勉强计算出 R&D 存量，但其可信度也会较差。同时，研究表明，采用 R&D 流量与 R&D 流量存量的估计结果没有本质区别（Crépon et al.，1998；Hu，2001）。

是，这里的制度环境以王小鲁等（2013）编制的中国分省企业经营环境指数来反映（*ins*），这主要是考虑到影响 *tfp* 的制度环境因素不仅包括知识产权保护，还包括法治、对契约精神的尊重等反映政府质量维度方面的因素（刘明康、陈永伟，2016），而企业经营环境指数这一综合性的指标能较好地刻画地区制度环境。同时，为考察地区制度环境差异下 R&D 税收激励对企业生产率的影响，还构造了二者的交叉项（$ins \times rdtaxdum$）。

此外，CDM 模型的 3 个方程都将引入三个虚拟变量：产业虚拟变量（γ_j）来控制不可观察的行业异质性（行业差异）和技术机会（29 个行业），地区虚拟变量（γ_k）来控制特定地区因素如创新文化的影响（东中西部地区），时间虚拟变量（γ_t）来控制宏观经济冲击和政策变化的影响（Czarnitzki and Licht，2006）。同时，CDM 模型还应考虑时间滞后因素的影响，创新过程即从研发补贴到激励研发投入、从研发投入到形成专利产出、从专利产出到产生生产率效应三个阶段都具有时间滞后性（Mansfield and Switzer，1984；Lach，2002），根据研究惯例，在回归中，将 3 个方程右边的变量除企业年龄（*age*）外都取滞后一期，既能在一定程度上拟合企业的技术创新周期，又能有效缓解内生性。

7.3.3　数据来源

本章以中国沪深两市制造业上市公司为样本。前述变量中，关键变量即 R&D 税收激励源于测算，测算方法见本书 6.3.3.1 部分，测算所需数据来自国泰安数据库（CSMAR）；研发支出通过手工整理上市公司年报得到，具体说明见本书 2.3.2.2 部分；专利数据通过专业专利网站——佰腾网，逐一输入上市公司名称检索得到；全要素生产率通过计算得到，计算方法见本书 4.3.3，计算所需数据主要来自国泰安数据库（CSMAR）。其余财务数据也来自国泰安数据库（CSMAR）。

我国新企业所得税法于 2008 年实施，为消除过渡期政策实施的影响，以及本文数据搜集时间为 2014 年，因此数据起止时间为 2009～2013 年。剔除 ST、注册地为西藏（主要信息缺失）的公司后，一共获得了 1223 家上市公司数据，共有样本 5460 个（部分上市公司数据少于 5 年）。其中，深市主板 144 家、中小板 502 家、创业板 204 家，沪市主板 373 家。参照已有研究的处理方法（吴文锋等，2009），将实际税率大于 1 或者小于 0、当期所得税小于 0 的样本作为异常值剔除，实际样本 4990 个。

7.3.4 描述性统计

表7-1报告了CDM模型所涉变量的描述性统计结果。可以发现，接受R&D税收激励的企业的研发支出强度、全要素生产率显著高于未获得补贴的企业，但专利量（申请和公开）不具有显著区别。这似乎表明，R&D税收激励能够带来更高的生产率。但正如前文所述，R&D税收激励并非随机分布，获得R&D税收激励的样本具有自选择性，因此，要揭示R&D税收激励的生产率效应，还必须考虑接受R&D税收激励的企业的样本属性，以及R&D税收激励、创新投入、创新产出和创新绩效之间的联立性影响。其他变量除托宾q值（*Tobinq*）、国内市场竞争程度（*HHI*）、地区制度环境（*ins*）外，两类样本之间均存在显著的差异。

表7-1 享受与未享受R&D税收激励样本的均值差异显著性

变量	享受R&D税收激励（*rdtaxdum*=1）			未享受R&D税收激励（*rdtaxdum*=0）			均值差异的显著性
	观察值	均值	标准误	观察值	均值	标准误	
rd	3540	0.0403	0.0006	660	0.0219	0.0008	-13.1528***
patapp	4085	37.9158	122.9855	904	36.9270	178.7346	-0.1996
patopen	4085	32.8054	98.2508	904	31.8562	135.6619	-0.2462
tfp_lp	4044	1.9254	0.0066	835	1.7466	0.0166	-10.8975***
hightech	4085	0.7900	0.0064	836	0.4725	0.0173	-19.7945***
fc	4073	0.0420	0.0032	836	0.0097	0.0034	-4.5217***
size	4079	7.5594	0.0174	836	8.0384	0.0384	11.3532***
$size^2$	4079	57.9763	0.3155	836	65.0502	0.6655	9.8340***
age	4085	2.4463	0.0067	836	2.5740	0.0132	7.9861***
history	4085	0.8296	0.0059	836	0.7476	0.0150	-5.5886***
capint	4078	12.3136	0.0139	836	12.4186	0.0329	3.0784***
owner	4085	0.3013	0.0072	836	0.4593	0.0172	8.9332***
roe	4078	0.0925	0.0011	836	0.0742	0.0028	-6.7972***
lev	4062	0.3532	0.0031	836	0.4698	0.0066	15.6254***

续表

变量	享受 R&D 税收激励（*rdtaxdum* =1）			未享受 R&D 税收激励（*rdtaxdum* =0）			均值差异的显著性
	观察值	均值	标准误	观察值	均值	标准误	
Tobinq	4014	1.8094	0.0178	834	1.7603	0.0385	-1.1459
export	4085	0.7425	0.0068	836	0.7022	0.0158	-2.4094**
HHI	4081	0.2125	0.0030	836	0.2117	0.0006	-1.0241
pc	4085	0.4257	0.0077	836	0.3923	0.0169	-1.7807*
ins	4085	1.1332	0.0006	836	1.1322	0.0014	-0.6704
ins × *pc*	4085	0.4833	0.0088	836	0.4436	0.0191	-1.8689*
ipp	4085	0.0130	0.0005	836	0.0111	0.0008	-1.8056*

注：各变量因部分样本缺失，致使享受税收激励和未享受税收激励样本之和小于 4990。均值差异的显著性水平一列中，数值为 T 统计量，括号中为对应的显著性水平。***、**、*分别为 1%、5%、10% 水平上显著。

7.4 实证结果和分析

7.4.1 全样本回归

CDM 模型三阶段估计结果见表 7-2。前两列是第一阶段采用处理效应模型的估计结果。第 1 列为处理方程，工具变量（*lag_finance*）在 5% 水平上显著影响企业获得 R&D 税收激励的概率。第 2 列为主方程，R&D 税收激励虚拟变量（*rdtaxdum*）在 1% 水平上显著影响企业研发支出。似然比检验拒绝了 R&D 税收激励外生性的原假设（似然比卡方值对应的 *p* 值为 0），表明采用处理效应模型是合适的。控制变量中，影响企业获得 R&D 税收激励的概率和研发支出强度的因素不尽相同，表明企业获得 R&D 税收激励与研发支出是有两个区别的行为。

第 3、4 列是第二阶段采用面板负二项回归的估计结果。似然比检验卡方值对应的 *p* 值为 0.0000，说明采用随机效应面板负二项回归是合适的。第 3 列是以专利申请量为因变量的估计结果。知识产权保护（*ipp*）对专利申请的影响不显著，表明现有知识产权保护水平尚不足以显著激励企业提高专利申请的积极性。知识产权保护与 R&D 税收激励的交叉项（*ipp* × *rdtaxdum*）对专利申请的影响也不显著，则是因为专利申请对知识产权保护不敏感，从而使知识产权保护对

R&D 税收激励的专利申请调节效应无从发挥。研发支出的预期值（rd^*）对专利申请的影响在 5% 水平上显著为正，即研发投入越高则专利产出越多，这与该研究领域的共识一致。但 R&D 税收激励虚拟变量（*rdtaxdum*）对专利申请的影响不显著，即与没有获得 R&D 税收激励的企业相比，获得 R&D 税收激励的企业并不具有更多的专利申请。其原因可能有以下两个方面。一是市场取向型的 R&D 税收激励政策无法强制企业从事社会回报率高的研发项目，但重大创新往往产生于私人回报与社会回报之间具有较大悬殊的领域（Hall and van Reenan，2000），即便企业获得了 R&D 税收激励，也难以产生具有重大外溢性的创新成果。二是现行 R&D 税收激励政策缺乏创新成果新颖性要求，当大量企业距离技术前沿较远时，企业的理性选择是技术模仿而不是自主创新，从而也难以产生大量新颖性成果。与第一阶段估计结果联系起来看，即 R&D 税收激励政策能激励企业增加研发支出，但并不能带来更多的专利申请量。第 4 列是以专利公开量为因变量的估计结果，核心解释变量的影响与第 3 列基本相同，略有区别的是研发支出的预期值（rd^*）对专利公开的影响低于对专利申请的影响，这是因为专利公开仅为专利申请的一部分。

第 3、4 列的控制变量中，高新技术企业（*hightech*）的专利产出更多，这一方面源于其技术创新能力较强，另一方面源于其创新动力较强，即为在下一轮高新技术企业认定中继续享有税收政策优惠，企业也必须持续研发来形成专利。融资约束（*fc*）对专利申请的影响不显著，是因为相对于研发支出而言，专利申请环节的费用支出微不足道，且地方政府为鼓励辖区企业申请专利也会慷慨资助，因而不会影响专利产出。而专利公开无须费用。企业规模及其平方项（*size*、$size^2$）对专利申请的影响分别为负和正，即呈 U 形。其原因是，小企业开展研发活动面临资金、人才等方面的掣肘，但随着企业规模扩大，资金、人才等研发资源瓶颈逐渐被克服，企业的研发活动会相应增加，专利产出也会增加。而企业年龄（*age*）对专利活动的影响不显著，则表明随年龄增长企业的创新活力不足、趋于守成。成功的研发活动历史（*history*）显著促进专利产出，表明创新活动具有惯性。资本密集度（*capint*）的影响也不显著，则是因为资本密集度高的企业通常属于重工业，研发活动所需资金和人员投入更大，形成创新成果更为不易，而资本密集度低的企业则对技术创新活动不甚敏感，从而使资本构成与创新产出之间缺乏线性关系。所有制（*owner*）的影响显著为正，即相对而言，国有控股企业的专利申请更多。原因在于国有控股企业不仅在创新资源上具有优势，而且国企负责人面临创新业绩考核压力，专利是一项重要的业绩指标，国企负责人有很强的动力去申请（余明桂等，2016）。国内市场竞争度（*HHI*）对专利产出的影响不显著，则证实了市场竞争度对创新具有逃避竞争效应，即产品市场竞争度越高的市场，占据市场领先优势的企业从事冒险性创新活动的动力越不足。出口虚拟变量（*export*）对专利申请具有显著影响，则是国际市场竞争压力的体现，或者说相对于无出口企业而言，出口企业为市场所认可的创新产出更多。

第 5、6 列是第三阶段回归结果。第 5 列中，专利申请预期值（$patapp^*$）对生产率的影响并不显著，表明专利未能成功的转化为生产率提升。难以成功实现产品化、商业化的专利，要么源于其质量低，要么源于其转化机制不畅。前者表明为生产该专利所耗费的研发资源是低效乃至无效。而企业之所以热衷于申请此类专利，原因在于专利是一项显性绩效指标，它是企业申请各类财政补贴、高新技术企业认定等的必备条件，一旦申请成功，企业能获得不菲的营业外收入，因此企业有很强的动机去申请专利，而对其市场前景的关心则位于其次。专利竞赛下专利申请机会主义行为的弊端由此可见一斑。后者则表明专利交易市场平台和运行机制缺失或不完善。比如，在“基础研究、应用开发、中试、商品化、产业化”的创新链条中，中间环节非常薄弱，表现为应用开发脱离市场需求、中试力量薄弱、重大技术商品化缺乏吸引力等①；国有控股企业的专利转让所涉程序烦琐、对国有资产流失的顾虑均降低了专利交易效率；知识产权保护不力降低市场专利需求和有效供给，从而形成低水平的专利交易均衡。

R&D 税收激励虚拟变量（*rdtaxdum*）对全要素生产率的影响为正但不显著。原因可能有三个方面。一是研发支出虚高。为享受 R&D 税收激励，企业可能在事前虚报研发支出以获得高新技术企业资格认定。夸大的研发支出难以带来真实的、成比例的创新产出，而创新产出是决定生产率的关键因素，从而制约生产率提升。二是专利质量不高，不足以提高生产率。中国企业的专利申请侧重于创新程度较低的流程创新而非创新程度很高的产品创新②，即便这些专利产出的数量是真实的，但创新程度不高的工艺流程也难以从根本上改善企业的资源配置效率，难以对集约型生产率改进产生实质性影响。以技术新颖度最高的发明专利而言，获得与未获得 R&D 税收激励的企业，其发明专利均值分别为 14.6965 件、14.2691 件，统计分析表明，二者间不存在显著差异。也就是说，与第二阶段的估计结果结合起来看，由于 R&D 税收激励并没有带来更多的专利产出，从而也就制约了 R&D 税收激励厂商的生产率提升。三是政策特质所致。作为市场导向型的政策，R&D 税收激励并没有对企业的研发投资方向提出要求。在利润最大

---

① 袁东明、马骏和王怀宇．着力解决我国创新链中的重大瓶颈问题［N］．科技日报，2014－05－26。

② 专利包括工艺流程类专利和产品专利。中国工艺流程类专利（即关于产品制造或所使用材料的专利）占了很大比例，而基于产品发明的专利比重很低。见：史蒂夫·约翰逊．新兴市场专利申请量超过西方［EB/OL］．http：//www.ftchinese.com，2017－04－27.

化动机驱使下，厂商优先投资于高回报率的研发项目，剩下资金如税收激励引诱的投资才会去从事回报较低的项目，在边际生产率递减假设下，从而其回报率较低。该结论也与舒锐（2013）一致。假说7-1（b）而非假说7-1（a）得到了证实。

制度环境（*ins*）对全要素生产率的影响在5%水平上显著为正，说明制度环境越好的地区，市场配置资源的能力越强，越有利于企业生产率的提升。制度环境与R&D税收激励交叉项（*ins* × *rdtaxdum*）的影响不显著，与假说7-2不符。原因可能在于现行制度环境滞后于生产率提升的要求。2009~2013年，全国企业经营环境指数分别为3.09、3.00、3.02、3.05、3.09，几乎没有改进，而部分年份的分类指标甚至出现倒退（如2010年政府行政管理和企业经营法制环境出现退步）。这就使得制度环境对政策的生产率调节功能无法发挥，互补效应无法形成。第6列中，前述核心解释变量对生产率的影响相近，不再赘述。

第5、6列的控制变量中，高新技术企业虚拟变量（*hightech*）无助于企业生产率提升。这是因为企业生产率提升来自资源配置状况改善，即便是高新技术企业，如果在资源配置上不能有增量改进，其生产率也难以提升。换句话说，企业生产率提升与存量技术水平无关，而与增量技术进步有关。融资约束（*fc*）对生产率的影响为正但不显著。这可能是因为本文的研究样本为上市公司，现金流较为充裕，并且具备多种融资渠道，融资约束难以构成生产率提升的障碍。企业年龄（*age*）对生产率的影响不显著，则是因为企业没有随着年龄增长而发挥“干中学”效应，进而借助规模经济和范围经济来提高生产率。这集中表现为中国企业的二次创新（引进消化吸收再创新）能力不强。企业规模及其平方项（*size*、$size^2$）的影响分别为负和正，即呈U形分布。成功的研发历史（*history*）显著提高生产率，则表明创新惯性有助于企业生产率提升。资本密集度（*capint*）的影响为负，原因在于资本密集度越高的企业，调整生产要素配置的成本越高，从而降低生产率。所有制（*owner*）的影响为负，则表明非国有控股企业有更高的生产率。国内市场竞争度（*HHI*）的影响不显著，即产品市场集中度越高的行业，企业的生产率并非越高，这可能与中国的市场进入壁垒、行政垄断等制约竞争的因素有关。出口倾向（*export*）的影响不显著，则可能是大量加工贸易降低了出口倾向对生产率的贡献。

至此可以得出的基本结论是，尽管R&D税收激励能促进企业增加研发支出，但其市场导向型的政策特质无法强制企业从事社会回报率更高的研发项目，从而不能带来更多的专利产出，而受制于研发支出虚高、专利质量不高、专利转化不畅等因素，R&D税收激励就不具有显著的生产率提升效应，假说7-1（b）得到证实。由于近年来制度环境改善有限，制度环境对R&D税收激励的生产率调节效应没有得到体现，假说 7－2 没有得到证实。

表 7－2　　R&D 税收激励的生产率效应——CDM 模型估计结果

变量	Stage 1：研发方程		Stage 2：知识生产方程		Stage 3：效率方程	
	rdtaxdum	*rd*	*patapp*	*patopen*	*tfp_lp*	*tfp_lp*
	(1)	(2)	(3)	(4)	(5)	(6)
rdtaxdum		0.0169*** (0.0022)	－0.0030 (0.0784)	0.0333 (0.0778)	0.3978 (0.8569)	0.3891 (0.8568)
ins	－1.9318 (1.3021)	－0.0004 (0.0399)			1.3523** (0.7416)	1.3504* (0.7426)
ipp			－1.0557 (1.6268)	0.5538 (1.5350)		
ipp × *rdtaxdum*			－2.2705 (1.5234)	－3.6949 (1.4122)		
ins × *rdtaxdum*					－0.2753 (0.7557)	－0.2677 (0.7566)
*rd**			8.5579** (3.4483)	7.8304** (3.3961)		
*pat**					－0.0290 (0.0177)	－0.0157 (0.0123)
hightech	0.5566*** (0.0682)	0.0041*** (0.0019)	0.5785*** (0.0692)	0.3463*** (0.0669)	0.0078 (0.0452)	－0.0029 (0.0447)
fc	0.2276 (0.1751)	0.0072*** (0.0026)	0.0006 (0.1403)	－0.1812 (0.1359)	0.0927 (0.0586)	0.0936 (0.0581)
size	－0.5362* (0.3095)		－0.5346** (0.2412)	－0.5268** (0.2385)	－0.4647*** (0.1500)	－0.4529*** (0.1508)
$size^2$	0.0259 (0.0194)		0.0573*** (0.0151)	0.0545*** (0.0149)	0.0334*** (0.0093)	0.0324*** (0.0093)
age	－0.0001 (0.0836)	－0.0055*** (0.0013)	－0.0510 (0.0804)	－0.0126 (0.0804)	－0.0335 (0.0378)	－0.0312 (0.0374)
history	0.1118 (0.0660)	0.0036** (0.0011)	1.5076*** (0.0841)	2.5121*** (0.1006)	0.0742** (0.0330)	0.0725** (0.0334)

续表

变量	Stage 1：研发方程		Stage 2：知识生产方程		Stage 3：效率方程	
	rdtaxdum	*rd*	*patapp*	*patopen*	*tfp_lp*	*tfp_lp*
	(1)	(2)	(3)	(4)	(5)	(6)
capint	0.0007 (0.0432)	-0.0013 (0.0011)	-0.0216 (0.0321)	0.0317 (0.0320)	-0.0303* (0.0247)	-0.0300* (0.0246)
owner	-0.0265 (0.0710)	0.0009 (0.0025)	0.2433*** (0.0623)	0.2150*** (0.0621)	-0.0732** (0.0394)	-0.0763* (0.0393)
HHI	-11.1972*** (2.6068)	0.0628 (0.0458)	10.4889 (15.0715)	9.3617 (14.7379)	17.8177 (14.5455)	17.9946 (14.6058)
export	-0.0260 (0.0629)	-0.0032 (0.0022)	0.1171* (0.0609)	0.1588*** (0.0603)	-0.0514 (0.0337)	-0.0527 (0.0340)
pc	-4.8131*** (1.4279)	0.0587 (0.0431)				
pc × *ins*	4.2852*** (1.2464)	-0.0536 (0.0384)				
roe	1.9507*** (0.5302)	-0.0131 (0.0081)				
lev	-1.1897*** (0.1909)	-0.0305*** (0.0051)				
Tobinq	-0.0344 (0.0357)	0.0020** (0.0010)				
lag_finance	0.3923** (0.1718)					
行业	控制	控制	控制	控制	控制	控制
地区	控制	控制	控制	控制	控制	控制
年度	控制	控制	控制	控制	控制	控制
Likelihood-ratio chi^2 (*p-value*)		62.01 (0.0000)	1842.20 (0.0000)	1728.23 (0.0000)		
R-sq					0.2118	0.2121
obs	3292	3292	2687	2687	1466	1466

注：*Likelihood-ratio* chi^2（*p-value*）是模型适用性检验 *LR* 值及对应的 *p* 值。除公司年龄（*age*）外，其他自变量都取滞后一期，因而三个方程中的观察值依次递减。研发方程和效率方程均采用稳健标准误且聚类到省份，知识生产方程无法适用。***、**、*分别为1%、5%、10%水平上显著。

7.4.2　分组检验

异质性是全要素生产率研究中一个不容忽视的问题①。尽管基准回归表明，R&D 税收激励对全要素生产率没有显著影响，但该观点可能掩盖了按照不同标准分类的相关因素的异质性影响。既有研究表明，国有企业是资源误置的主要因素（Jefferson et al.，2006；聂辉华和贾瑞雪，2011；Boeing et al.，2015），而距离技术前沿的远近则是影响财税激励政策效果的重要因素（Caiumi，2011；Bravo－Biosca et al.，2013；Bøler et al.，2015）。因此，接下来将以所有制和技术前沿距离进行分组检验。

为节省篇幅，表 7－3 仅报告了 CDM 模型第三阶段关键变量的估计结果。第 1～2 列、第 5～6 列为按照所有制分组、分别以专利申请和专利公开为创新产出的回归结果。R&D 税收激励（*rdtaxdum*）对国有控股企业的生产率没有显著影响，但在 5% 水平上显著降低非国有控股企业的生产率。这与赵卿（2016）利用短期产业调控政策如十大产业振兴规划（从属于该规划的产业在税收、补贴方面能享受优惠）对国有和民营企业的绩效影响估计一致。制度环境（*ins*）对两类企业均没有显著影响，制度环境与 R&D 税收激励的交叉项（$ins \times rdtaxdum$）对国有控股企业的影响不显著，但对非国有控股企业有显著的正向影响。对国有控股企业而言，由于其对政策扶持较为依赖，即便企业面临的市场竞争程度较高，但企业的反应比较迟钝，制度环境不足以扭转企业对扶持政策的依赖度影响，从而难以放大 R&D 税收激励的生产率效应。对非国有控股企业，尽管 R&D 税收激励不利于企业生产率提升，但制度环境越好即市场竞争更为充分的地区，R&D 税收激励能驱使企业为市场优势而创新，产出更具市场前景的专利，从而有助于生产率提升，制度环境与税收激励具有互补性的假说 7－2 在非国有企业得到了证实。专利预期值（pat^*）降低国有企业的生产率，而对非国有企业没有显著影响。国有企业为迎合政策和获得更多扶持，以创新为策略，注重创新数量；而非国有企业为在市场中胜出，注重创新质量（黎文靖和郑曼妮，2016）。国有企业消耗大量研发资源所获专利并没有带来相应的附加值，从而有损生产率；非国有企业注重专利质量但追求高私人回报率的研发决策也决定了其技术突破上限，在短期内不足以使生产率发生颠覆性变革，同时企业量力而研发也不会损害生产率。

以全要素生产率的中位数为分界线，将高于和低于中位数的样本分为接近和远离技术前沿的两组分别进行回归，结果见表 7－3 第 3～4 列、第 7～8 列。

---

① 全要素生产率（tfp_lp）的均值和标准差分别为 1.8217、0.5227，变异系数为 0.2869，表明其离散程度较高。

R&D 税收激励（*rdtaxdum*）对接近技术前沿的企业没有显著影响，但对远离技术前沿的企业则具有正向影响。这是因为接近技术前沿的企业其生产率提升主要依靠自主创新，在技术禀赋约束下，市场导向型的 R&D 税收激励政策难以驱使企业开展具有重大突破的产品创新，主要依靠工艺流程创新则无法从根本上改善企业生产率；相反，远离技术前沿的企业其生产率提升主要来自技术模仿，即便是技术新颖度不高的工艺流程创新，也有助于生产率提升。从这个意义上，对远离技术前沿的企业施加税收激励，其经济绩效更好。这一发现与 Bøler 等（2015）一致。制度环境（*ins*）仅对远离技术前沿的企业具有显著的正向影响，是因为对于远离技术前沿的企业，轻微的制度改进如知识产权保护水平提升，就能够激励企业增加研发投入从而提高生产率，从而制度环境能弥补技术水平的不足。而对于接近技术前沿的企业，要进一步提升生产率则对制度环境提出了更高的要求，但囿于近年来制度环境几乎没有改善，从而在短期内无助于企业生产率提升。制度环境与 R&D 税收激励的交叉项（$ins \times rdtaxdum$）对接近和远离技术前沿的企业分别没有显著影响和负向影响。前者的原因仍可归于近年来的制度环境改善有限，不足以将 R&D 税收激励的生产率效应从不显著突破到正向显著水平。后者即远离技术前沿企业，尽管 R&D 税收激励对生产率具有促进作用，但制度环境不仅没有放大这一作用，反而产生了掣肘效应。原因在于，远离技术前沿的企业主要从事技术模仿，但技术模仿对制度环境的要求不高，远离技术前沿的企业可能更希望制度环境如知识产权保护处于较低的水平，便于其从事技术模仿甚至“山寨”，因此，不断提升的制度环境反而降低了本具有正面影响的 R&D 税收激励的生产率效应。因此，假说 7-2 在两类技术水平不同的企业没有得到证实。专利预期值（pat^*）对不同技术水平企业的生产率影响均不显著，则反映出专利的产业化水平有待提高。统计数据表明，中国的科技成果转化率仅为 10% 左右，远低于发达国家 40% 的水平①。因此，改善专利质量是提高生产率所无法回避的问题。

表 7-3　R&D 税收激励的生产率效应分组检验

变量	专利申请				专利公开			
	所有制		技术前沿距离		所有制		技术前沿距离	
	国有	非国有	接近	远离	国有	非国有	接近	远离
	(1)	(2)	(3)	(4)	(5)	(6)	(7)	(8)
rdtaxdum	1.4143 (1.1322)	-2.2430** (1.0867)	-1.4855 (0.9696)	1.8387* (1.0020)	1.4078 (1.1326)	-2.2505** (1.0822)	-1.4914 (0.9670)	1.8358* (0.9996)

① 刘玉飞．国家发改委：科技成果转化率仅 10% ［N］．北京商报，2013-12-23.

续表

变量	专利申请				专利公开			
	所有制		技术前沿距离		所有制		技术前沿距离	
	国有	非国有	接近	远离	国有	非国有	接近	远离
	(1)	(2)	(3)	(4)	(5)	(6)	(7)	(8)
ins	1.4429 (1.0453)	−0.5144 (1.0840)	−0.8010 (0.8431)	2.3520 *** (0.7442)	1.4354 (1.0444)	−0.5087 (1.0873)	−0.7952 (0.8412)	2.3475 *** (0.7426)
ins × *rdtaxdum*	−1.1735 (0.9943)	2.0499 ** (0.9583)	1.2871 (0.8421)	−1.5715 * (0.8774)	−1.1674 (0.9946)	2.0559 ** (0.9547)	1.2884 (0.8398)	−1.5652 * (0.8753)
pat *	−0.0272 * (0.0141)	−0.0273 (0.0243)	−0.0150 (0.0195)	−0.0287 (0.0180)	−0.0159 * (0.0095)	−0.0161 (0.0173)	−0.0089 (0.0136)	−0.0156 (0.0123)
R − sq	0.3093	0.1816	0.1592	0.1499	0.3087	0.1824	0.1595	0.1499
obs	590	876	732	733	590	876	732	733

注：***、**、*分别为 1%、5%、10% 水平上显著。

7.4.3　稳健性检验

7.4.3.1　关键变量替换

创新产出对生产率的影响至关重要。CDM 模型三阶段估计中，将专利申请（公开）中的三类专利（发明、实用新型和外观设计）等量齐观。事实上，三类专利的技术新颖程度相差较大：发明专利具有技术突破性，可以称为技术创新，而实用新型和外观设计是在原有技术基础上的小的改进，只能称为技术模仿，三者的技术创新程度依次递减。忽略三者的创新程度差异而将其直接相加，难以客观度量创新产出结果。因此，有必要以创新性为权重，将创新程度不同的三类专利整合为一个更能够客观反映企业创新能力的加权专利数指标。

近年来各地区为鼓励辖区企业申请专利而颁布的专利资助及奖励办法为加权专利计算提供了有益的参考。一般来说，专利的创新程度越高，地方政府对其资助力度也就越大，因而地方政府对申请专利的资助力度可以用来刻画其创新程度。本章选取较早颁布专利申请资助办法的上海市作为参考标准。2005 年上海市颁布的《上海市专利费资助办法》规定，发明专利、实用新型专利和外观设计申请每件资助分别为人民币 2000 元、1000 元和 500 元。即发明、实用新型和外观设计的创新程度之比可设定为 1 : 0.5 : 0.25（胡凯等，2012）。按照这一比率，本章计算了样本企业的加权专利数，然后分别对全样本和以所有制、技术前沿距离进行分组的样本进行了稳健性检验，结果见表7-4（为节省篇幅，仅报告了第三阶段结果）。

表7-4第1~5列、第6~10列分别是以加权专利申请、加权专利公开为创新产出的估计结果。可以发现，无论是全样本还是分组样本，估计结果与基准回归相当一致。对全样本而言，R&D税收激励（*rdtaxdum*）对生产率的影响不显著，制度环境（*ins*）显著增进生产率，制度环境与R&D税收激励的交叉项（*ins*×*rdtaxdum*）根据所有制分组，对国有控股企业而言，R&D税收激励（*rdtaxdum*）显著提高生产率，制度环境（*ins*）也有助于生产率改进，但制度环境与R&D税收激励的交叉项（*ins*×*rdtaxdum*）对生产率并无影响；对非国有控股企业而言，R&D税收激励（*rdtaxdum*）、制度环境（*ins*）无助于企业生产率提升，但好的制度环境有助于改善R&D税收激励的生产率效应。根据技术前沿距离分组，对接近技术前沿的企业而言，R&D税收激励（*rdtaxdum*）降低企业生产率，制度环境（*ins*）对生产率无显著影响，但好的制度环境有助于提高R&D税收激励的生产率效应。对远离技术前沿的企业而言，R&D税收激励（*rdtaxdum*）、制度环境（*ins*）均有助于企业生产率提升，但好的制度环境下R&D税收激励则不利于生产率提升。此外，无论是全样本还是分组样本回归，预期加权专利（*pat**）都对企业生产率没有显著影响。

表7-4　　R&D税收激励影响企业生产率的分组检验

变量	加权专利申请量					加权专利公开量				
	所有制			技术前沿距离		所有制			技术前沿距离	
	全部	国有	非国有	接近	远离	全部	国有	非国有	接近	远离
	(1)	(2)	(3)	(4)	(5)	(6)	(7)	(8)	(9)	(10)
rdtaxdum	0.3649 (0.7434)	1.3421* (0.8373)	-2.2203 (1.4149)	-1.5044* (0.8056)	1.8322** (0.9095)	0.3662 (0.7431)	1.3530* (0.8360)	-2.2307 (1.4145)	-1.5001* (0.8055)	1.8400** (0.9098)
ins	1.3254* (0.6850)	1.3995* (0.8049)	-0.4732 (1.2873)	-0.8253 (0.7378)	2.3450*** (0.7730)	1.3256* (0.6850)	1.4065* (0.8039)	-0.4933 (1.2871)	-0.8306 (0.7377)	2.3447*** (0.7732)
ins×*rdtaxdum*	-0.2463 (0.6634)	-1.1086 (0.7520)	2.0263* (1.2561)	1.2992* (0.7140)	-1.5633* (0.8124)	-0.2476 (0.6632)	-1.1184 (0.7508)	2.0351* (1.2557)	1.2953* (0.7138)	-1.5699* (0.8127)
*pat**	-0.0006 (0.0008)	-0.0010 (0.0012)	0.0001 (0.0011)	0.0003 (0.0005)	-0.0011 (0.0018)	-0.0004 (0.0008)	-0.0012 (0.0013)	0.0003 (0.0010)	0.0004 (0.0005)	-0.0008 (0.0018)

续表

变量	加权专利申请量					加权专利公开量				
	所有制			技术前沿距离		所有制			技术前沿距离	
	全部	国有	非国有	接近	远离	全部	国有	非国有	接近	远离
	(1)	(2)	(3)	(4)	(5)	(6)	(7)	(8)	(9)	(10)
hightech	-0.0115 (0.0390)	-0.0446 (0.0602)	-0.0049 (0.0521)	-0.0442 (0.0381)	0.0471 (0.0385)	-0.0115 (0.0392)	-0.0412 (0.0606)	-0.0075 (0.0523)	-0.0458 (0.0382)	0.0475 (0.0393)
fc	0.0898 (0.0824)	0.5001 *** (0.1877)	0.0167 (0.0938)	0.0004 (0.0625)	0.1241 (0.1304)	0.0904 (0.0824)	0.5016 *** (0.1874)	0.0170 (0.0938)	-0.0005 (0.0624)	0.1200 (0.1302)
size	-0.5145 *** (0.1550)	-0.3239 (0.3307)	-0.5243 *** (0.1935)	-0.1479 (0.1035)	-0.0641 (0.3618)	-0.4910 *** (0.1543)	-0.3580 (0.3377)	-0.4925 ** (0.1908)	-0.1432 (0.1025)	-0.0314 (0.3723)
$size^2$	0.0371 *** (0.0106)	0.0271 (0.0214)	0.0361 *** (0.0135)	0.0095 (0.0069)	0.0110 (0.0258)	0.0352 *** (0.0104)	0.0293 (0.0217)	0.0336 ** (0.0131)	0.0092 (0.0068)	0.0083 (0.0260)
age	-0.0286 (0.0484)	-0.0433 (0.0925)	-0.0434 (0.0589)	-0.0717 (0.0479)	0.0256 (0.0464)	-0.0286 (0.0485)	-0.0413 (0.0927)	-0.0446 (0.0590)	-0.0724 (0.0480)	0.0267 (0.0468)
history	0.0647 * (0.0332)	0.0849 * (0.0503)	0.0476 (0.0443)	0.0719 ** (0.0310)	0.0022 (0.0374)	0.0647 * (0.0332)	0.0856 * (0.0503)	0.0466 (0.0443)	0.0717 ** (0.0310)	0.0036 (0.0383)
capint	-0.0273 (0.0186)	0.0080 (0.0310)	-0.0402 * (0.0242)	-0.0245 (0.0168)	-0.0048 (0.0203)	-0.0284 (0.0185)	0.0086 (0.0308)	-0.0410 * (0.0241)	-0.0246 (0.0167)	-0.0054 (0.0203)
owner	-0.0763 ** (0.0355)	0.3085 (0.2479)	0.2768 (0.2193)	0.0128 (0.0363)	-0.0030 (0.0337)	-0.0793 * (0.0354)	0.3009 (0.2483)	0.2770 (0.2193)	0.0151 (0.0363)	-0.0082 (0.0321)
HHI	18.3914 * (10.5025)	40.8349 (30.8250)	13.5886 (11.0880)	23.1242 ** (9.2400)	-1.4965 (11.5041)	18.4198 * (10.5103)	40.9775 (30.8689)	13.6513 (11.0884)	23.1745 ** (9.2393)	-1.3795 (11.5148)
export	-0.0543 (0.0346)	-0.0116 (0.0593)	-0.0930 ** (0.0444)	-0.0241 (0.0326)	-0.0135 (0.0368)	-0.0546 (0.0347)	-0.0100 (0.0594)	-0.0927 ** (0.0444)	-0.0234 (0.0326)	-0.0137 (0.0371)
行业	控制	控制	控制	控制	控制	控制	控制	控制	控制	控制
地区	控制	控制	控制	控制	控制	控制	控制	控制	控制	控制
年度	控制	控制	控制	控制	控制	控制	控制	控制	控制	控制
R-sq	0.2132	0.3157	0.1817	0.1595	0.1499	0.2125	0.3154	0.1819	0.1600	0.1495
obs	1466	590	876	732	733	1466	590	876	732	733

注：***、**、* 分别为 1%、5%、10% 水平上显著。

7.4.3.2 两步法估计

借鉴 Baghana（2010）对加拿大魁北克制造业研发补贴的生产率效应研究，采用两步法来估计 R&D 税收激励对生产率的影响，即首先采用匹配法（PSM）估计 R&D 税收激励引诱的额外研发投入，然后采用知识生产函数，估计额外研发投入等因素对 TFP 的影响。

表 7－5 报告了以研发支出强度作为结果变量、采用不同匹配方法得到的倾向评分匹配结果。从表 7－5 来看，由于获得 R&D 税收激励的样本相同，不同匹配方法下处理组的研发支出强度几乎相同，均为 0.0406，而控制组的研发支出强度略有差异（因为采用不同匹配方法得到的控制组样本略有不同）。但不同匹配方法得到的结果较为接近，介于 0.0058～0.0068（均值为 0.0064），且均在 1% 水平上显著。因此，与没有得到 R&D 税收激励相比，获得 R&D 税收激励能产生显著的研发支出挤入效应，且该效应占企业研发支出强度的 15.76%（=0.0064/0.0406）。即享受 R&D 税收激励企业的研发支出中，15.76% 是由税收激励引诱而来的，84.24% 为反事实研发支出（没有税收激励企业也会发生的研发支出）①。

表 7－5　　R&D 税收激励影响研发支出的 PSM 估计结果

匹配方法	处理组	控制组	差异值	标准差	T 统计量
K 近邻匹配（$k=1$）	0.0406	0.0349	0.0058	0.0020	2.83***
K 近邻匹配（$k=4$）	0.0406	0.0340	0.0066	0.0016	4.02***
卡尺内近邻匹配	0.0406	0.0340	0.0066	0.0016	4.83***
半径匹配	0.0406	0.0342	0.0064	0.0016	4.13***
核匹配	0.0406	0.0338	0.0068	0.0015	4.57***

注：*** 为在 1% 水平上显著。

接下来以 R&D 税收激励的研发支出效应和为自变量，分析其对产出的影响。借鉴 Baghana（2010），构建如下扩展的 C－D 函数：

$$Q_{it} = Ae^{\lambda_t}K_{it}^{\alpha}L_{it}^{\beta}Rdtax_{it}^{\gamma'}Rdc_{it}^{\gamma''}e^{\varepsilon_{it}} \tag{7-5}$$

（7－5）式中，Q 是不含中间投入的增加值（产出），A 是常数项，K 是物质资本，L 是劳动力，$Rdtax$ 是 R&D 税收激励引诱的研发支出，Rdc 是反事实研发

① 事实上，这一部分估计结果与表 6－3 相同。

支出，λ 是技术变迁比例因子，α、β、γ'、γ''分别是产出对物质资本、劳动力、税收激励引诱的研发支出、反事实研发支出的弹性，ε 是误差项。由于 PSM 方法得到的估计结果是研发强度（相对数），还必须对（7－5）式进行必要的变形以得到以相对数表示的生产函数。对（7－5）式两边取对数、然后两边同时减去劳动力的对数（$\ln l$），并令 $\theta=\alpha+\beta-1$，可得到：

$$\Delta(q_{it}-l_{it})=\lambda+\alpha\Delta(k_{it}-l_{it})+\theta\Delta l_{it}+\rho'\left(\frac{Rdsub_{it}}{Q_{it}}\right)+\rho''\left(\frac{Rdc_{it}}{Q_{it}}\right)+\upsilon_{it} \quad (7-6)$$

（7－6）式中，$\Delta(q_{it}-l_{it})$ 为劳动生产率增长率，$\Delta(k_{it}-l_{it})$ 为人均资本增长率，Δl_{it}为劳动力增长率，$\frac{Rdtax_{it}}{Q_{it}}$为 R&D 税收激励引诱的研发支出占营业收入比重，$\frac{Rdc_{it}}{Q_{it}}$为反事实研发支出占营业收入比重。此外，还控制制度环境（张杰等，2011），是否为高新技术企业（Huang，2015），融资约束（何光辉、杨咸月，2012），企业规模（Cappelen et al.，2007），公司年龄和所有制（余林徽等，2013），以及出口倾向（余淼杰，2011）等因素的影响。要说明的是，物质资本（K）以不包含研发投入的资本投入、采用永续盘存法估算，并折算为以 2009 年为基期的现值。劳动力（L）则扣除研发人员数。将两类研发投入分别从资本和劳动力中扣除是为了控制研发投入对增加值的影响。

考虑到两类研发支出与劳动生产率具有相互决定的内生性，采用能消除内生性的 GMM 进行估计。表 7－6 报告了估计结果。前两列是以式（7－6）为基础、不含增加控制变量的估计结果。分别采用差分 GMM、系统 GMM 的估计结果均发现，R&D 税收激励引诱的研发支出（$Rdtax/Q$）对劳动生产率没有显著影响，反事实研发支出（Rdc/Q）也没有显著影响。这一发现既与前述基准回归一致，也与 Cappelen 等（2007）采用类似方法对挪威的研究结论一致，后者发现挪威 R&D 税收抵免引诱的 R&D 与其他 R&D 对生产率的贡献并没有不同。唯一具有显著性的影响因素是劳动力投入（Δl），且劳动力投入的增加将会降低生产率增长速度。这就表明，企业劳动生产率的增长仍然属于要素驱动型，技术驱动型增长模式尚未形成。此外，劳动生产率的滞后项（$\Delta(q-l)_{t-1}$）对劳动生产率的影响在 10% 水平上显著为负，表明劳动生产率存在递减的趋势，这一发现与伍海鹰（2013）对中国工业部门全要素生产率的估计结果是一致的。后两列是以式（7－6）为基础、增加控制变量的估计结果。与前两列相比，具有显著性的影响因素也是劳动力投入（Δl）。控制变量中，融资约束（fc，以现金流占营业收入比重度量）有利于提高生产率，所有制（$owner$）对生产率的负向影响则表明国有控股会降低生产率。而劳动生产率的滞后项（$\Delta(q-l)_{t-1}$）对劳动生产率的影响在1%水平上显著为负。因此，采用两步法的研究也表明，R&D税收激励没有产生额外的生产率效应。

表7-6　**R&D补贴引诱的研发支出的生产率效应**

变量	DIF-GMM (1)	SYS-GMM (2)	DIF-GMM (3)	SYS-GMM (4)
$\Delta(q-l)_{t-1}$	-0.1064* (0.0554)	-0.1117* (0.0670)	-0.0851*** (0.0602)	-0.1399*** (0.0415)
$Rdtax/Q$	-6.2113 (13.4063)	-3.9941 (8.2110)	28.5677 (34.3087)	16.3947 (26.4134)
Rdc/Q	2.7206 (13.4112)	10.7608 (9.2450)	26.5870 (30.6303)	18.9185 (25.9146)
$\Delta(k-l)$	0.0441 (0.0496)	0.0746 (0.0621)	0.0177 (0.0435)	0.0306 (0.0351)
Δl	-0.8293*** (0.0732)	-0.7705*** (0.0883)	-0.8698*** (0.0850)	-0.7250*** (0.0503)
ins			-0.9559 (1.0479)	0.0277 (0.6351)
$(Rdsub/Q)\times ins$			-26.5434 (29.5127)	-16.3142 (23.6986)
$(Rdc/Q)\times ins$			-25.6924 (26.7869)	-18.7659 (23.3185)
$hightech$			-0.0060 (0.5860)	-0.0295 (0.1189)
fc			0.3399*** (0.1052)	0.2039** (0.0930)
$size$			-0.0394 (0.2457)	0.0224 (0.0776)
age			-0.1392 (0.2569)	0.0745 (0.0494)

续表

变量	DIF - GMM (1)	SYS - GMM (2)	DIF - GMM (3)	SYS - GMM (4)
owner			-0.4687** (0.9023)	-0.4706** (0.1885)
export			0.3163 (0.3061)	0.1342 (0.1183)
行业	控制	控制	控制	控制
地区	控制	控制	控制	控制
年度	控制	控制	控制	控制
AR（1）	0.056	0.034	0.003	0.003
AR（2）	1.000	1.000	1.000	1.000
Sargan test	0.296	0.193	0.230	0.146
Hansen test	0.345	0.196	0.286	0.159
Dif - Hansen		0.576		0.750
obs	1059	2150	1059	2150

注：***、**、*分别为1%、5%、10%水平上显著。

7.5 本章小结

评价 R&D 税收激励政策的有效性最终取决于其是否有效改善了企业生产率。企业生产率不仅是企业竞争力的体现，也是评价各种产业政策有效性的根本准则。理论界对 R&D 税收激励的研究主要集中在影响生产率的研发支出、创新产出环节，而对企业生产率的少量研究则将 R&D 税收激励与其他影响影响生产率的因素等量齐观，忽视了 R&D 税收激励对生产率的影响是一个逐阶递进过程：R&D 税收激励首先影响企业的创新投入，其次由创新投入影响创新产出，最后是创新产出影响创新绩效。此即 CDM 模型分析框架。本章正是借鉴 CDM 模型对 R&D 税收激励的生产率效应研究的积极尝试。

本章以 2009 ~2013 年中国制造业上市公司为样本，运用 CDM 模型的估计结果发现，R&D 税收激励能显著激励企业增加研发支出、但不能增加专利产出，也不能显著提升企业的全要素生产率。同时，由于地区制度环境改善有限，制度环境对 R&D 税收激励的生产率效应也未能产生调节作用。尽管 R&D 税收激励的生产率效应总体不显著，但按照所有制和技术前沿距离的分组检验表明，对非国有企业、远离技术前沿企业，R&D 税收激励对生产率分别具有抑制和提升效应，制度环境分别强化和弱化了 R&D 税收激励的生产率效应，而对国有企业、接近技术前沿企业，R&D 税收激励及其与制度环境的交叉项的影响均不显著。采用加权专利作为中间变量的 CDM 模型估计、两步法估计（首先采用 PSM 估计 R&D 税收激励的研发支出效应、然后再以之作为自变量估计其对产出的影响）也证实了基准 CDM 模型的研究结论。为提高 R&D 税收激励的生产率效应，根据 CDM 模型三阶段 R&D 税收激励渐进影响企业生产率的关键因素，需要改善研发支出的真实性、提高专利质量和提高专利转化率，并改善政策实施所依存的制度环境。

第 8 章

政府采购的技术创新效应

8.1 引　言

支持技术创新的公共政策可以分为两类。一类是从供给面为企业的技术创新提供有形和无形投入，如 R&D 财政补贴、税收激励。见第 2 章至第 8 章的分析。另一类是从需求面为企业的创新产品提供市场空间，如政府采购。

政府采购在发达国家创新政策体系中扮演着重要的角色。欧盟委员会发布的《里斯本战略》（2000）、《巴塞罗那战略》（2002）和《支持创新的公共采购手册》（2007）都将政府采购作为促进创新的重要政策工具。2003 年我国开始实施《政府采购法》。尽管《政府采购法》没有将技术创新作为政府采购的政策目标，但政府采购的主要方式——公开招标，客观上能够通过竞争性交易鼓励创新企业在政府采购竞争中脱颖而出。而 2006 年我国提出的创新型国家发展战略，则明确将政府采购作为促进自主创新的政策工具之一。与此同时，我国的政府采购规模近年来一直高速增长，从 2001 年的 653 亿元增加到 2010 年的 8422 亿元，年均增长 29.14%。随着政府采购规模急剧扩张和创新驱动发展战略实施，一个亟待回答的问题是，我国的政府采购是否促进了技术创新[①]？但该问题一直缺乏有说服力的经验研究。

政府采购也称公共采购，是商品或服务市场需求的重要组成部分。政府采购通过两条渠道影响技术创新。

一是市场需求的激励功能。技术创新由预期利润来推动。当技术创新能带来更高的未来利润流折现值时，则市场规模越大，创新的激励就越大，创新激励与市场规模正相关（Schmookler，1962）。激励创新的需求分为直接需求和间接需求：前者是指政府直接采购创新性产品或服务；后者是指创新是政府采购的副产

① 限于研究时间和数据限制，对需求面政府采购的技术创新效应研究仅限于创新产出，没有对创新绩效即全要素生产率的影响加以研究。这一缺憾将在后续研究中加以完善补充。

品，即政府采购通过间接途径来激励创新：为新产品扩大市场、便利新技术标准采用和改变市场结构使之更便于创新（Cabral et al.，2006）。Ruttan（2006）指出，如果没有源自政府需求的动力，20 世纪美国绝大多数满足一般目的的技术将难以出现，最典型的例子是绝大多数军事创新源于军事需求。Slavtchev 和 Wiederhold（2011）进一步研究了政府需求的技术构成（高技术和低技术产品）对企业 RD 活动的影响，发现美国联邦政府商品和服务构成转向高技术产品将会刺激企业 R&D 活动，引致发明活动的资源配置转变。国内学者范红忠（2007）提出了影响技术创新的有效市场需求规模假说，并采用国际数据佐证了该假说。孙晓华和杨彬（2009）采用欧盟数据也证实了该假说。

二是降低创新的不确定性。由于技术创新具有内在的不确定性，政府对新产品的采购能通过降低厂商预期利润的不确定性来降低创新的不确定性。公共采购中的政府作为“首购者”（lead user）（Von Hippel，1978），既能够也愿意与厂商互动，从而成为技术创新市场需求的重要信息来源，政府采购应该被用来作为新研究和创新密集型产品的先锋（Kok et al.，2004；Guerzoni，2007）。Aschhoff 和 Sofka（2009）指出，与规制、研究机构和大学的溢出效应、R&D 公共补贴等供给面的创新政策工具相比，政府采购的主要优势是事先指定一个意愿产品，然后由厂商以最有效的技术去实现它。

事实上，政府采购的这两种功能并行不悖，它们分别从宏观和微观层面刻画了政府采购激励技术创新的作用机制。但不能忽视的是，现有文献普遍暗含的一个基本假设是：政府采购是在公平公正的市场竞争下运行，政府采购能以优胜劣汰机制激励企业开展创新。这一假设对于发达国家来说是合理的，因为发达国家市场一体化水平较高，政府采购的公开性、竞争性和透明度较高，尽管这些国家的政府采购也不可避免地存在保护国货的倾向，但在一国或一个区域（如欧盟）市场内，地方保护的倾向则要小得多。而对于中国这样的转型国家来说，该假设的适用性则要审慎分析。因为中国的市场一体化水平、政府采购的规范性等都有待提高，政府采购中地方保护对技术创新的影响不容小觑。因此，研究中国政府采购的技术创新效应，首先必须在理论上阐明市场竞争（地方保护）影响政府采购激励（阻碍）技术创新的机理，然后以之来指导经验研究。否则，不考虑市场竞争对政府采购的影响，将会在计量分析中遗漏重要的解释变量，并导致估计结果有偏。

本章的贡献主要有两点。一是提出了一个政府采购与市场竞争在激励技术创新中具有互补性的理论假说。该假说通过揭示市场竞争在政府采购中的基础地位，进而推断出市场竞争有助于政府采购发挥创新效应、地方保护将会弱化政府采购创新效应的论断。将市场竞争因素纳入政府采购激励技术创新的机理分析，在过于重视政府采购的行政属性而淡化其市场属性的既有研究中尚属首次。二是定量研究了我国政府采购政策的有效性。我国政府采购创新效应的研究多为理论分析和政策阐释，实证研究极其缺乏，本章的实证分析能推动该领域的经验研究，并有助于客观评估我国政府采购政策的有效性。

本章的结构安排如下：第二部分介绍政府采购激励技术创新的政策背景，并提出相应的理论假说；第三部分是计量模型设定与变量说明；第四部分是实证结果；最后是结论与政策建议。

8.2 政策背景与理论假说

我国的政府采购肇始于提高公共资金使用效率、深化财政支出管理体制改革。从 1996 年试行政府采购制度以来，财政部门一直强调由于管理效率提高带来的财政资金节省即“节支率”，并将其作为评价各地区政府采购工作优劣的主要标准，而对于政府采购的公共政策目标则没有予以足够的重视。即便是 2002 年颁布的《政府采购法》，其公共政策目标也仅限于“保护环境，扶持不发达地区和少数民族地区，促进中小企业发展等”。

由于长期以来采取的“以市场换技术”策略并不成功，2006 年我国决定改弦易辙，将自主创新作为新时期的国家发展战略目标。随后国务院发布了《国家中长期科学和技术发展规划纲要（2006～2020 年）》（以下简称《规划纲要》），并印发了《实施〈规划纲要〉的若干配套政策》，明确将政府采购作为促进创新的重要工具。《规划纲要》中的政府采购政策包括：建立财政性资金采购自主创新产品制度；改进政府采购评审方法，给予自主创新产品优先待遇；建立激励自主创新的政府首购和订购制度等。之后，财政部相继颁布了《自主创新产品政府采购预算管理办法》《自主创新产品政府采购评审办法》和《自主创新产品政府采购合同管理办法》等三个文件。根据这些文件，国家机关、事业单位和团体组织（采购人）在政府采购活动中，应当优先购买自主创新产品。此外，《政府采购法》第十条明确规定：政府采购应当采购本国货物、工程和服务。显而易见，这些政策的出发点就是要以政府采购来增加市场需求和降低技术创新不确定性、进而支持自主创新，政府优先采购国货的倾向明显，与国外政府采购的政策出发点并无二致。政府采购既具有市场属性，也具有行政属性。但问题是，在中国现行的 GDP 政绩观和官员晋升竞标赛制下（周黎安，2007），当政府采购国货的倾向蔓延到地方时，地方政府优先采购地方货是否会导致地方保护，从而降低政府采购的创新效应？

Geroski（1990）指出，政府采购只有在一定条件下才能激励创新。“一定条件”包括：政府采购的高标准实施、市场需求的清晰界定、产品生命周期阶段早期新产品或服务的提供、对竞争的鼓励等。他警惕地指出，政府采购只在极少数情况下（典型的是国防）是有效的，政府采购有被滥用的可能，尤其是当政府采购与错误的目标设定相关的时候，比如保护主义和优先采购国产品。尽管政府采购倾向于本国产品是国际惯例，比如美国的《购买美国产品法》、欧盟的《政府采购指令》，但强调购买国货并不排斥政府采购市场的国内竞争或区域竞争。那种过分强调发达国家的政府采购市场对国内产品地方保护的观点是有失偏颇的。因为在市场经济中，竞争和价格机制是市场配置资源的基本工具，竞争和价格机制也同样适用于政府采购市场。尽管发达国家的政府采购法对国外产品有一定歧视和附加规定，但对国内产品则一视同仁。比如在美国，地区间贸易壁垒是受到政府管制的，地区保护主义并不是一个重要的问题（白重恩等，2004）。事实上，利用市场机制进行公开、充分竞争正是美国政府采购制度的核心和灵魂，市场机制及市场力量已渗透到美国政府采购的各个方面①。在欧盟，尽管政府采购的方式多样，但竞争和公平也是其核心原则（赵咏梅等，2012）。诚如科尔奈（2012）所言，20世纪的所有重大创新都是由分权化的竞争经济体发明的。可见，市场竞争而非保护主义是政府采购的基石。与美国、欧盟这样发达的经济体不同，中国目前尚处于体制转型期，市场一体化水平还有待进一步提高、地方保护主义还一定程度存在，因此，分析中国政府采购的创新激励效应，必须考虑中国政府采购面临的市场竞争约束。

市场经济体制确立了企业的技术创新主体地位，在政府采购竞标中，最终胜出的应该是那些创新能力强、能提供质优价廉产品的企业。因此，要发挥政府采购的创新激励效应，必须使政府采购建立在公平公正的竞争性市场交易基础之上。如果政府采购市场竞争受到人为的政策壁垒限制，那么政府采购便可能沦为地方保护主义的工具而难以激励创新，因为即便是质次价高的本地产品也能够在政府采购市场上占有一席之地，从而对外地企业的创新产品形成逆淘汰。而一旦一个地区形成地方保护式的政府采购潜规则，在财政分权体制下，其他地区出于自利也会竞相采用，从而使各个地区的政府采购各自为政、割裂政府采购市场的统一性，降低政府采购的创新激励功能。尽管我国的《政府采购法》规定，“任何单位和个人不得采用任何方式，阻挠和限制供应商自由进入本地区和本行业的政府采购市场”，但政府采购中的地方保护主义仍以不同形式存在，在经济下行时期更是屡见不鲜，比如：湖北省财政部门确定了采购本省的自主创新产品目录，承诺了采购比例（甘行琼，2008）；湖南省要求“将省产车纳入政府采购范

① 赵谦．美国政府采购的特点及经验借鉴［N］．中国政府采购报，2011－04－28.

围，政府机关事业单位应积极采购省产车"；河南省（2009）出台《关于促进工业经济平稳较快增长的意见》，要求"政府在招标采购时，在同等条件下要优先采购省内产品；政府机关、事业单位和国有控股企业公务接待一律使用省内产品"；福建省规定，"凡是省内可以生产的产品，政府机关、事业单位在采购招标时必须选用。省控办在审批机关、事业单位小汽车时应优先考虑本省汽车"；长春市（2009）规定，"鼓励政府采购及各县（市）、区、开发区在购车和报废更新车辆时，按规定的标准首选一汽集团产品"等。

政府采购是否与市场竞争相容，将对企业的创新行为产生不同的激励。地方政府弱化市场竞争、优先采购本地商品，本地企业将免于与外地企业竞争也能生存甚至获利不菲。面对技术创新天然具有的不确定性，理性的风险规避者将会减少研发活动。在地方政府优先采购支持下，无论是为实现国有资产保值增值的国有企业负责人，还是为股东赚取最大化利润的民营企业职业经理人，其创新动力都将趋于下降。同时，如果各地区地方保护主义盛行，因地方保护致使地区市场规模缩小，则限制了企业的生产可能性边界拓展，将会降低创新资源的配置效率和技术效率，或者说将会降低创新的净收益（余东华和王青，2009），从而不利于技术创新。而且，从长期来看，因政府倾向性的采购形成的地方保护也不利于企业的效率和竞争力提升，最终会损害企业的可持续增长潜力（曾亚敏和张俊生，2009）。反之，地方政府强化市场竞争，政府采购对本地和外地企业一视同仁、为所有企业的技术创新提供中性的竞争和激励，本地区那些积极进取、敢于冒险、嗅觉灵敏的企业家选准创新方向，能够借力政府采购所特有的市场需求激励和降低不确定性功能，获取创新收益，并最终提高该地企业的创新能力和市场竞争力，从而使政府采购与技术创新之间形成正反馈，即企业开展技术创新→政府采购满足创新产品的市场需求和降低创新的不确定性→企业获得创新收益→企业进一步开展技术创新。

据此我们提出以下理论：

假说 8－1：市场竞争有助于政府采购发挥技术创新激励功能，市场竞争与政府采购在激励技术创新中具有互补性。

8.3 模型设定与变量说明

8.3.1　计量模型设定

在计量模型设定上，解释变量除了政府采购外，还包括市场竞争等控制变量。根据前述理论分析，市场竞争会影响政府采购的技术创新效应，对这一效应以政府采购与市场竞争的交叉项形式纳入方程。根据计量模型设定应该具有唯一性和一般性原则（李子奈，2008），除了控制影响技术创新的研发资本、人力资本投入和进口因素外，还加入了知识产权保护这一重要的制度环境变量。基本的计量模型为：

$$y_{it} = \beta_1 gp_{it} + \beta_2 mc_{it} + \beta_3 (gp_{it} \times mc_{it}) + \beta_4 rd_{it} + \beta_5 hum_{it} + + \beta_6 im_{it} + \beta_7 ipp_{it} + \alpha_i + \varepsilon_{it} \tag{8-1}$$

其中，i 和 t 分别表示省份（包括省、自治区和直辖市）和年度，y_{it}为被解释变量，即 i 省第 t 年的创新产出。gp_{it}为政府采购规模，mc_{it}为市场竞争水平，$gp_{it} \times mc_{it}$为二者的乘积。rd_{it}为研发物质资本投入，hum_{it}为研发人力资本投入，im_{it}为进口。α_i 代表与各省份相关的、时间上恒定的未观测因素，比如各省的地理位置、资源禀赋、创新文化等，ε_{it}为模型的随机扰动项。

模型（8－1）为静态面板数据模型。考虑到技术创新具有传承性、累积性和集聚性（董雪兵和史晋川，2006），即以前的创新能够为未来的创新奠定技术基础，这里将技术创新产出的滞后一期也作为解释变量纳入方程，得到动态面板数据模型：

$$y_{it} = \gamma y_{i,t-1} + \beta_1 gp_{it} + \beta_2 mc_{it} + \beta_3 (gp_{it} \times mc_{it}) + \beta_4 rd_{it} + \beta_5 hum_{it} + \beta_6 im_{it} + \beta_7 ipp_{it} + \alpha_i + \varepsilon_{it} \tag{8-2}$$

8.3.2 变量说明

y_{it}和 $y_{i,t-1}$分别为当期和前一期的技术创新产出。与以往研究类似，这里也采用专利申请总量来反映创新产出。但不同的是，本章将进一步采用加权专利数来衡量创新产出。这是因为，按照创新的递减程度，专利依次包括发明、实用新型和外观设计，直接将这三种专利相加得到的专利总量忽略了不同专利的创新程度，难以客观反映创新产出。因此，有必要以创新性为权重，将创新程度不同的三种专利进行加权平均。近年来各地区为鼓励辖区企业申请专利而颁布的专利资助办法为我们的加权计算提供了参考。一般来说，创新程度越高，政府对专利申请的资助力度也就越大，因而该资助力度可以在一定程度上反映申请专利的创新程度。本章选取较早颁布专利申请资助办法的上海市作为参考标准（此后许多地区大多参照该标准）。2005 年上海市颁布的《上海市专利费资助办法》规定，发明专利、实用新型专利和外观设计申请每件资助分别为人民币 2000 元、1000 元和 500 元。即三者的创新程度之比可设定为：1∶0.5∶0.25。按照这一比率可计算出各地区的加权专利数。各地区专利原始数据来源于历年《中国科技统计年鉴》。

gp 表示政府采购规模，是核心解释变量，以各地区每年的实际政府采购规模（*gp*1）来衡量。要指出的是，尽管我国的《政府采购法》从 2003 年开始实施，但 2003 年前后政府采购的实施方式、结构、统计口径等均具有一致性，同时为获得尽可能多的统计数据，这里采用始于 2001 年《中国政府采购年鉴》提供的公开数据。为消除物价水平波动的影响，以 2001 年为基期，利用各地区居民消费价格指数对之进行了平减。此外，由于政府采购的主要方式是公开招标，这种竞争性的采购方式应该更能发挥政府采购市场的创新激励功能，因此还以公开招标政府采购（*gp*2）作为 *gp*1 的替代变量（仅有 5 年数据，2001 ~ 2005），并且也采用地区居民消费价格指数进行了平减。

mc 表示市场竞争。这里的市场竞争是市场化意义上、反映政府对市场干预程度的政企关系，而非产业组织意义上企业间竞争形成的市场结构。一个地区的市场竞争状况是地方政府对本地产品市场保护的逆值，我们以樊纲等（2011）编制的《中国地区市场化指数》中“减少商品市场的地方保护”指标来衡量，该指标得分越高，则该地区对本地产品市场保护越少，本地产品市场竞争越充分。但《中国地区市场化指数》仅提供了 1997 ~ 2009 年的数据，而本章计量分析设定的时间序列为 2001 ~ 2010 年，对于缺失的数据，采用以下方法加以推算：首先根据 1997 ~ 2009 年各地区该指标得分与年度进行 OLS 线性估计，得到每个地区二者之间的线性关系表达式，然后以之来推算 2010 年的各地区该指标得分。这样做的基本假设是：2010 年各地区的该指标得分与之前的趋势是一致的。理由是，中国的渐进式改革模式决定了各地区的市场化进程是稳步推进的，各地区该指标得分也将会表现出稳步上升趋势，因此采用该方法计来推算是可以接受的。

rd 表示研发物质资本。根据新经济增长理论，知识商品可反复使用和具有累积性，这就意味着在一定折旧期内，前期的知识商品投入会对后期的创新产出也有贡献，因而，一个地区或企业的 *rd* 应该是一个存量而非流量，直接采用当年研发支出来度量是不准确的。对 *rd* 测算采用资本存量测算中广泛采用的永续盘存法（PIM）。采用 PIM 来计算 *rd* 的数据来源于历年《中国科技统计年鉴》《中国统计年鉴》和《中国固定资产投资统计年鉴》等，并采用固定资产投资价格指数将 2001 年后的 *rd* 进行了平减，具体计算过程见胡凯（2012）。

hum 表示研发人力资本，以各地区研究与发展人员全时当量来衡量人力资本投入水平。研发人员全时当量是指全时人员数加非全时人员按工作量折算为全时人员数的综合，它以研发人员的实际工时来度量研发人力资本投入，比采用研发人员数更具客观性。该数据来源于《中国科技统计年鉴》。

im 表示进口。引进消化吸收再创新或二次创新是后发国家实现技术追赶的

重要方式，而进口是实现二次创新的重要载体。对后发国家而言，进口品产生的技术溢出效应是“学习效应”的一条基本途径，进口贸易为进口国模仿国外的先进技术提供了便利的渠道，日本、韩国等东亚国家均是通过进口进而实现技术赶超的成功典范。这里采用各地区进口额占当地 GDP 比重来衡量进口因素的影响，相关数据来源于《中国统计年鉴》。

ipp 表示知识产权保护。知识产权保护包括司法保护和行政保护。在知识产权的司法保护上，目前中国公开出版的统计资料只提供了国家层面的数据，因而难以度量各地区知识产权的司法保护水平。在知识产权的行政保护上，尽管2000年以来《中国知识产权年鉴》提供了地区知识产权纠纷立案数和结案数，但以该指标来衡量中国各地区的知识产权保护水平是值得商榷的：一是部分地区的结案率很高，高达甚至超过100%，使得地区之间的结案率无从比较。二是结案率并不能够反映知识产权纠纷裁决的质量。由于知识产权行政执法中的地方保护不同程度地存在（李善同等，2004），使得结案率这一指标仅具有数量效应而缺乏可靠的质量效应。在司法地方保护背景下，知识产权侵权纠纷能否得到公正裁决，将会影响一个地区技术交易市场的运行。技术交易市场是一个重要的要素市场。在本地企业与外地企业的技术交易中，只有当本地企业对外地司法机构保护知识产权的司法诉讼、裁决和执行有信心时，本地企业才愿意与外地企业发生跨地技术交易。同样的，当外地企业与本地企业发生技术交易时，外地企业是否对本地司法的公正性有信心，也将影响到本地技术市场交易的规模。因而，一个地区技术市场交易成交额的大小就能够在一定程度上刻画该地区的知识产权保护水平。基于此，本章以地区技术交易成交额占当地 GDP 比重来度量各地区知识产权保护水平，相关数据来源于历年《中国统计年鉴》。

根据可获得的公开政府采购数据，本章最终选取的是除西藏外的其余 30 个省份 2001 ~2010 年的面板数据。为降低变量波动幅度和变量之间的异方差，将交叉项外的所有变量均取对数，而对交叉项则进行了中心化处理。

8.4 实证结果

8.4.1 基准计量结果及分析

首先对方程（8 -1）采用冗余固定效应（RFE）检验分析其是否存在个体固定效应，结果拒绝了原假设，然后采用 Hausman 检验在随机效应（RE）和固定效应（FE）模型之间进行选择，结果显示所有回归均适用固定效应模型。表 8－1 的第（1）~（4）列是以实际政府采购规模（$gp1$）作为解释变量的回归结果。前两列中政府采购（$gp1$）对技术创新的影响系数尽然为正，但并不显著。这与国家统计局（2008）的调查结论相一致。第（3）列加入了政府采购与市场竞争的交叉项（$gp \times mc$）。此时，政府采购对技术创新的影响在 10% 水平上显著为负，即政府采购反而抑制了创新。之所以如此，可能是因为缺乏竞争性的政府采购，如指定商品的产地、品牌、规格、型号等，会抑制中标企业的创新动力，从而阻碍创新。交叉项（$gp1 \times mc$）则在 1% 水平上显著为正，则表明市场竞争越是公平、公正，创新型企业就越是有机会在政府采购竞争中脱颖而出、获得创新收益，企业就越有动力去开展创新活动。此时，市场竞争与政府采购之间具有互补性，市场竞争是政府采购发挥创新激励功能的基础条件。第（4）列包含全部解释变量。政府采购（$gp1$）及其交叉项（$gp1 \times mc$）对技术创新的影响系数符号仍然与第（3）列相同。上述分析表明，现阶段的政府采购并没有表现出应有的创新激励效应，甚至阻碍了技术创新，其中，市场竞争水平是关键制约因素。当市场竞争水平较低时（即商品市场的地方保护程度较高），政府采购可能沦为歧视性采购或指定性采购，作为大买家的政府采购在使局部厂商获益时，却打击了同行业其他厂商的创新积极性，而通过非公平竞争获得政府采购合同的企业因为缺乏生存和盈利压力，将缺乏创新动力，从而最终损害创新。因此，要实现政府采购的创新激励效应，就必须提高市场竞争度，为政府采购发挥创新功能营造公平的市场条件。

为进一步证实上述判断，接下来以公开招标政府采购（$gp2$）作为核心解释变量进行回归，结果见表 8－1 的第（5）~（8）列。第（5）、（6）列中公开招标政府采购（$gp2$）对技术创新的影响为正但不显著，这比较出乎意料。因为公开招标是一种竞争性的采购方式，体现了市场交易的竞争法则，在政府招标采购中胜出的企业，应该是那些创新能力强、质优价廉的企业。之所以会出现这一结果，可能是因为现行的公开招标本身存在不少瑕疵：尽管公开政府采购信息，但信息发布不充分或不及时，造成采购信息发布的地域性和局限性；人为设置供应商准入门槛，充分利用《政府采购法》规定的“采购人可以根据采购项目的特殊要求，规定供应商的特殊条件”条款，设置供应商特定条件，如产品的技术参数、配置、性能等，帮助本地供应商顺利中标（杨燕英，2012）。第（7）列加入交叉项（$gp2 \times mc$）后公开招标政府采购（$gp2$）对技术创新的影响显著为负，表明公开招标这一良好的政策设计背离了初衷，在公开招标沦为指定招标后，政府采购反而抑制了创新。而交叉项（$gp2 \times mc$）的系数在 1% 水平上显著为正，表明市场竞争环境的改善有助于政府采购的创新激励效应发挥。最后一列加入全部变量后的回归系数符号也证实了前述判断。

控制变量中，研发物质资本（*rd*）、进口（*im*）、知识产权保护（*ipp*）对技术创新具有显著影响的系数符号均为正，这与大多数研究结果相同，即加大研发物质资本投入、增加进口和加强知识产权保护有助于激励创新。而研发人力资本（*hum*）对技术创新具有显著影响的系数符号为负，则可能是因为以国有企业和事业单位为主体的研发部门研发效率比较低下，出工不出力、人浮于事等现象还比较严重，致使研发人员的创新生产率较低。

表 8-1　　　　政府采购对技术创新的影响：静态分析

变量	解释变量：gp1				解释变量：gp2			
	(1)	(2)	(3)	(4)	(5)	(6)	(7)	(8)
gp	0.0035 (0.0525)	0.0194 (0.0526)	-0.0659* (0.0463)	-0.0664* (0.0473)	0.0062 (0.0407)	0.0072 (0.0406)	-0.0436** (0.0371)	-0.0439* (0.0374)
rd	0.1581 (0.1369)	0.1524 (0.1358)	0.2974** (0.1200)	0.2978** (0.1205)	0.3359 (0.2389)	0.3215 (0.2382)	0.1727 (0.2134)	0.1728 (0.2144)
hum	0.2999 (0.0934)	0.2811 (0.0930)	-0.0508 (0.0907)	-0.0510 (0.0909)	-0.1768 (0.1439)	-0.1722 (0.1432)	-0.3261** (0.1299)	-0.3273** (0.1310)
im	0.0597 (0.0552)	0.0547 (0.0548)	0.0854* (0.0480)	0.0856* (0.0482)	0.1898** (0.0903)	0.1760* (0.0905)	0.1728** (0.0800)	0.1736** (0.0808)
ipp	0.0790*** (0.0245)	0.0878*** (0.0247)	0.0500** (0.0216)	0.0497** (0.0221)	0.0234 (0.0334)	0.0254 (0.0333)	0.0091 (0.0297)	0.0089 (0.0299)
mc		-0.1136 (0.0521)		0.0028 (0.0479)		-0.0829 (0.0609)		0.0059 (0.0568)
gp×mc			0.0001*** (0.0000)	0.0001*** (0.0000)			0.0003*** (0.0001)	0.0003*** (0.0001)
year dummies	控制	控制	控制	控制	控制	控制	控制	控制
$adj-R^2$	0.8376	0.8198	0.7268	0.7271	0.6930	0.6464	0.1124	0.1040
F (*p-value*)	20.83 (0.0000)	21.15 (0.0000)	27.49 (0.0000)	26.32 (0.0000)	19.45 (0.0000)	18.43 (0.0000)	25.24 (0.0000)	22.83 (0.0000)
obs	300	300	300	300	150	150	150	150

注：系数下方括号内的值为系数标准误，***、**、*分别对应1%、5%、10%的显著性水平。

接下来对方程（8 -2）进行回归。由于方程（8 -2）中不仅包含了被解释变量的滞后项，而且技术创新与研发物质资本投入、研发人力资本投入和知识产权保护之间可能存在内生性，即前者也可能影响后者，从而导致包含滞后项的解释变量与误差项之间的相关系数不为零。此时宜采用广义矩方法（GMM）来处理这类变量具有内生性且截面数较大而时间序列较短的数据（本章中 $N=30$，$T=10$）。相对于差分广义矩方法（DIF - GMM），系统广义矩方法（SYS - GMM）能克服前者带来的弱工具变量问题，因此将采用系统广义矩方法来估计。同时由于本章的样本量较小，为避免小样本偏差，将采用一步法（one-step）估计。GMM 估计的关键是工具变量的选取，根据技术创新与其影响因素之间的经济逻辑关系，分别将滞后被解释变量（*l. innovation*）作为前定变量，研发物质资本（*rd*）、研发人力资本（*hum*）、进口（*im*）和知识产权保护（*ipp*）作为内生变量，政府采购（*gp*）、市场竞争（*mc*）和年度虚拟变量作为外生变量，得到的结果见表 8 -2①。

表 8 -2 的前四列是以实际政府采购规模（*gp*1）为核心解释变量的回归结果。滞后被解释变量的回归系数均显著为正，说明技术创新具有传承性。第（2）列和第（4）列中，政府采购（*gp*1）和市场竞争（*mc*）对技术创新的影响分别显著为负和正，表明政府采购抑制了创新，而提高市场竞争度有助于技术创新。第（3）列和第（4）列中的交叉项（$gp1 \times mc$）对技术创新的影响均在 5% 水平上显著为正。与静态面板回归相比，动态面板数据模型因为充分考虑到变量间的内生性而使得估计结果更为可靠，也进一步证实了静态面板数据模型回归得到的结论：当前我国的政府采购并没有发挥创新激励效应甚至阻碍了创新，提高市场竞争水平有助于技术创新，市场竞争与政府采购在激励创新中具有互补性。表 8 -2 的后四列是以公开招标政府采购规模（*gp*2）为核心解释变量的回归结果。与静态回归相似，公开招标政府采购（*gp*2）也没有发挥出应有的技术创新效应，政府采购创新效应的发挥也仰仗于市场竞争状况。因此，只强调政府采购的创新政策功能，而不重视市场竞争机制建设、不改变政府采购的歧视性，政府采购将难以促进创新。

---

① GMM 估计的有效性需要满足以下几个条件：滞后被解释变量的系数介于混合回归与固定效应回归的系数之间、模型随机误差项的一阶和二阶序列不相关（一阶相关不可避免）、工具变量整体有效以及工具变量数不超过截面数（Roodman，2009）。表 8 -2 和表 8 -4 报告的均是满足这些要求、选取最近滞后项的回归结果。

表 8-2　　政府采购对技术创新的影响：动态分析

变量	解释变量：gp1				解释变量：gp2			
	(1)	(2)	(3)	(4)	(5)	(6)	(7)	(8)
l. innovation	0.8481*** (0.0761)	0.9082*** (0.0716)	0.7866*** (0.0764)	0.9044** (0.0698)	0.8447*** (0.1285)	0.9479*** (0.1161)	0.6122*** (0.1479)	0.6989*** (0.0902)
gp	-0.1223 (0.0890)	-0.1638* (0.0956)	-0.0283 (0.0545)	-0.1479* (0.0758)	-0.0797 (0.0523)	-0.1341** (0.0565)	-0.0823 (0.0559)	-0.1736** (0.0529)
rd	0.0069 (0.1153)	-0.0101 (0.1182)	0.0639 (0.0931)	0.0050 (0.1042)	0.8191** (0.2829)	0.6451** (0.2668)	0.0645 (0.1772)	0.5474** (0.1871)
hum	0.2235* (0.1243)	0.2170* (0.1272)	0.1035 (0.0982)	0.1984* (0.1072)	-0.5823* (0.2956)	-0.4558 (0.2924)	0.3652 (0.2471)	-0.1973 (0.1781)
im	0.1550** (0.0728)	0.1323* (0.0719)	0.1966*** (0.0484)	0.1179** (0.0492)	-0.0509 (0.0905)	-0.0744 (0.0912)	0.1298** (0.0578)	0.0305 (0.0481)
ipp	-0.0174 (0.0352)	-0.0316 (0.0347)	0.0392 (0.0302)	-0.0306 (0.0342)	-0.0023 (0.0407)	-0.0350 (0.0361)	-0.0017 (0.0478)	0.0245 (0.0353)
mc		0.0984* (0.0430)		0.0951** (0.0410)		0.1648** (0.0544)		0.2758*** (0.0569)
gp × mc			0.0017** (0.0007)	0.0005** (0.0001)			0.0001** (0.0001)	0.0003*** (0.0001)
year dummies	控制	控制	控制	控制	控制	控制	控制	控制
AR（1）	0.000	0.000	0.000	0.000	0.000	0.000	0.000	0.000
AR（2）	0.117	0.099	0.124	0.165	0.121	0.123	0.452	0.117
Sargan-Test	0.364	0.294	0.181	0.355	0.369	0.142	0.536	0.112
工具变量滞后阶数	[1 2] [3 4]	[1 2] [3 4]	[1 2] [2 3]	[1 2] [2 3]	[1 2] [2 3]	[1 2] [2 3]	[1 2] [4 5]	[1 2] [2 3]
工具变量数	24	25	22	26	20	21	17	26
样本截面数	30	30	30	30	30	30	30	30
obs	270	270	270	270	120	120	120	120

注：工具变量滞后阶数分别为前定变量和内生变量的滞后阶数。表 8-4 亦如此。***、**、*分别为1%、5%、10%水平上显著。

8.4.2 稳健性检验

上述回归分析的关键是市场竞争对政府采购创新功能的制约，在稳健性检验中，我们将寻找市场竞争的替代变量来进一步证实上述判断。

市场竞争归根结底是企业之间的竞争，尤其是不同所有制企业之间的竞争。在中国特殊的转型背景下，地区市场竞争在所有制上体现为存量国有企业产权多元化和增量民营经济成长，因而一个地区的市场竞争水平能够以当地的国有经济所占比重来刻画。具体来说，本章以“1－国有及国有控股工业企业的总产值占当地规模以上工业企业总产值的比重”来反映地区市场竞争水平。该值越大说明该地区市场竞争水平越高，反之反是。国有及国有控股工业企业的总产值、当地规模以上工业企业（主营业务收入在500万元以上的企业）总产值均源自历年《中国统计年鉴》。同时，2008 年世界金融危机后，各地为保增长将政府采购倾向于本地国有企业产品的做法也很常见，因此，以该指标来反映市场竞争状况是合理的。回归结果见表 8－3 和表 8－4①。

表 8－3　　政府采购对技术创新影响的稳健性检验：静态分析

变量	解释变量：gp1			解释变量：gp2		
	(1)	(2)	(3)	(4)	(5)	(6)
gp	0.0724 (0.0500)	－0.0574 (0.0457)	－0.0050 (0.0461)	0.0205 (0.0399)	－0.0401 (0.0370)	－0.0276 (0.0372)
rd	0.2193* (0.1275)	0.2074* (0.1180)	0.2389** (0.1144)	0.3163 (0.2321)	0.1240 (0.2150)	0.1334 (0.2126)
hum	0.1914 (0.0886)	－0.0591 (0.0899)	－0.0748 (0.0870)	－0.1222 (0.1410)	－0.3339** (0.1303)	－0.2880** (0.1311)
im	0.0593 (0.0512)	0.0757 (0.0476)	0.0731* (0.0460)	0.1388 (0.0897)	0.1655** (0.0801)	0.1350* (0.0808)
ipp	0.0575** (0.0231)	0.0534*** (0.0213)	0.0436** (0.0208)	0.0212 (0.0324)	0.0096 (0.0297)	0.0092 (0.0293)

① 与表 8－1 相比，表 8－3 的回归结果少了两列，是因为表 8－1 中的第 1、5 列在稳健性检验中是重复的，故省去。表 8－4 与表 8－2 相比，也是如此。

续表

变量	解释变量：*gp*1			解释变量：*gp*2		
	(1)	(2)	(3)	(4)	(5)	(6)
mc	0.4886 *** (0.0802)		-0.3086 (0.0758)	-0.297 (0.1078)		0.1880 * (0.0995)
gp × *mc*		0.0021 *** (0.0002)	0.0018 *** (0.0002)		0.0044 *** (0.0008)	0.0041 *** (0.0008)
year dummies	控制	控制	控制	控制	控制	控制
$adj-R^2$	0.6967	0.6046	0.5377	0.6245	0.1023	0.1014
F (*p-value*)	24.65 (0.0000)	27.85 (0.0000)	29.55 (0.0000)	20.42 (0.0000)	25.28 (0.0000)	25.60 (0.0000)
obs	300	300	300	150	150	150

注：***、**、*分别为1%、5%、10%水平上显著。

表8－3的前3列中，政府采购（*gp*1）对技术创新都没有产生显著影响，但交叉项（*gp*1 × *mc*）均在1%水平上显著为正，表明降低国有企业产出比重或提高市场竞争水平有助于政府采购促进创新。可以推断，只有当市场竞争达到一定水平时，政府采购才能够发挥出其类似于发达国家的创新激励效应。因此，在推进政府采购规模扩张的同时，还必须推进市场公平，使政府采购真正建立在公正透明的市场竞争基础之上，否则政府采购难以实现政策初衷。后3列的回归也得出了类似的结果。

表8－4中，政府采购对技术创新的影响具有显著性的符号为负，市场竞争的影响大多显著为正，政府采购与市场竞争的交叉项显著为正，进一步证实了前述分析的结论：现阶段的政府采购，包括公开招标采购均没有促进技术创新，之所以如此，是因为政府采购所要求的竞争性交易机制受到人为限制，或者说，市场竞争不足制约了政府采购的创新激励功能。

表8－4　　政府采购对技术创新影响的稳健性检验：动态分析

变量	解释变量：*gp*1			解释变量：*gp*2		
	(1)	(2)	(3)	(4)	(5)	(6)
l. innovation	0.8396 *** (0.0889)	0.8704 *** (0.1136)	0.7223 *** (0.1001)	0.9347 *** (0.1263)	0.6067 *** (0.1440)	0.6618 *** (0.1354)

续表

变量	解释变量：gp1			解释变量：gp2		
	(1)	(2)	(3)	(4)	(5)	(6)
gp	-0.1790** (0.0667)	-0.1879** (0.0809)	0.0725 (0.0894)	-0.0265 (0.0460)	-0.0279 (0.0412)	-0.0498 (0.0414)
rd	-0.0111 (0.1249)	0.0109 (0.1303)	0.0593 (0.1121)	0.5953** (0.2427)	0.0742 (0.1752)	0.0797 (0.1771)
hum	-0.2805** (0.1348)	-0.2540* (0.1352)	0.1027 (0.1013)	-0.4272 (0.2758)	0.3386 (0.2401)	0.2927 (0.2367)
im	0.2011** (0.0875)	0.1822** (0.0684)	0.0159 (0.0682)	0.1388 (0.0897)	0.0901 (0.0549)	0.0449 (0.0561)
ipp	-0.0166 (0.0385)	-0.0280 (0.0403)	0.0704 (0.0492)	0.0780 (0.1084)	0.0151 (0.0482)	-0.0071 (0.0440)
mc	-0.0013 (0.0620)		0.1567** (0.0675)	0.1449** (0.0664)		0.1267** (0.0635)
gp×*mc*		0.0006** (0.0003)	0.0006* (0.0003)		0.0016** (0.0008)	0.0014* (0.0007)
year dummics	控制	控制	控制	控制	控制	控制
AR（1）	0.000	0.000	0.001	0.000	0.000	0.000
AR（2）	0.146	0.123	0.122	0.195	0.311	0.208
Sargan-Test	0.225	0.191	0.189	0.255	0.246	0.299
工具变量滞后阶数	[2 3] [3 4]	[2 3] [3 4]	[1 2] [4 5]	[1 2] [3 4]	[1 2] [4 5]	[1 2] [4 5]
工具变量数	25	25	29	21	17	18
样本截面数	30	30	30	30	30	30
obs	270	270	270	120	120	120

注：***、**、*分别为1%、5%、10%水平上显著。

8.5 本章小结

理论上，政府采购是从市场需求面驱动技术创新的重要政策工具，但中国的政府采购是否促进了技术创新却鲜有经验分析。本章首先从理论上阐明了政府采购的创新效应依赖于良好的市场竞争环境，提出了政府采购与市场竞争在激励技术创新中具有互补性这一理论假说，然后采用静态和动态省级面板数据模型，在控制了研发物质资本投入、人力资本投入、进口、知识产权保护等因素后，检验了中国的政府采购对技术创新的影响。

结果发现，现阶段的政府采购包括公开招标采购都没有促进创新甚至抑制了技术创新；市场竞争影响政府采购的技术创新效应，提高市场竞争水平能显著增强政府采购的技术创新能力，政府采购与市场竞争具有互补性。因此，要发挥政府采购的创新激励作用，必须加强竞争性市场建设，将政府采购置于公平、公正、公开的市场环境下，为企业增加创新投入提供明确的激励信号，使政府采购与市场竞争相容。

第 9 章

研究结论与政策建议

9.1 研究结论

9.1.1 R&D 补贴的创新效应

从创新投入来看，无论是对于总研发支出还是私人研发支出，R&D 补贴均产生了显著的激励效应，R&D 补贴与企业研发支出之间具有互补性。因而，从创新投入来看，总体（平均）而言，R&D 财政补贴政策是有效的。这为创新型国家建设中继续实施财政补贴政策提供了实证支撑。因此，笼统地讲“财政补贴是低效或无效”的说法是缺乏事实依据甚至具有误导性。进一步地分组检验表明，从行业分类来看，资本密集型和技术密集型行业的研发补贴能产生显著的激励效应，但劳动密集型行业则不显著；从所有制来看，对非国有控股企业的研发补贴能产生显著的激励效应，而国有控股企业则不能；从制度环境来看，制度环境不佳地区的 R&D 补贴产生的激励效应更大、更显著。这就意味着要提高研发补贴有效性，应分类、有重点施策。进一步对 R&D 补贴激励效应的影响因素分析表明，制度环境强化了 R&D 补贴的激励效应，在制度环境好的地区，研发补贴产生的激励效应越大。此外，还发现补贴水平与研发支出之间呈倒 U 形，这意味着研发补贴应适可而止。

从创新产出来看，与没有接受 R&D 补贴的厂商相比，平均而言，接受 R&D 补贴的厂商具有更高的专利产出总量效应，且该效应因专利类型而异，即 R&D 补贴能显著增加发明专利，但对实用新型专利和外观设计专利没有显著影响。R&D 补贴以引致研发支出为中介来影响专利产出，引致研发支出显著增加专利总量，但对不同类型专利的作用机制不同：引致研发支出增加发明专利，但与反事实研发支出相比并不具有更高的专利产出效应；引致研发支出对实用新型和外观设计没有显著影响。稳健性检验也支持了这一发现。

从创新绩效来看，运用CDM模型研究发现，R&D补贴能激励企业提高研发强度、进而增加专利产出，但由于R&D补贴分配错位以及面临的逆向选择和道德风险问题、技术创新的市场导向机制尚未根本建立，使R&D补贴激励的专利产出也没有逃脱专利质量不高和专利转化率低的窠臼，R&D补贴并未显著提升企业生产率。进一步采用一步法（PSM）也发现，相对于没有获得补贴的企业而言，R&D补贴并未产生额外的生产率效应。而采用两步法（PSM + GMM）的稳健检验也发现，尽管R&D补贴能激励研发支出，但研发支出并不能显著促进生产率提升。因此，从短期来看，中国的R&D补贴对于提升企业生产率乏善可陈，中国的R&D补贴面临“欧洲悖论”的困境。

9.1.2 R&D税收激励的创新效应

从创新投入来看，发现R&D税收激励显著增加了企业研发投入，现行R&D税收激励政策是有效的。分组检验表明，资本密集型行业、非国有控股企业、制度环境好的地区，R&D税收激励具有显著的挤入效应，R&D税收激励的挤入效应具有异质性。进一步分析R&D税收激励挤入效应的影响因素，发现R&D税收激励水平没有显著影响，但制度环境强化了R&D税收激励的挤入效应，即制度环境与R&D税收激励政策对研发支出的影响具有互补性。

从创新产出来看，R&D税收激励没有显著的专利效应。虽然R&D税收激励产生了显著的研发支出效应，但该效应并未直接影响企业的专利产出，中国的R&D税收激励面临类似的“欧洲悖论”困境。尽管R&D税收激励的挤入效应不能直接影响专利产出，但在知识产权保护的调节下，R&D税收激励引致的额外研发支出和反事实研发支出能间接促进专利产出增加，知识产权保护在一定程度上缓解了R&D税收激励的直接专利效应失灵风险。为改善我国R&D税收激励的创新效应、走出“欧洲悖论”困境，需要在R&D税收激励的政策设计和相关制度建设上下功夫。

从创新绩效来看，运用CDM模型的估计结果发现，R&D税收激励能显著激励企业增加研发支出、但不能增加专利产出，也不能显著提升企业的全要素生产率。同时，由于地区制度环境改善有限，制度环境对R&D税收激励的生产率效应也未能产生调节作用。尽管R&D税收激励的生产率效应总体不显著，但按照所有制和技术前沿距离的分组检验表明，对非国有企业、远离技术前沿企业，R&D税收激励对生产率分别具有抑制和提升效应，制度环境分别强化和弱化了R&D税收激励的生产率效应，而对国有企业、接近技术前沿企业，R&D税收激励及其与制度环境的交叉项的影响均不显著。采用加权专利作为中间变量的CDM 模型估计、两步法估计（首先采用 PSM 估计 R&D 税收激励的研发支出效应、然后再以之作为自变量估计其对产出的影响）也证实了基准 CDM 模型的研究结论。为提高 R&D 税收激励的生产率效应，根据 CDM 模型三阶段 R&D 税收激励渐进影响企业生产率的关键因素，需要改善研发支出的真实性、提高专利质量和提高专利转化率，并改善政策实施所依存的制度环境。

9.1.3　政府采购的技术创新效应

政府采购是从市场需求面驱动技术创新的重要政策工具，但中国的政府采购是否促进了技术创新却鲜有经验分析。采用静态和动态省级面板数据模型，在控制了研发物质资本投入、人力资本投入、进口、知识产权保护等因素后，结果发现：现阶段的政府采购包括公开招标采购都没有促进创新产出甚至抑制了创新产出；市场竞争影响政府采购的技术创新效应，提高市场竞争水平能显著增强政府采购的创新产出能力，政府采购与市场竞争具有互补性。因此，要发挥政府采购的创新激励作用，必须加强竞争性市场建设，将政府采购置于公平、公正、公开的市场环境下，为企业增加创新投入提供明确的激励信号，使政府采购与市场竞争相容。

9.2 政策建议

9.2.1　R&D 补贴政策的完善

R&D 补贴能激励创新投入和创新产出，但对创新绩效的影响不显著。究其原因，既有 R&D 补贴政策设计方面的缺陷，也有 R&D 补贴分配和实施面临的机会主义风险。对 R&D 补贴政策要在肯定其创新效应的同时，正视其存在的问题与不足。因此，在建设创新型国家的征途上，因噎废食，笼统地要求政府淡出R&D 补贴是不妥当的。同时，为提高 R&D 补贴的创新有效性，应从政策设计、实施机制方面加以改革和完善。

一是调整 R&D 补贴的适用领域。R&D 补贴的经济合理性在于技术外溢性，提高 R&D 补贴的配置效率，首当其冲的是要以技术外溢性大小作为研发补贴资金分配的准则。在这个意义上，应逐步减少外溢性有限的应用研究资助，将稀缺的公共资金更多地投向基础研究、共性技术研究等外溢性大的科技领域。

二是优化 R&D 补贴的资金分配机制。针对 R&D 补贴分配面临的逆向选择问题，应完善竞争性分配，以竞争机制来甄别技术创新能力强的企业，减轻政府挑选失败者的风险。针对多头补贴降低公共资金配置效率问题，应由财政部门牵头，整合跨部门甚至跨处室、名目繁多的 R&D 补贴项目，集中统一发布 R&D 补贴项目和分配资金。R&D 补贴从属于产业政策的范畴。针对 R&D 补贴的创新投入和创新产出效应具有异质性，为提高资金配置效率，按照“产业政策要准”的原则，宜实行倾向性分配。比如在创新投入上，应向激励效应更大的资本密集型和技术密集型行业、非国有控股企业倾斜。产业政策意味着差别化，实行倾向性的 R&D 补贴分配并无不妥。此外，优化研发补贴资金分配机制，需要在政府主导公共资金分配的原则下，提高研发补贴资金分配的市场参与度：在技术创新方向、路线和立项上，多倾听企业家、技术专家的意见；在技术创新资金分配方式上，加大事中和事后补助比重，以结果导向践行企业的技术创新投入主体地位。

三是完善 R&D 补贴的资金监督机制。尽管 R&D 补贴的接受者与分配者之间天然的存在信息不对称，但通过加强和改善 R&D 补贴资金的使用和监督机制，能在一定程度上缓解信息风险。比如，可借鉴美国、中国台湾小型企业创新研发（Small Business Innovation Research，SBIR）计划的实施机制，从委托专业机构从事项目管理、完善研发信息报告机制、完善补贴对象甄别机制、建立有效的项目检查机制和可信的违约惩罚机制等方面，来加强 R&D 补贴资金的日常管理。

四是完善 R&D 补贴绩效评价机制。一方面，鉴于 R&D 补贴引致的研发支出仅影响技术新颖度高的发明专利，对实用新型和外观设计没有影响，为提高 R&D 补贴资助效果，在研发补贴申请和验收结题中，应取消实用新型和外观设计充斥的数量型考核指标，明确要求以发明专利作为创新成果考核对象，构建以发明专利为导向的质量型考核机制，这也符合“产业政策要准”的原则要求。另一方面，公共财政制度健全的国家，定期的政府补贴绩效评估是提高财政资金配置效率、调整财政补贴支出结构的技术支撑。中国 R&D 补贴资金的规模大、名目多、多头交织，迄今尚缺乏成型的专项评估制度。应借鉴国外的成熟做法和经验，在组织机构、评估参与人、评估范围、评估办法、评估程序、评估标准、评估结果适用等方面，形成制度化的 R&D 补贴评估体系，以提高公共资金配置效率、使用效率，并响应社会关切。

9.2.2 R&D 税收激励政策的完善

R&D 税收激励能够激励创新投入、间接影响创新产出，但对创新绩效的影响不显著。R&D 税收激励因具有政策中性、市场友好型特征，使之相对于政府干预色彩浓厚的 R&D 补贴面临的规制失灵风险要小。但是，R&D 税收激励具有的企业自我选择机制，实际上对政策实施机制提出了更高的要求，否则，与之相关的机会主义风险如虚报研发支出、虚假高新技术企业认定等也难以识别和防范。为改善 R&D 税收激励的创新有效性，应在以下几个方面加以改革和完善：

一是不宜再出台新的 R&D 税收激励政策。中国的 R&D 税收激励政策已经非常慷慨，鉴于 R&D 税收激励水平对研发支出挤入效应的影响并不显著，在短期内不宜出台新的 R&D 税收激励政策，重要的是要将现有政策落实到位。一方面，需要提高 R&D 税收激励政策的企业覆盖面，尤其是高新技术企业应做到应享尽享。随着中国企业尤其是高新技术企业逐步从技术模仿向自主创新、从技术跟随向技术引领转型，技术创新的技术、财务风险骤增，为降低创新边际成本和风险，应切实用好用足现行 R&D 税收激励政策。但遗憾的是，即便是高新技术企业，能享受相关优惠政策的比例并不高。2015 年全国 7.9 万家高新技术企业中，仅有 3.1 万家企业享受了相关的企业所得税减免，占比仅为 39%。究其原因，一是因为企业对研发税收优惠政策的理解、相关会计和税务处理等，存在人才和知识储备不足，二是因为相关政策的可操作性还有待加强。因此，企业应提高技术人员和财务人员对政策的驾驭能力。另一方面，需要增强 R&D 税收优惠政策的可操作性，如高新技术企业认定、研发费用加计扣除中的研发行为判断、研发费用认定等，税收优惠政策主管部门如科技、税务、财政等，应通过颁布系列“实施办法”“指南”，降低企业的遵从成本。

二是完善研发支出会计核算和税务处理准则，确保企业研发支出的真实性。R&D 税收激励的适用以研发支出为核心。操纵研发支出是一种典型的盈余管理行为。现行研发支出会计核算和税务处理准则面临诸多问题，突出表现在：（1）部门研发支出范围界定规定不一致。现行有关研发支出范围的政策文件有三个，分别是财政部关于研发支出财务管理规定的《关于企业加强研发费用财务管理的若干意见》，科技部等关于高新技术认定中研发支出范围的《高新技术企业认定管理办法》《2016 年高新技术企业认定管理工作指引》，财政部等关于企业所得税法下加计扣除规定《关于完善研究开发费用税前加计扣除政策的通知》《国家税务总局关于企业研究开发费用税前加计扣除政策有关问题的公告》。这三个标准难以相互替代，既增加了企业研发支出会计核算的难度，也为研发支出操纵提供了政策空间。（2）研发支出的资本化与费用化划分标准的可操作性有待提高。研究阶段与开发阶段难以严格区分，在实际操作中不可避免的依靠主观判断，也为操纵研发支出提供了空间。（3）研发支出会计信息披露有待进一步规范。如披露内容不具体、不完整，披露方式没有严格按照会计准则要求，降低了信息质量。

针对这些问题，为减少研发支出信息操纵风险，应在研发支出范围的部门规定协调上进行整合改革，按照多规合一的改革原则，逐步使其归于统一；在研发支出的资本化与费用化划分上，根据行业属性，制定严格的会计阶段划分标准、研发支出会计处理行业标准，使企业的研发支出会计核算具有统一性、可比性；在研发支出会计信息披露上，严格执行信息披露准则，对违规者予以严惩，增强法律法规的威慑力。

三是调整 R&D 税收激励的重点，使之向人力资本倾斜。R&D 税收激励应该用于那些具有正外部性的研发支出。与 R&D 相关的各种支出中，研发人员工资具有最强的外部性，因为雇员流动是最重要的知识扩散渠道。尽管我国适用于加计扣除的研发费用包括企业在职研发人员的工资、奖金等人工费用以及外聘研发人员的劳务费用，用于研发活动的软件、专利权、非专利技术等无形资产的摊销费用，与研发活动直接相关的研发人员培训费、培养费、专家咨询费等，但由于研发费用加计扣除的适用范围窄、门槛高、程序烦琐等原因，使之在现实运用中并不顺利。在这方面，可以通过扩大研发费用加计扣除中与人力资本、无形资本相关的费用扣除范围、降低与之相关的扣除门槛、简化与之相关的遵从程序，切实鼓励企业增加研发人力资本和无形资本投入。

四是新增享受 R&D 税收激励的创新成果要求。R&D 税收激励面临的“欧洲悖论”困境，表现为企业将额外研发支出转化为创新产出的能力不强，实因 R&D 税收激励的政策特质与政策要求所致。与 R&D 补贴相比，普惠性、市场取向是 R&D 税收激励的优势所在，但同时也潜藏着政策失灵的隐患，突出表现在 R&D 税收激励对创新成果的要求缺失。OECD 的经验表明，R&D 税收激励对创新的影响强烈取决于创新成果的技术新颖性要求。没有新颖性要求，税收激励可能会鼓励技术模仿而不是技术创新。尽管我国反复修订的高新技术企业认定管理办法、研发费用加计扣除规定等对于 R&D 税收激励的实施做出了详尽的规定，但一直缺乏结果导向型的技术成果新颖性要求。而 OECD 国家的 R&D 税收激励之所以有效，明确的研发成果新颖性要求是关键。因此，在不违反普惠性、市场取向型的原则上，添加创新成果新颖性要求实有必要。

五是推动 R&D 税收激励政策评估的制度化、常态化。公共政策绩效评估是改善公共治理的基础性工作。R&D 税收激励政策的有效性评估是 OECD 国家的通行做法，并在法律上做出了明确的规定，即通过明确评估主体和客体、评估方法、评估数据、评估程序、评估结果及运用等方面的系统规定，构建起一套科学、规范、可行的 R&D 税收激励政策评估体系。我国在这方面的建设基本处于空白。建立 R&D 税收激励政策评估体系离不开税式支出预算制度建设。税式支出预算编制强调社会正义和成本效益原则，它既有利于推进税收公平，也能为政策绩效评估和政策调整奠定数据基础。由于 R&D 税收激励在税式支出体系中占据显性地位，可以此为突破口进行试点，从企业和预算部门两方面来推进 R&D 税式支出预算体制建设破冰：从会计准则上要求享受 R&D 税收激励的企业在年度损益表上报告因何种政策享受多少税收优惠；从预算编制上区分税种和优惠方式，建立税式支出测算方法指引体系，全面测算 R&D 税收激励税式支出的规模和结构，为最终将税式支出纳入政府预算管理体系奠定基础。

9.2.3 R&D 财税激励所依存的制度环境建设

制度环境影响 R&D 补贴、R&D 税收激励的研发投入效应，知识产权保护调节 R&D 补贴和税收激励的创新产出效应、制度环境影响 R&D 财税激励的生产率效应、市场竞争环境影响政府采购的创新效应等，都对 R&D 财税激励政策实施所内生的制度环境改善提出了要求。与之相关的制度建设至少应包括以下几个方面：

一是改善政策实施所依存的制度环境。（1）加强政府行政过程和政策的公开、公正、公平建设，提高财政透明度，完善财政补贴的竞争性分配体制机制，发挥竞争机制在 R&D 补贴之类产业政策中的激励效应。（2）打破创新经费分配的行政垄断和部门分割、减少政府对技术创新的微观干预，建立主要由市场决定技术创新和经费分配、评价成果的机制，更好地发挥政府在研发公共品供给中的作用。（3）加强法治政府建设，构建风清气正的政商关系，规避各种形式的“寻补贴”机会主义行为、利用政治关联等非正式制度谋取制度外税收优惠的机会主义行为。（4）营造崇尚企业家精神的社会环境。克服 R&D 财税激励创新效应面临的“欧洲悖论”，关键在于企业家精神的培育。企业家精神包括建立私人王国、对胜利的热情、创造的喜悦、坚强的意志。具备企业家精神的创新型企业家，能够合理配置各类创新资源，以行业领导者为个人和企业的追求，矢志不渝，最终享受研发成功、技术独占、商业化成功的喜悦。企业家的本质就是创新。滋生企业家精神的土壤是好的制度环境，如企业家能够从市场获得训练有素的技术人员、企业家面临更加宽松的市场环境、分权经济结构、多样化方式获得技术和市场机会的经济体系等。崇尚企业家精神的社会环境从属于非正式制度环境的范畴，其重要性不亚于正式制度环境。当然，其建设也更加任重道远。

二是加强知识产权保护执法力度，打击各类侵权违法行为，在全社会营造良好的尊重知识产权意识。对专利产出而言，知识产权保护与研发支出之间具有互补性，提高知识产权保护水平对于放大研发支出的创新产出效应事半功倍。事实上，当前我国的知识产权保护水平还有待进一步提高，且地区之间还存在较大的差距。提高地区知识产权保护水平，需要在知识产权的司法保护、行政保护、技术交易市场建设等方面下功夫，将《中共中央　国务院关于完善产权保护制度依法保护产权的意见》（2016 年 11 月 4 日）关于“加大知识产权保护力度”的各项改革倡议和举措，通过制度建设、司法和行政实践一一落到实处。与之相关的是，还应加强与之相关的其他制度环境建设，如企业家产权保护、契约实施制度等。

三是优化专利甄别机制，为专利竞赛降温。治理专利泡沫、“僵尸专利”等乱象，一方面，需要专利审批机构加大专利审查力度，在专利机构自身人力有限的制约下，以政府购买公共服务的形式，聘请第三方专业机构参与专利申请审查，提高专利甄别效率。甚至可以考虑将专利审查的部分职能予以社会化，减少政府干预的范围。另一方面，降低专利尤其是技术新颖度不高的实用新型和外观设计在各项补贴申请、评比中的权重，为专利竞赛降温。对地方政府而言，提高创新活力更需要在统一、公平的市场竞争环境塑造上下功夫。在服务型政府、法治政府建设进程中，政府的扶持之手应慎用。

四是完善科技成果的市场化转化机制。制约科技成果的市场化转化机制主要表现为知识产权保护水平有待进一步提高、成果转化机制和平台有待完善。为此需要加快知识产权创造、应用和保护体系建设，强化技术标准制定和制度化修订，加快知识产权法院试点，明确不同研发主体在成果转化中的定位、国企科技成果的权利归属，加强技术交易市场和平台建设等。

9.2.4　竞争性政府采购市场建设

竞争性市场建设需要在中央政府的领导下，通过体制机制创新激励地方政府开放区域商品和服务市场，平等对待辖区内外的企业。竞争性市场建设落实到政府采购上，需要从以下几个方面着手：一是消除对外地供应商设置的显性或隐形门槛，打破政府采购市场的准入障碍，为各地供应商提供公平的竞争环境；二是尽快出台《政府采购法》实施细则，规范政府采购的组织、运营和监督，为程序化、标准化的政府采购工作提供规范性的操作指南；三是搭建全国统一的电子政府采购平台，从技术上保证各地的政府采购过程面向全国开放；四是创建促进地方政府良性竞争的制度环境，从根本上打破政府采购地方化的狭隘本位机制，形成地区之间竞合的良性发展格局。正如科特尔和兰博（2012）指出的那样，发展中国家在采用促进创新的政府采购机制时，加强其政策能力至关重要。

2011 年 6 月，中国决定停止执行将自主创新产品与政府优先采购挂钩的三项管理办法。尽管做出这一决定的原因在于中国加入《政府采购协议》（GPA）谈判过程中面临外国的要价使然，但在各地区竞相出台有利于本地区的自主创新产品目录后，以自主创新为名的政府优先采购实际上成为地方保护的代名词。显然，地方保护是不利于创新的，这一点已经有大量的失败案例为证，如早期的汽车产业保护。因此，叫停三项管理办法在客观上有利于全国统一的政府采购市场建设和自主创新。以政府采购来驱动中国的自主创新，需要进一步打破各种形式的地方保护，构建全国统一、开放的政府采购市场，发挥政府采购市场的保护性创新激励功能。

参考文献

[1] Aboal, D. and Garda, P., 2015, Does Public Financial Support Stimulate Innovation and Productivity? An Impact Evaluation, CEPAL Review, 115 (1): 41 - 61.

[2] Acemoglu, D. and Johnson. S., 2005, Unbundling Institutions, Journal of Political Economy, 113 (5): 949 - 995.

[3] Aerts, K. and Schmidt, T., 2008, Two for the Price of One? Additionality Effects of R&D Subsidies: A Comparison between Flanders and Germany, Research Policy, 37 (5): 806 - 822.

[4] Aghion, P., Dewatripont, M., Du, L., Harrison, A. and Legros, P., 2015, Industrial Policy and Competition, NBER Working Paper, No. 18048.

[5] Alecke, B., Mitze, T., Reinkowski, J. and Untiedt, G., 2012, Does Firm Size Make a Difference? Analysing the Effectiveness of R&D Subsidies in East Germany, German Economic Review, 13 (2): 174 - 195.

[6] Almus, M. and Czarnitzki, D., 2003, The Effects of Public R&D Subsidies on Firms' Innovation Activities: The Case of Eastern Germany, Journal of Business & Economic Statistics, 21 (2): 226 - 236.

[7] Alonso - Borrego, C., Forcadell, F. J., Galán - Zazo, J. I. and Zúñiga - Vicente, J. Á., 2014, Assessing the Effect of Public Subsidies on Firm R&D Investment: A Survey, Journal of Economic Surveys, 28 (1): 36 - 67.

[8] Aoki, R. and Spiegel, Y., 2009, Pre - Grant Patent Publication and Cumulative Innovation, International Journal of Industrial Organization, 27 (3): 333 - 345.

[9] Arrow, K. J., 1962, Economic Welfare and the Allocation of Resources for Invention. In: Nelson, R. R. (Eds.), The Rate and Direction of Inventive Activity: Economic and Social Factors, Princeton University Press, Princeton.

[10] Aschhoff, B. and Sofka, W., 2009, Innovation on Demand - Can Public Procurement Drive Market Success of Innovation, Research Policy, 38 (8): 1235 - 1247.

[11] Aschhoff, B., 2009, The Effect of Subsidies on R&D Investment and Success: Do Subsidy History and Size Matter? ZEW – Centre for European Economic Research Discussion Paper, No. 09 – 032.

[12] Aw, B., Roberts, M. and Xu, D., 2011, R&D Investment, Exporting, and Productivity Dynamics, American Economic Review, 101 (4): 1312 – 1344.

[13] Baghana, R. and Mohnen, P., 2009, Effectiveness of R&D Tax Incentive in Small and Large Enterprise in Quebec, Small Business Economics, 33 (1): 91 – 107.

[14] Baghana, R., 2010, Public R&D Subsidies and Productivity: Evidence from Firm – Level Data in Quebec, UNU – MERIT Working Paper, No. 2010 – 055.

[15] Banerjee, A. V. and Duflo, E., 2005, Growth Theory through the Lens of Development Economics. In: Aghion, P. and Durlauf, S. (Eds.), Handbook of Economic Growth, Edition 1, Vol. 1, Chapter. 1.

[16] Baumann, J. and Kritikos, A. S., 2016, The Link between R&D, Innovation and Productivity: Are Micro Firms Different? Research Policy, 45 (6): 1263 – 1274.

[17] Becker, B. and Hall, S. G., 2013, Do R&D Strategies in High – Tech Sectors Differ from Those in Low – Tech Sectors? An Alternative Approach to Testing the Pooling Assumption, Economic Change and Restructuring, 46 (2): 183 – 202.

[18] Bernini, C., and Pellegrini, G., 2011, How are Growth and Productivity in Private Firms Affected by Public Subsidy? Evidence from a Regional Policy, Regional Science and Urban Economics, 41 (3): 253 – 265.

[19] Bérubé, C. and Pierre, M., 2009, Are Firms that Receive R&D Subsidies More Innovative, Canadian Journal of Economics, 42 (1): 206 – 225.

[20] Bloom, N., Griffith, R. and Van Reenen, J., 2002, Do R&D Credit Work? Evidence from a Panel of Countries 1979 – 1997, Journal of Public Economics, 85 (1): 1 – 31.

[21] Boeing, P., 2016, The Allocation and Effectiveness of China's R&D Subsidies – Evidence from Listed Firms, Research Policy, 45 (9): 1774 – 1789.

[22] Boeing, P., Mueller, E. and Sandner P., 2015, China's R&D Explosion – Analyzing Productivity Effects across Ownership Types and Over Time, Research Policy, 45 (1): 159 – 176.

[23] Bøler, E. A., Moxnes, A. and Ulltveit – Moe, K. H., 2015, R&D, In-

ternational Sourcing, and the Joint Impact on Firm Performance, American Economic Review, 105 (12): 3704 - 3739.

[24] Brandt, L., van Biesebroeck, J. and Zhang, Y. F., 2012, Creative Accounting or Creative Destruction? Firm - Level Productivity Growth in Chinese Manufacturing, Journal of Development Economics, 97 (2): 339 - 351.

[25] Bravo - Biosca, A., Criscuolo, C. and Menon, C., 2013, What Drives the Dynamics of Business Growth? OECD Science, Technology and Industry Policy Papers, No. 1.

[26] Bronzini, R. and Iachini, E., 2014, Are Incentives for R&D Effective? Evdience from a Regression Discontinuity Approach, American Economic Journal Economic Policy, 35 (4): 100 - 134.

[27] Busom, I., Corchuelo, B. and Martınez - Ros, E., 2014, Tax incentives··· or Subsidies for Business R&D? Small Business Economics, 43 (3): 571 - 596.

[28] Cabral, L., Cozzi, G., Denicolo, V., Spagnolo, G. and Zanaza, M., 2006, Procuring Innovation, CEPR Discussion Papers, No. 5774.

[29] Caiumi, A., 2011, The Evaluation of the Effectiveness of Tax Expenditures - A Novel Approach: An Application to the Regional Tax Incentives for Business Investments in Italy, OECD Taxation Working Papers, No. 5.

[30] Cappelen, Å., Fjærli, E., Foyn, F., Hægeland, T., Møen, J., Raknerud, A. and Rybalka, M., 2010, Evaluation of the Norwegian R&D Tax Credit Scheme, Journal of Technology Management & Innovation, 5 (3): 96 - 109.

[31] Cappelen, Å., Raknerud, A. and Rybalka, M., 2012, The Effects of R&D Tax Credits on Patenting and Innovations, Research Policy, 41 (2): 334 - 345.

[32] Carboni, O. A., 2011, R&D Subsidies and Private R&D Expenditures: Evidence from Italian Manufacturing Data, International Review of Applied Economics, 25 (4): 419 - 439.

[33] Carvalho, A., 2011, Why are Tax Incentives Increasingly Used to Promote Private R&D? CEFAGE - UE Working Paper, No. 2011/04.

[34] Castellacci, F. and Lie, C. M., 2015, Do the Effects of R&D Tax Credits Vary across Industries? A Meta - Regression Analysis, Research Policy, 44 (4): 819 - 832.

[35] Cave, J. and Frinking, E., 2003, Public Procurement for R&D, http://www2.warwick.ac.uk/fac/soc/economics/staff/faculty/cave/publications/pp_for_rd.pdf.

[36] Cerqua, A. and Pellegrini, G., 2014, Do Subsidies to Private Capital Boost Firms' Growth? A Multiple Regression Discontinuity Design Approach, Journal of Public Economics, 109 (C): 114 - 126.

[37] Cerulli, G. and Poti, B., 2012, The Differential Impact of Privately and Publicly Funded R&D on R&D Investment and Innovation: The Italian Case, Prometheus, 30 (1): 113 - 149.

[38] Chen, Z., Liu, Z. S, Juan, C. S. and Xu, D. Y., 2017, Notching R&D investment with Corporate Income Tax Cuts in China, http://www. voxchina. org/show - 3 - 33. html.

[39] Chudnovsky, D., Lopez, A. and Pupato, G., 2006, Innovation and Productivity in Developing Countries: A Study of Argentine Manufacturing Firms' Behavior (1992 - 2001), Research Policy, 35 (2): 266 - 288.

[40] Cin, B. C., Kim, Y. J. and Vonortas, N. S., 2017, The Impact of Public R&D Subsidy on Small Firm Productivity: Evidence from Korean SMEs, Small Business Economics, 48 (2): 345 - 360.

[41] Cincera, M., Raviet, J. and Veugelers, R., 2014, R&D Financing Constraints of Young and Old Innovation Leaders in the EU and the US, Aqua, 63 (2): 106 - 113.

[42] Clausen, T. H., 2009, Do Subsidies Have Positive Impacts on R&D and Innovation Activities at the Firm Level? Structural Change & Economic Dynamics, 20 (4): 239 - 253.

[43] Cohen, W. M. and Levinthal, D. A., 1990, Absorptive Capacity: A New Perspective on Learning and Innovation, Administrative Science Quarterly, 35 (1): 128 - 152.

[44] Corchuelo, B. M. and Martínez - Ros, E., 2009, The Effects of Fiscal Incentives for R&D in Spain, Universidad Carlos III de Madrid business Economic Series, Working Paper, No. 09 - 23.

[45] Crépon, B., Duguet, E. and Mairesse, J., 1998, Research, Innovation and Productivity: An Econometric Analysis at the Firm Level, Economics of Innovation and New Technology, 7 (2): 115 - 158.

[46] Crespi, G. and Zuniga, P., 2012, Innovation and Productivity: Evidence from Six Latin American Countries, World Development, 40 (2): 273 - 290.

[47] Czarnitzki, D. and Delanote, J., 2015, R&D Policies for Young SMEs: Input and Output Effects, Small Business Economics, 45 (3): 465 - 485.

[48] Czarnitzki, D. and Delanote, J., 2015, R&D Policies for Young SMEs: Input and Output Effects, Small Business Economics, 45 (3): 465 - 485.

[49] Czarnitzki, D. and Delanote, J., 2017, Incorporating Innovation Subsidies in the CDM Framework: Empirical Evidence from Belgium, Economics of Innovation and New Technology, 26 (1): 255 - 272.

[50] Czarnitzki, D. and Hottenrott, H., 2011, R&D Investment and Financing Constraints of Small and Medium - Sized Firms, Small Business Economics, 36 (1): 65 - 83.

[51] Czarnitzki, D. and Hussinger, K., 2018, Input and Output Additionality of R&D Subsidies, Applied Economics, 50 (12): 1324 - 1341.

[52] Czarnitzki, D. and Licht, G., 2006, Additionality of Public R&D Grants in a Transition Economy, Economics of Transition, 14 (1): 101 - 131.

[53] Czarnitzki, D. and Lopes - Bento, C., 2013, Value for Money? New Microeconometric Evidence on Public R&D Grants in Flanders, Research Policy, 42 (1): 76 - 89.

[54] Czarnitzki, D. and Lopes - Bento, C., 2014, Innovation Subsidies: Does the Funding Source Matter for Innovation Intensity and Performance? Empirical Evidence from Germany, Industry and Innovation, 21 (5): 380 - 409.

[55] Czarnitzki, D. and Delanote, J., 2017, Incorporating Innovation Subsidies in the CDM Framework: Empirical Evidence from Belgium, Economics of Innovation and New Technology, 26 (1): 255 - 272.

[56] Czarnitzki, D., Ebersberger, B. and Fier, A., 2007, The Relationship between R&D Collaboration, Subsidies and R&D Performance: Empirical Evidence from Finland and Germany, Journal of Applied Econometrics, 22 (7): 1347 - 1366.

[57] Czarnitzki, D., Hanel, P. and RoSa, F., 2011, Evaluating the Impact of R&D Tax Credits on Innovation: A Microeconometric Study on Canadian Firms, Research Policy, 40 (2): 217 - 229.

[58] Czarnitzki, D., Hottenrott, H. and Thorwarth, S., 2011, Industrial Research versus Development Investment: The Implications of Financial Constraints, Cambridge Journal of Economics, 35 (3): 527 - 544.

[59] David, P. A., Hall, B. H. and Toole, A. A., 2000, Is Public R&D a Complement or Substitute for Private R&D? A Review of the Econometric Evidence, Research Policy, 29 (4 - 5): 497 - 529.

[60] Dechezlepretre, A., Einio, E., Martin, R., Nguyen, K. T. and Van

Reenen, J. , 2016, Do Tax Incentives for Research Increase Firm Innovation? An R&D Design for R&D, NBER Working Paper, No. 22405.

[61] Delmas, M. A. , 2002, Innovating against European Rigidities Institutional Environment and Dynamic Capabilities, Journal of High Technology Management Research, 13 (1): 19 –43.

[62] Derashid, C. and Zhang, H. , 2003, Effective Tax Rates and the "Industrial Policy" Hypothesis: Evidence from Malaysia, Journal of International Accounting Auditing and Taxation, 12 (1): 45 –62.

[63] Devereux, M. P. and Griff, R. , 2009, The Taxation of Discrete Investment Choices, IFS Working Paper, No. W98/16.

[64] Dimos, C. and Pugh, G. , 2016, The Effectiveness of R&D Subsidies: A Meta – Regression Analysis of the Evaluation Literature, Research Policy, 45 (1): 797 –815.

[65] Doraszelski, U. and Jaumandreu, J. , 2013, R&D and Productivity: Estimating Endogenous Productivity, The Review of Economic Studies, 80 (4): 1338 – 1383.

[66] Duguet E. , 2012, The Effect of the R&D Tax Credit on the Private Funding of R&D: An Econometric Evaluation on French Firm Level Data, Revue Déconomie Politique, 122 (3): 405 –435.

[67] Duguet, E. , 2004, Are R&D Subsidies a Substitute or a Complement to Privately Funded R&D? Evidence from France Using Propensity Score Methods for Non – Experimental Data, Revued'Economie Politique, 114 (2): 263 –292.

[68] Einiö, E. , 2014, R&D Subsides and Company Performance: Evidence from Geographic Variation in Government Funding Based on the ERDF Population – Density Rule, The Review of Economics and Statistics, 96 (4): 710 –728.

[69] Ernst, C. and Spengel, C. , 2011, Taxation, R&D Tax Incentives and Patent Application in Europe, ZEW Discussion Papers, No. 11 –24.

[70] Ernst, C. , Richter, K. and Riedel, N. , 2014, Corporate Taxation and the Quality of Research and Development, International Tax and Public Finance, 21 (4): 1 –26.

[71] Faccio, M. , Masulis, R. W. and Mcconnell, J. J. , 2006, Political Connections and Corporate Bailouts, Journal of Finance, 61 (6): 2597 –2635.

[72] Fisman, R. and Svensson, J. , 2007, Are Corruption and Taxation Really Harmful to Growth? Firm Level Evidence, Journal of Development Economics, 83

(1): 63 - 75.

[73] Fontana, R. and Guerzoni, M., 2008, Incentives and Uncertainty: An Empirical Analysis of the Impact of Demand on Innovation, 32 (6): 927 - 946.

[74] Freitas, I. B., Castellacci, F., Fontana, R., Malerba, F. and Vezzulli, A., 2017, Sectors and the Additionality Effects of R&D Tax Credits: A Cross - Country Microeconometric Analysis, Research Policy, 46 (1): 57 - 72.

[75] Gelabert, L., Fosfuri, A. and TribóJosep, A., 2009, Does the Effect of Public Support for R&D Depend on the Degree of Appropriability? The Journal of Industrial Economics, 57 (4): 736 - 767.

[76] Geroski, P. A., 1990, Procurement Policy as a Tool of Industrial Policy, International Review of Applied Economics, 4 (2): 182 - 198.

[77] González, X. and Pazó, C., 2008, Do Public Subsidies Stimulate Private R&D Spending? Research Policy, 37 (3): 371 - 389.

[78] Goolsbee, A., 1998, Taxes, Organizational Form and the Deadweight Loss of the Corporate Income Tax, Journal of Public Economics, 69 (1): 143 - 152.

[79] Görg, H. and Strobl, E., 2007, The Effect of R&D Subsidies on Private R&D, Economica, 74 (2): 215 - 234.

[80] Griffith, R., Huergo, E., Mairesse, J. and Peters, B., 2006, Innovation and Productivity across Four European Countries, Oxford Review of Economic Policy, 22 (4): 483 - 498.

[81] Griliches, Z., 1973, Research Expenditures and Growth Accounting. In: Williams, B. R. (Eds.), Science And Technology In Economic Growth, Macmillan, London.

[82] Griliches, Z., 1990, Patent Statistics as Economic Indicators: A Survey, Journal of Economic Literature, 28 (4): 1661 - 1707.

[83] Griliches, Z., 1990, Patent Statistics as Economic Indicators: A Survey, Journal of Economic Literature, 28 (4): 1661 - 1707.

[84] Griliches, Z., 1998, R&D and Productivity: The Econometric Evidence, University of Chicago Press, Chicago.

[85] Grossman, G. M. and Helpman, E., 1991, Quality Ladders in the Theory of Growth, Review of Economic Studies, 58 (1): 43 - 61.

[86] Guariglia, A. and Liu, P., 2014, To What Extent Do Financing Constraints Affect Chinese Firms' Innovation Activities? International Review of Financial Analysis, 36 (C): 223 - 240.

[87] Guellec, D. and van Pottelsberghe, B., 2000, The Impact of Public Expenditure on Business R&D, Economics of Innovation and New Technology, 12 (3): 225 - 243.

[88] Guerzoni, M., 2007, Size and Sophistication: The Two Faces of Demand, CESPRI Working Papers, No. 197.

[89] Guo, D., Guo, Y. and Jiang, K., Government - Subsidized R&D and Firm Innovation: Evidence from China, Research Policy, 2016, 45 (6): 1129 - 1144.

[90] Gupta, S. and Newberry, K., 1997, Determinants of the Variability in Corporate Effective Tax Rate, Journal of Accounting and Public Policy, 16 (1): 1 - 34.

[91] Gwartney, J. and Lawson, R. and Samida, D., 2000, Economic Freedom of the World: 2000 Annual Report, The Fraser Institute, Vancouver.

[92] Hægeland, T. and Møen, J., 2007, The Relationship between the Norwegian R&D Tax Credit Scheme and other Innovation Policy Instruments, Statistics Norway Report, No. 2007/45.

[93] Hall, B. H. and Lerner, J., 2010, The Financing of R&D and Innovation. In: Hall, B. H. and Rosenberg, N. (Eds.), Handbook of The Economics of Innovation, Vol. 1, Chapter. 14.

[94] Hall, B. H. and Maffioli, A., 2008, Evaluating the Impact of Technology Development Funds in Emerging Economies: Evidence from Latin - America, The European Journal of Development Research, 20 (2): 172 - 198.

[95] Hall, B. H. and Mairesse, J., 1995, Exploring the Relationship between R&D and Productivity in French Manufacturing Firms, Journal of Econometrics, 65 (1): 263 - 293.

[96] Hall, B. H. and van Reenan, J., 2000, How Effective are Fiscal Incentives for R&D? A Review of the Evidence, Research Policy, 29 (4 - 5): 449 - 469.

[97] Hall, B. H. and van Reenen, J., 2000, How Effective are Fiscal Incentives for R&D? A Review of the Evidence, Research Policy, 29 (3): 449 - 469.

[98] Hall, B. H., 1993, Tax Policy during the Eighties: Success or Failure? Tax Policy And the Economy, 7 (1): 1 - 35.

[99] Hall, B. H., 1995, Effectiveness of Research and Experimentation Tax Credits: Critical Literature Rcview and Research Design, University of California Berkeley & NBER, 1995.

[100] Hall, B. H., 2002, The Financing of Research and Development, Oxford Review of Economic Policy, 18 (1): 35 -51.

[101] Hall, B. H., Griliches, Z. and Hausman, J. A., 1986, Patents and R&D: Is There a Lag? International Economic Review, 27 (2): 1029 -1054.

[102] Hall, B. H., Lotti, F. and Mairesse, J., 2009, Innovation and Productivity in SMEs: Empirical Evidence for Italy, Small Business Economics, 33 (1): 13 -33.

[103] Hall, R. E. and Jorgenson, D. W., 1967, Tax Policy and Investment Behavior: Comment, American Economic Review, 3 (3): 388 -401.

[104] Halpern, L. and Muraközy, B., 2010, R&D Subsidies and Firm Performance in Hungary, MICRO - DYN Working Paper, No. 38/10.

[105] Hammadou, H., Paty, S. and Savona, M., 2014, Strategic Interactions in Public R&D across European Countries: A Spatial Econometric Analysis, Research Policy, 43 (7): 1217 -1226.

[106] Hannu, K. and Janne, H., 2015, R&D Subsidies and Productivity in SMEs, Small Business Economics, 45 (4): 805 -823.

[107] Harris, R., Li, Q. C. and Trainor, M., 2009, Is a Higher Rate of R&D Tax Credit a Panacea for Low Levels of R&D in Disadvantaged Regions? Research Policy, 38 (1): 192 -205.

[108] Heckman, J. J., 1979, Sample Selection Bias as a Specification Error, Econometrica, 47 (1): 153 -161.

[109] Henningsen, M., Haegeland, T. and Møen, J., 2015, Estimating the Additionality of R&D Subsidies Using Proposal Evaluation Data to Control for Firms' R&D Intentions, Journal of Technology Transfer, 40 (2): 227 -251.

[110] Herrera, L., Bravo, I. and Edna, R., 2010, Distribution and Effect of R&D Subsidies: A Comparative Analysis according to Firm Size, Intangible Capital, 6 (2): 272 -299.

[111] Honoré, F. and Munari, F., 2015, Corporate Governance Practices and Companies' R&D Intensity: Evidence from European Countries, Research Policy, 44 (2): 533 -543.

[112] Hottenrott, H. and Lopes - Bento, C., 2014, (International) R&D Collaboration and SMEs: The Effectiveness of Targeted Public R&D Support Schemes, Research Policy, 43 (6): 1055 -1066.

[113] Hottenrott, H., Lopes - Bento, C. and Veugelers, R., 2017, Direct

and Cross – Scheme Effects in a Research and Development Subsidy Program, Research Policy, 46 (6): 1118 – 1132.

[114] Howell A., 2017, Picking 'Winners' in China: Do Subsidies Matter for Indigenous Innovation and Firm Productivity? China Economic Review, 44 (1): 154 – 165.

[115] Howell, A., 2015, 'Indigenous' Innovation with Heterogeneous Risk and New Firm Survival in a Transitioning Chinese Economy, Research Policy, 44 (10): 1866 – 1876.

[116] Hsieh, C. T. and Klenow, P. J., 2009, Misallocation and Manufacturing TFP in China and India, Quarterly Journal of Economics, 124 (4): 1403 – 1448.

[117] Hu, A. G., 2001, Ownership, Government R&D, Private R&D, and Productivity in Chinese Industry, Journal of Comparative Economics, 29 (1): 136 – 157.

[118] Huang, C. H., 2015, Tax Credits and Total Factor Productivity: Firm – Level Evidence from Taiwan, Journal of Technology Transfer, 40 (6): 932 – 947.

[119] Hussinger, K., 2008, R&D and Subsidies at the Firm Level: An Application of Parametric and Semiparametric Two – Step Selection Models, Journal of Applied Econometrics, 23 (6): 729 – 747.

[120] Hyytinen, A. and Toivanen, O., 2005, Do Financial Constraints Hold Back Innovation and Growth? Evidence on the Role of Public Policy, Research Policy, 34 (9): 1385 – 1403.

[121] Ientile, D. and Mairesse, J., 2009, A Policy to Boost R&D: Does the R&D Tax Credit Work? EIB Papers, 14 (1): 145 – 168.

[122] Jefferson, G., Bai, H., Guan, X. and Yu, X., 2006, R&D Performance in Chinese Industry, Economics of Innovation and New Technology, 15 (4 – 5): 345 – 366.

[123] Jensen, C., 2014, A Study on R&D Tax Incentives, European Commission Taxation Paper, Working Paper, No. 52.

[124] Kenneth, A. and Piman, L., 1998, Taxes and Firm Size in Pacific – Basin Emerging Economies, Journal of International Accounting Auditing and Taxation, 7 (1): 47 – 68.

[125] Klassen, K. J., Pittman, J. A. and Reed, M. P., 2004, Cross – National Comparison of R&D Expenditure Decisions: Tax Incentives and Financial Constraints, Contemporary Accounting Research, 21 (3): 639 – 680.

[126] Klette, T. J. and Møen, J., 2012, R&D Investment Responses to R&D Subsidies: A Theoretical Analysis and a Microeconometric Study, World Review of Science, Technology and Sustainable Development, 9 (2): 169-203.

[127] Kobayashi, Y., 2014, Effect of R&D Tax Credits for SMEs in Japan: A Microeconometric Analysis Focused on Liquidity Constraints, Small Business Economics, 42 (2): 311-327.

[128] Köhler, C., Larédo, P. and Rammer, C., 2012, The Impact and Effectiveness of Fiscal Incentives for R&D, Nesta Working Paper, No. 12/01.

[129] Koopman, R., Wang, Z. and Wei S. J., 2012, Estimating Domestic Content in Exports When Processing Trade is Pervasive, Journal of Development Economics, 99 (1): 178-189.

[130] Lach, S., 2002, Do R&D Subsidies Stimulate or Displace Private R&D? Evidence from Israel, Journal of Industrial Economics, 50 (4): 369-390.

[131] Le, T. and Jaffe, A. B., 2017, TheImpact of R&D Subsidy on Innovation: Evidence from New Zealand Firms, Economics of Innovation and New Technology, 26 (5): 429-452.

[132] Levin, R. C. and Reiss, P., 1984, Tests of a Schumpeterian Model of R&D and Market Structure. In: Griliches, Z. (Eds.), R&D, Patents and Productivity, University of Chicago Press, Chicago.

[133] Levinsohn, J. and Petrin, A., 2003, Estimating Production Functions Using Inputs to Control for Unobservables, Review of Economic Studies, 70 (2): 317-341.

[134] Leyden, D. P. and Link, A. N., 1991, Why are Government and Private R&D Complements? Applied Economics, 23 (10): 1673-1681.

[135] Leyden, D. P., Link, A. N. and Bozeman, B., 1989, The Effects of Governmental Financing on Firms' R&D Activities: A Theoretical and Empirical Investigation, Technovation, 9 (7): 561-575.

[136] Lichtenberg, F. R. and Siegel, D., 1991, The Impact of R&D Investment on Productivity: New Evidence Using Linked R&D - LRD Data, Economic Inquiry, 29 (2): 203-228.

[137] Lichtenberg, F. R., 1984, The Relationship Between Federal Contract R&D and Company R&D, American Economic Review Papers and Proceedings, 74 (2): 73-78.

[138] Lichtenberg, F. R., 1987, The Effect of Government Funding on Private

Industrial Research and Development: A Re – Assessment, The Journal of Industrial Economics, 36 (1): 97 – 104.

[139] Lichtenberg, F. R., 1988, The Private R&D Investment Response to Federal Design and Technical Competitions, American Economic Review, 78 (3): 550 – 559.

[140] Liu, T. C. and Chen, Y. J., 2010, R&D Investment Strategy and Market Performance, Social Behavior & Personality an International Journal, 38 (2): 227 – 236.

[141] Lokshin, B. and Mohnen, P., 2013, Do R&D Tax Incentives Lead to Higher Wages for R&D Workers? Evidence from the Netherlands, Research Policy, 42 (3): 823 – 830.

[142] Maddala, G. S., 1983, Limited – Dependent and Qualitative Variables in Econometrics, Cambridge University Press, Cambridge.

[143] Mairesse, J. and Robin, S., 2009, Innovation and Productivity: A Firm – Level Analysis for French Manufacturing and Services Using CIS3 And CIS4 Data (1998 – 2000 and 2002 – 2004), CREST – ENSAE Working Paper.

[144] Mansfield, E. and Switzer, L., 1984, Effects of Federal Support on Company-financed R&D: the Case Of Energy, Management Science, 30 (5): 562 – 571.

[145] Marino, M., Lhuillery, S., Parrotta, P. and Sala, D., 2016, Additionality or Crowding-out? An Overall Evaluation of Public R&D Subsidy on Private R&D Expenditure, Research Policy, 45 (9): 1715 – 1730.

[146] Marsca, D. C., 2013, Are the R&D Subsidies Effective? An Empirical Analysis of the Italian Fund for Technological Innovation, 54th Annual Conference of the Italian Economic Association.

[147] Mohnen, P. and Hall, B. H, 2013, Innovation and Productivity: An Update, Eurasian Business Review, 3 (1): 47 – 65.

[148] Moretti, E. and Wilson, D. J., 2014, State Incentives for Innovation, Star Scientists and Jobs: Evidence from Biotech, Journal of Urban Economics, 79 (1): 20 – 38.

[149] Moretti, E., Steinwender, C. and Van Reenen, John. 2016, The Intellectual Spoils of War? Defense R&D, Productivity and Spillovers, https: //eml. berkelcy. edu/ ~ moretti/military. pdf.

[150] Mulkay, B. and Mairesse J., 2013, The R&D Tax Credit in France: As-

sessment and ex ante Evaluation of the 2008 Reform, Oxford Economic Papers, 65 (3): 746 - 766.

[151] Nelson, R. R., 1959, The Simple Economics of Basic Scientific Research, Journal of Political Economy, 67 (3): 297 - 306.

[152] OECD, 2005, Oslo Manual: Guidelines for Collecting and Interpreting Innovation Data, 3rd Edition, OECD Publishing, Paris.

[153] OECD, 2010, R&D Tax Incentives: Rationale, Design, Evaluation, OECD Publishing, Paris.

[154] OECD, 2012, Science, Technology and Industry Outlook 2012, OECD Publishing, Paris.

[155] OECD, 2015, Frascati Manual 2015: Guidelines for Collecting and Reporting Data on Research and Experimental Development, OECD Publishing, Paris.

[156] Olley, G. and Pakes, A., 1996, TheDynamics of Productivity in the Telecommunications Equipment Industry, Econometrica, 64 (6): 1263 - 1296.

[157] Pakes, A. and Griliches Z., 1982, Estimating Distributed Lags in Short Panels with an Application to the Specification of Depreciation Patterns and Capital Stock Constructs, Review of Economic Studies, 51 (2): 243 - 262.

[158] Pakes, A. and Griliches, Z., 1980, Patents and R&D at the Firm Level: A First Look, NBER Working Paper, No. 0561.

[159] Parisi, M. L., Schiantarelli, F. and Sembenelli, A., 2006, Productivity Innovation and R&D: Micro Evidence for Italy, European Economic Review, 50 (8): 2037 - 2061.

[160] Porcano, T., 1986, Corporate Tax Rates: Progressive, Proportional or Regressive, Journal of the American Taxation Association, 7 (2): 17 - 31.

[161] Radas, S., Anić, I. D., Tafro, A. and Wagner, V., 2015, The Effects of Public Support Schemes on Small and Medium Enterprises, Technovation, 38 (1): 15 - 30.

[162] Rao, N., 2016, Do Tax Credits Stimulate R&D Spending? The Effect of the R&D Tax Credit in Its First Decade, Journal of Public Economics, 140 (1): 1 - 12.

[163] Rome, P., 1986, Increasing Returns and Long - Run Growth, The Journal of Political Economy, 94 (5): 1002 - 1037.

[164] Roodman, D., 2009, How to Do xtabond2: An Introduction to "Difference" and "System" GMM in Stata, The Stata Journal, 9 (1): 86 - 136.

[165] Rosenbaum, P. and Rubin, D., 1983, The Central Role of the Propensity Score in Observational Studies for Causal Effects, Biometrika, 70 (1): 41 -55.

[166] Rubin, D. B., 2008, For Objective Causal Inference, Design Trumps Analysis, The Annals of Applied Statistics, 2 (3): 808 -840.

[167] Ruttan, V. W., 2006, Is War Necessary for Economic Growth? Military Procurement and Technology Development, Oxford University Press, New York.

[168] Schmookler, J., 1966, Invention and Economic Growth, Harvard University Press, Cambridge.

[169] Schumpeter, J. A., 1939, Business Cycles, Allen and Unwin, London.

[170] Scotchmer, S. and Green, J., 1990, Novelty and Disclosure in Patent Law, The Rand Journal of Economics, 21 (1): 131 -146.

[171] Scott, J. T., 1984, Firm versus Industry Variability in R&D Intensity. In: Griliches, Z. (Eds.), R&D, Patents and Productivity, University of Chicago Press, Chicago.

[172] Shleifer, A. and Vishny, R. W., 1994, Politicians and Firms, Quarterly Journal of Economics, 109 (4): 995 -1025.

[173] Sissoko, A., 2011, R&D Subsidies and Firm - Level Productivity: Evidence from France, IRES Discussion Papers, No. 2011 -2.

[174] Slavtchev, V. and Wiederhold, S., 2011, The Impact of Government Demand Composition on Private R&D Activities, Jena Economic Research Papers, No. 36.

[175] Straathof, B., Gaillard - Ladinska, E., Kox, H. and Mocking, R., 2014, A Study on R&D Tax Incentives, EU Taxation Working Paper, No. 52.

[176] Tanayama, T., 2012, Overview of R&D Tax Incentives. In: Bolander, J. (Eds.), Yearbook For Nordic Tax Research: Tax Expenditure, Copenhagen, DJOF.

[177] Van Leeuwen, G. And Klomp, L., 2006, On the Contribution of Innovation to Multi - Factor Productivity Growth, Economics of Innovation and New Technology, 15 (4 -5): 367 -390.

[178] Venturini, F. and Minniiti, A., 2017, The Long - Run Growth Effects of R&D Policy, Research Policy, 46 (1): 316 -326.

[179] Veugelers, R. and Cassiman, B., 1999, Make or Buy in Innovation Strategies: Evidence from Belgian Manufacturing Firms, Research Policy, 28 (1): 63 -80.

[180] Von Hippel, E., 1978, Successful Industrial Products from Customer Ideas, Journal of Marketing, 42 (1): 39-49.

[181] Wallsten, S. J., 2000, The Effects of Government - Industry R&D Programs on Private R&D: The Case of the Small Business Innovation Research Program, RAND Journal of Economics, 31 (1): 82-100.

[182] Warda, J., 2002, A 2001-2002 Update of R&D Tax Treatment in OECD Countries, Paper Prepared for the OECD Directorate for Science, Technology And Industry.

[183] Westmore, B., 2013, R&D, Patenting and Growth: the Role of Public Policy, OECD Economics Department Working Papers, No. 1047.

[184] Wilkie, P. J., 1998, Corporate Average Effective Tax Rates and Inferences about Relative Tax Preference, The Journal of the American Tax Association, 10 (Fall): 75-88.

[185] Yang, C. H., Huang, C. H. and Hou, T. C. T., 2012, Tax Incentives and R&D Activity: Firm - Level Evidence from Taiwan, Research Policy, 41 (9): 1578-1588.

[186] Zahra, S. A. and George, G., 2002, Absorptive Capacity: A Review, Reconceptualization and Extension, Academic Management Review, 27 (2): 185-203.

[187] Zhao, Z., 2004, Using Matching to Estimate Treatment Effects: Data Requirements, Matching Metrics, and Monte Carlo Evidence, Review of Economics and Statistics, 86 (2): 91-107.

[188] Zúñiga - Vicente, J. Á., Alonso - Borrego, C., Forcadell, F. J. and Galán - Zazo, J. I., 2014, Assessing the effect of public subsidies on firm R&D investment: A Survey, Journal of Economic Surveys, 28 (1): 36-67.

[189] 阿吉翁·菲利普，蔡婧，德瓦特里庞·马赛厄斯，杜罗莎，哈里森·安、勒格罗·帕特里克. 比较 [M]. 第82辑. 北京：中信出版社，2016.

[190] 安同良，周绍东，皮建才. R&D补贴对中国企业自主创新的激励效应 [J]. 经济研究，2009 (10): 87-99.

[191] 白俊红. 中国的政府R&D资助有效吗？来自大中型工业企业的经验证据，经济学（季刊），2011，10 (4): 1375-1400.

[192] 白重恩，杜颖娟，陶志刚，仝月婷. 地方保护主义及产业地区集中度的决定因素和变动趋势 [J]. 经济研究，2004 (4): 29-40.

[193] 曹建海，邓菁. 补贴预期、模式选择与创新激励效果——来自战略性

新兴产业的经验证据［J］. 经济管理，2014（8）：21－30.

［194］曹献飞. 政府补贴与企业研发投资——基于倾向评分匹配倍差法的经验研究［J］. 经济问题探索，2014（9）：160－166.

［195］曾亚敏，张俊生. 地方保护、市场分割与上市企业可持续增长［N］. 证券市场导报，2009（3）：48－55.

［196］陈冬华. 地方政府，公司治理与补贴收入——来自我国证券市场的经验数据［J］. 财经研究，2003（9）：15－21.

［197］陈林，朱卫平. 出口退税和创新补贴政策效应研究［J］. 经济研究，2008（11）：74－87.

［198］陈强. 高级计量经济学及 Stata 应用（第二版）［M］. 北京：高等教育出版社，2015.

［199］戴晨，刘怡. 税收优惠与财政补贴对企业 R&D 影响的比较分析［J］. 经济科学，2008（3）：58－71.

［200］戴觅，余淼杰，Madhura Maitra. 中国出口企业生产率之谜：加工贸易的作用［J］. 经济学（季刊），2014，13（1）：675－698.

［201］戴小勇，成力为. 财政补贴政策对企业研发投入的门槛效应［J］. 科研管理，2014（6）：68－76.

［202］道格拉斯·诺斯，罗伯斯·托马斯. 西方世界的兴起［M］. 北京：华夏出版社，1999.

［203］邓建平，曾勇. 政治关联能改善民营企业的经营绩效吗？［J］. 中国工业经济，2009（2）：98－108.

［204］邓可斌，丁重. 中国为什么缺乏创造性破坏？——基于上市公司特质的经验证据［J］. 经济研究，2010（6）：66－79.

［205］董雪兵，史晋川. 累积创新框架下的知识产权保护研究［J］. 经济研究，2006（5）：97－105.

［206］杜金岷，吕寒，张仁寿，吴非. 企业 R&D 投入的创新产出、约束条件与校正路径［J］. 南方经济，2017（11）：18－36.

［207］樊纲，王小鲁，朱恒鹏. 中国市场化指数——各地区市场化相对进程 2011 年报告［M］. 北京：经济科学出版社，2011.

［208］范红忠. 有效需求规模假说、研发投入与国家自主创新能力［J］. 经济研究，2007（3）：33－44.

［209］甘行琼，尹磊，薛佳. 促进高新技术企业自主创新的财税政策［J］. 财政研究，2008（4）：33－35.

［210］高萍. 支持企业技术创新税收优惠政策的实践与思考——基于湖北省

的调研 [J]. 税务研究，2011 (5)：77-80.

[211] 何光辉，杨咸月. 融资约束对企业生产率的影响——基于系统 GMM 方法的国企与民企差异检验 [J]. 数量经济技术经济研究，2012 (5)：19-35.

[212] 胡凯，吴清，胡毓敏. 知识产权保护的技术创新效应——基于门槛回归模型和省际面板数据的实证研究 [J]. 财经研究，2012 (8)：15-25.

[213] 贾俊雪. 税收激励、企业有效平均税率与企业进入 [J]. 经济研究，2014 (7)：94-109.

[214] 江静. 公共政策对企业创新支持的绩——基于直接补贴与税收优惠的比较分析 [J]. 科研管理，2011 (4)：1-9.

[215] 解维敏，唐清泉，陆姗姗. 政府 R&D 资助，企业 R&D 支出与自主创新——来自中国上市公司的经验证据 [J]. 金融研究，2009 (6)：86-99.

[216] 康志勇，张杰. 制度对我国本土制造业企业自主创新的影响——来自中国微观企业的经验证据 [J]. 研究与发展管理，2010 (12)：103-111.

[217] 赖纳·科特尔，韦科·兰博. 发展中国家为什么不要加入 WTO 政府采购协议？[J]. 国外理论动态，2012 (2)：49-59.

[218] 黎文靖，郑曼妮. 实质性创新还是策略性创新 [J]. 经济研究，2016 (4)：60-73.

[219] 李怀，邵慰. 三轮驱动的中国装备制造业——人才战略、自主创新与竞争力提升策略 [C] //产业组织评论 [M]. 大连：东北财经大学出版社，2015.

[220] 李林木，郭存芝. 巨额减免税是否有效促进中国高新技术产业发展 [J]. 财贸经济，2014 (5)：14-26.

[221] 李平，王春晖. 政府科技资助对企业技术创新的非线性研究——基于中国 2001-2008 年省级面板数据的门槛回归分析 [J]. 中国软科学，2010 (8)：138-147.

[222] 李善同，侯永志，刘云中，陈波. 中国国内地方保护问题的调查与分析 [J]. 经济研究，2004 (11)：78-85.

[223] 李维安，李浩波，李慧聪. 创新激励还是税盾？——高新技术企业税收优惠研究 [J]. 科研管理，2016 (11)：61-70.

[224] 李雪灵，张惺，刘钊，陈丹. 制度环境与寻租活动：源于世界银行数据的实证研究 [J]. 中国工业经济，2012 (11)：84-96.

[225] 李子奈. 计量经济学应用研究的总体回归模型设定 [J]. 经济研究，2008 (8)：136-143.

[226] 梁桂云，喻长庚，周兰翔. 关于湖南省企业所得税优惠政策实施情况

的调查研究［J］. 税务研究，2010（4）：58－61.

［227］梁莱歆，金杨. 我国上市公司R&D费用披露研究——基于新准则实施后的上市公司信息披露调查［J］. 云南财经大学学报，2010（3）：115－120.

［228］廖信林，顾炜宇，王立勇. 政府R&D资助效果、影响因素与资助对象选择——基于促进企业R&D投入的视角［J］. 中国工业经济，2013（11）：148－160.

［229］林洲钰，林汉川. 政府质量与企业研发投资［J］. 中国软科学，2013（2）：102－110.

［230］林洲钰，林汉川，邓兴华. 所得税改革与中国企业技术创新［J］. 中国工业经济，2013（3）：111－123.

［231］刘慧龙，吴联生. 制度环境、所有权性质与企业实际税率［J］. 管理世界，2014（4）：42－52.

［232］刘明康，陈永伟. 中国的全要素生产率：现状、问题和对策［C］. 比较［M］. 北京：中信出版社，2016.

［233］柳光强，杨芷晴，曹普桥. 产业发展视角下税收优惠与财政补贴激励效果比较研究——基于信息技术、新能源产业上市公司经营业绩的面板数据分析［J］. 财贸经济，2015（8）：38－47.

［234］龙小宁，王俊. 中国专利激增的动因及其质量效应［J］世界经济，2015（6）：115－142.

［235］娄贺统，徐浩萍. 政府推动下的企业技术创新：税收激励效应的实证研究［J］. 中国会计评论，2009，7（2）：191－206.

［236］鲁桐，党印. 公司治理与技术创新：分行业比较［J］. 经济研究，2014（6）：115－128.

［237］陆国庆，王舟，张春宇. 中国战略性新兴产业政府创新补贴的绩效研究［J］. 经济研究，2014（7）：44－55.

［238］罗党论，杨玉萍. 产权、地区环境与新企业所得税法实施效果［J］. 中山大学学报，2011（5）：200－210.

［239］孟莉莉. 延展资源基础观视角下的中小企业知识吸纳能力研究探讨［D］. 山东大学硕士学位论文，2008.

［240］聂辉华，贾瑞雪. 中国制造业企业生产率与资源误置［J］. 世界经济，2011（7）：27－53.

［241］彭红星，王国顺. 中国政府创新补贴的效应测度与分析［J］. 数量经济技术经济研究，2018（1）：77－93.

［242］秦雪征，尹志锋，周建波，孔欣欣. 国家科技计划与中小型企业创

新：基于匹配模型的分析［J］. 管理世界，2012（4）：70－81.

［243］邵传林. 制度环境、财政补贴与企业创新绩效——基于中国工业企业微观数据的实证研究［J］. 软科学，2015（9）：34－37.

［244］邵敏，包群. 地方政府补贴企业行为分析：扶持强者还是保护弱者［J］. 世界经济文汇，2011（1）：56－74.

［245］邵敏，包群. 政府补贴与企业生产率——基于我国工业企业的经验分析［J］. 中国工业经济，2012（7）：70－82.

［246］舒锐. 产业政策一定有效吗？——基于工业数据的实证分析［J］. 产业经济研究，2013（3）：45－55.

［247］孙晓华，杨彬. 政府采购驱动技术创新的机制及实证——来自欧盟9国的经验证据［J］. 中南财经政法大学学报，2009（5）：3－8.

［248］孙早，宋炜. 企业R&D投入对产业创新绩效的影响——来自中国制造业的经验证据［J］. 数量经济技术经济研究，2012（4）：49－63.

［249］唐清泉，卢珊珊，李懿东. 企业成为创新主体与R&D补贴的政府角色定位［J］. 中国软科学，2008（6）：88－98.

［250］唐清泉，罗党论. 政府补贴动机及其效果的实证研究——来自中国上市公司的经验证据［J］. 金融研究，2007（6）：149－163.

［251］汪秋明，韩庆潇，杨晨. 战略性新兴产业中的政府补贴与企业行为——基于政府规制下的动态博弈分析视角［J］. 财经研究，2014（7）：43－53.

［252］王刚刚，谢富纪，贾友. R&D补贴政策激励机制的重新审视——基于外部融资激励机制的考察［J］. 中国工业经济，2017（2）：60－78.

［253］王俊. R&D补贴对企业R&D投入及创新产出影响的实证研究［J］. 科学学研究，2010（9）：1368－1374.

［254］王俊. 我国政府R&D税收优惠强度的测算及影响效应检验［J］. 科研管理，2011（9）：157－164.

［255］王俊. 政府R&D资助与企业R&D投入的产出效率比较［J］. 数量经济技术经济研究，2011（6）：93－107.

［256］王小鲁，余静文，樊纲. 中国分省企业经营环境指数2013年报告［M］. 北京：中信出版社，2013.

［257］吴联生. 国有股权、税收优惠与公司税负［J］. 经济研究，2009（10）：109－120.

［258］吴联生，李辰. "先征后返"、公司税负与税收政策的有效性［J］. 中国社会科学，2007（4）：61－74.

[259] 吴文锋，吴冲锋，芮萌．中国上市公司高管的政府背景与税收优惠[J]．管理世界，2009（3）：134－142.

[260] 吴玉鸣．官产学R&D合作、知识溢出与区域专利创新产出［J］．科学学研究，2009（10）：1486－1495.

[261] 伍海鹰．测算和解读中国工业的全要素生产率［C］//比较［M］．北京：中信出版社，2013.

[262] 夏力．税收优惠能否促进技术创新：基于创业板上市公司的研究［J］．中国科技论坛，2012（12）：56－61.

[263] 肖兴志，王建林．谁更适合发展战略性新兴产业——对国有企业与非国有企业研发行为的比较［J］．财经问题研究，2011（10）：25－31.

[264] 熊彼特．经济发展理论［M］．北京：商务印书馆，1990.

[265] 许国艺．政府补贴和市场竞争对企业研发投资的影响［J］．中南财经政法大学学报，2014（5）：59－65.

[266] 雅诺什·科尔奈．集权化与资本主义市场经济［C］//比较［M］．北京：中信出版社，2012.

[267] 杨燕英．地方保护与政府采购“正本清源”［J］．改革，2012（2）：126－132.

[268] 杨勇，袁卓．技术创新与新创企业生产率——来自VC/PE支持企业的证据［J］．管理工程学报，2014（1）：56－64.

[269] 叶静怡，李晨乐，雷震，曹和平．专利申请提前公开制度、专利质量与技术知识传播［J］．世界经济，2012（8）：115－133.

[270] 易先忠，欧阳峣，傅晓岚．国内市场规模与出口产品结构多元化：制度环境的门槛效应［J］．经济研究，2014（6）：18－29.

[271] 余东华，王青．地方保护、区域市场分割与产业技术创新能力——基于2000－2005年中国制造业数据的实证分析［J］．中国地质大学学报（社会科学版），2009（3）：73－78.

[272] 余林徽，陆毅，路江涌．解构经济制度对我国企业生产率的影响［J］．经济学（季刊），2013，12（1）：127－150.

[273] 余淼杰．加工贸易、企业生产率和关税减免——来自中国产品面的证据［J］．经济学（季刊），2011，10（4）：1251－1280.

[274] 余明桂，回雅甫，潘红波．政治联系、寻租与地方政府财政补贴有效性［J］．经济研究，2010（3）：65－77.

[275] 余明桂，钟慧洁，范蕊．业绩考核制度可以促进央企创新吗［J］．经济研究，2016，（12）：104－117.

[276] 余明桂，钟慧洁，范蕊．中国产业政策与企业技术创新 [J]．中国工业经济，2016 (12)：5-22.

[277] 张杰，陈志远，杨连星，新夫．中国创新补贴政策的绩效评估：理论与证据 [J]．经济研究，2015 (10)：4-17.

[278] 张杰，吉振霖，高德步．中国创新链“国进民进”新格局的形成、障碍与突破路径 [J]．经济理论与经济管理，2017 (6)：5-18.

[279] 张杰，李克，刘志彪．市场化转型与企业生产效率——中国的经验研究 [J]．经济学（季刊），2011，10 (2)：571-602.

[280] 张杰，翟福昕，周艳艳．政府补贴、市场竞争与出口产品质量 [J]．数量经济技术经济研究，2015 (4)：71-87.

[281] 张信东，贺亚楠，马小美．R&D 税收优惠政策对企业创新产出的激励效果分析——基于国家级企业技术中心的研究 [J]．当代财经，2014 (11)：35-45.

[282] 赵卿．国家产业政策、产权性质与公司业绩 [J]．南方经济，2016 (3)：68-85.

[283] 赵彦云，刘思明．中国专利对经济增长方式影响的实证研究：1988-2008 年 [J]．数量经济技术经济研究，2011 (4)：34-49.

[284] 赵咏梅，陈云翔，韩雪梅．欧盟政府采购和法律人才培养的特点及启示 [J]．装备指挥技术学院学报，2012 (1)：57-60.

[285] 郑世林，刘和旺．中国政府推动搞技术产业化投资效果的实证研究 [J]．数量经济技术经济研究，2013 (7)：66-79.

[286] 周黎安．中国地方官员的晋升竞标赛模式研究 [J]．经济研究，2007 (7)：36-50.

[287] 周亚虹，蒲余路，陈诗一，方芳．政府扶持与新兴产业发展——以新能源为例 [J]．经济研究，2015 (6)：147-161.

[288] 朱平芳，徐伟民．政府的科技激励政策对大中型工业企业 R&D 投入及其专利产出的影响——上海市的实证研究 [J]．经济研究，2003 (6)：45-53.

后　记

本书是本人主持的教育部人文社科基金项目“面向自主创新的财税激励政策有效性研究”（13YJC790047）的最终研究成果。该项目自2013年立项以来，历经近5年的研究，期间多次申请延期结题，倍感压力，至今日完成书稿时，终于可以长舒一口气，5年的艰辛研究历程可以告一段落了。

本课题的研究面临诸多挑战：从上市公司年报纷繁复杂的政府补贴明细中逐条甄别出属于R&D补贴的项目、从披露不全的上市公司年报中搜索甚至计算能准确度量企业研发支出的可靠信息、学习适用于本课题处理样本自选择问题的计量方法等。这些工作需要耗费大量的时间，仅仅是数据搜集和处理一项，就花了2年时间。随后又开展了规模极大的计量分析，运用多种计量方法所尝试做的回归前所未有。最后是不厌其烦的修改论文和书稿。总之，这一过程的艰辛是作者之前的研究不可比拟的。当然，在这一过程中我也收获颇丰：掌握了较前沿的计量方法，深化了对研究主题的认识，论文写作水平也有提高。我的体会是，研究过程就是一个不断学习、不断克服面临的各种挑战，进而提高学术水平的过程。

在完成这一艰巨任务的过程中，2013年、2014年我先后组织近20位学生帮我搜集原始数据，在此要对他们的助研工作表示感谢。同时还要感谢在计量分析过程中遇到瓶颈、热情而慷慨回复我请教的大连理工大学戴美虹博士、合肥工业大学彭飞博士。还要感谢在该领域做出重大原创性贡献的诸多学者，你们的研究奠定了本书的知识基础！

学术研究是一个不断学习的过程，未来我将继续砥砺前行！

胡　凯

2018年5月于武汉